아세안에서
답을 찾다

세계 경제 성장의 견인차 아시아! 그 중심인 아세안,
2017년 8월 8일 설립 50주년을 맞은 ASEAN
열 개 나라의 과거, 현재 그리고 미래

아세안에서 답을 찾다

발행일   2017년 7월 7일

지은이   최 근 환
펴낸이   손 형 국
펴낸곳   (주)북랩
편집인   선일영   편집   이종무, 권혁신, 송재병, 최예은, 이소현
디자인   이현수, 김민하, 이정아, 한수희   제작   박기성, 황동현, 구성우
마케팅   김회란, 박진관, 김한결
출판등록   2004. 12. 1(제2012-000051호)
주소   서울시 금천구 가산디지털 1로 168, 우림라이온스밸리 B동 B113, 114호
홈페이지   www.book.co.kr
전화번호   (02)2026-5777   팩스   (02)2026-5747

ISBN   979-11-5987-655-4 03320 (종이책)   979-11-5987-656-1 05320 (전자책)

이 도서의 국립중앙도서관 출판예정도서목록(CIP)은 서지정보유통지원시스템 홈페이지(http://seoji.nl.go.kr)와
국가자료공동목록시스템(http://www.nl.go.kr/kolisnet)에서 이용하실 수 있습니다.
(CIP제어번호 : CIP2017015904)

(주)북랩 성공출판의 파트너

북랩 홈페이지와 패밀리 사이트에서 다양한 출판 솔루션을 만나 보세요!

홈페이지 book.co.kr   •   **블로그** blog.naver.com/essaybook   •   **원고모집** book@book.co.kr

아세안에서 답을 찾다

최근환 지음

동남아시아국가연합 10개국에 대한
성공적인 해외투자지침서

북랩 book Lab

아세안(ASEAN. 동남아시아국가연합)은 세계 경제성장을 이끌고 있는 10개 동남아시아 국가들의 연합체다. 아프리카 대륙에서 발원한 인류가 아시아에서 문명을 열고, 유럽에서 꽃을 피운 다음, 권력의 축이 아메리카로 넘어가더니, 마침내 헤게모니가 아시아로 회귀되고 있다. 그 아시아의 지리적인 중심에 아세안 10개국이 있다. 2017년 8월 8일, 아세안 설립 50주년을 맞았다.

1989년 1월 1일은 우리나라가 사상 처음으로 여행 자유화를 단행한 날이다. 그 전에는 사업이나 공무상 해외여행을 제외하고 일반인들은 꿈도 꾸기 어려웠다. 한국자유총연맹(구 반공연맹)에서 하루짜리 반공 교육도 받아야 했고, 통장에 200만 원 이상 들어 있지 않으면 여권발급 자체가 쉽지 않았다. 남자들의 경우 병역을 필하지 않으면 해외여행은 더더욱 어려웠다. 1989년 12월, 태어나서 처음으로 나가본 외국이 바로 필리핀이었다. 필리핀의 수도 마닐라에 첫 발을 내디딘 지 어언 30여 년, 아세안 10개 나라들은 나에게 희망 그 자체였다.

세계 경제성장의 동력을 제공하고 있는 아시아 대륙, 그 중심에 아세안 10개국이 있다. 지금은 낮은 인건비와 저렴한 토지 가격 그리고 풍부한 해외투자 자금을 바탕으로 고성장을 거듭하고 있으나, 국가 간 기술격차가 줄어들어 앞으로 제4차 산업혁명기에는 선진국들과 어깨를 나란히 할 것으로 전망된다. 1967년 8월 8일 설립하여 어언 50주년을 맞은 아세안, 즉 동남아시아국가연합 관련 책들은 그동안 많이 나왔으나, 수박 겉핥기 식의 여행서적에 그친 경우가 대부분이었다. 따라서 30여 년 간의 아세안 10개국에 대한 직·간접 경험, 국제금융시장에서 11년간의 외환 딜링 실무, 직장에서의 해외진출 업무 담당, 그리고 베트남 주재원 생활을 바탕으로 실용적으로 접근하여 이 책을 써본다.

아세안 10개국의 역사와 문화, 경제현황, 투자환경, 금융산업, 그리고 우리나라와의 관계 등 아세안 지역을 중심으로 한 해외투자에 관해 주로 썼다. 경제 관련 내용과 다양한 통계 숫자가 많으나, 여행 삼아 떠날 때 가볍게 챙겨가서 읽을 만한 내용들도 보탰다. 미국과 중국 간의 패권다툼이 치열한 가운데 아세안도 미국-중국 간 G2 파워게임 양상 속에 줄타기 외교를 하고 있어서 이들 두 나라도 함께 다뤘다. 해외투자는 국제금융시장과 밀접하게 관련돼 있어 국제금융의 중심 영국과, 아세안의 가장 큰 시장인 EU, 아세안 최대 투자국 일본, 그리고 인도차이나 반도 이웃 나라로 아세안과 경쟁관계에 놓여 있는 인도도 언급했다. 끄트머리에서는 세계 경제의 희망 이머징 마켓들도 일부 더했다. 해외투자는 기본적으로 국제금융 업무가 수반되는 만큼 해외투자에 따른 리스크와 리스크 관리 방안도 요소요소에 덧붙였다.

이 책의 주제는 한마디로, '국제금융시장과 해외투자의 관점에서 바라본 아세안 10개국과 한중일 그리고 미국, EU, 인도의 과거 현재 그리고 미래'다. 아세안은 인구가 많은 나라 순서대로 나열했으며,

어려운 용어들은 별도로 쉽게 설명도 덧붙였다. 지천명의 시간을 살아온 인생, 30여 년 간 해온 공부, 국제금융시장 실무 경험, 각종 강의와 칼럼 방송, 그리고 블로그로 다져진 내공을 한 권의 책에 담아내기는 처음이라 미흡한 점이 없지 않다. 차츰차츰 좋은 책으로 발전시켜나갈 것을 약속드린다.

흔쾌히 책을 만들어주신 북랩 손형국 대표님, 김회란 본부장님, 권혁신 팀장님을 비롯한 모든 관계자들에게도 무한한 고마움을 전한다. 그동안 살면서 알게 모르게 수많은 사람들의 가르침과 도움을 받았다. 이 책도 이런 분들과 함께 나의 친인척들, 그리고 사랑하는 아내 최윤정과 내가 세상에서 얻은 가장 소중한 딸 최린에게 바친다.

차 례

제1부

아시아

ASIA

제1장

모든 길은 아시아로
통한다

세계 경제의 중심이 미국과 유럽에서 아시아로 급속히 이동하고 있다. 팍스 로마나에서 팍스 브리타니아와 팍스 아메리카나를 거쳐, 팍스 시니카(Pax Sinica : 중국 중심 시대. Pax는 라틴어로 '평화'의 의미)로, 중국을 중심으로 한 아시아 시대를 예고하고 있다. 광대한 영토, 다양한 자원, 거대한 인구, 강력한 군사력, 괄목할 만한 기술, 풍부한 외환보유고, 그리고 유구한 역사와 문화 등을 바탕으로 가히 21세기는 '아시아 시대'라 할 만하다. 미국과 중국 간 G2 파워게임 양상 속에 미국이 '아시아로의 회귀(Pivot to Asia)'를 선언하면서 영향력을 확대해나가고 있다.

그러나 중국을 중심으로 한 아시아권의 영향력이 국제사회에서 무시 못 할 세력으로 등장하고 있다. 전략적인 관점에서 보면, 미국은 한 대륙에 위치해 있으면서 다른 나라들의 방해를 받지 않고 독보적으로 힘을 길러오면서 정치·경제·사회·문화·과학 등 거의 모든 분야에서 세계 최강대국의 지위를 누리고 있다. 반면에 중국은 정치적으로는 1인 독재체제, 경제적으로는 여전히 중진국, 외교적으로는 일본, 한국, 대만, 인도, 아세안 10개 국가들과 갈등 관계에 놓여 있어, 미국을 넘어서기에는 제약 조건이 너무나 많아 보인다.

하지만 영원한 강자도 영원한 약자도 없는 게 국제정세인 만큼, 그 지위와 영향력은 언제든지 뒤바뀔 수 있다. 중국의 시진핑 국가주석은 아세안 관련 행사에 빠짐없이 참석하며 우의를 다지고 있다. B. 오바마 전 미국 대통령도 2016년 2월 15~16일 양일간 아세안 10개국 정상들을 캘리포니아 휴양지 서니랜즈로 초청해 미국-아세안 정상회담을 개최했다. 2017년 기준 미국은 아세안 회원국에 2900억 달러를 투자하고, 무역 규모는 3000억 달러에 달한다. 전 세계 경제에서 차지하는 아시아의 비중이 나날이 커지고 있으며, 그 중심에는 아세안이 있다.

아시아 태평양

아시아는 태평양이라는 거대한 바다에 접해 있으며 미국, 멕시코, 페루, 칠레 그리고 호주와 뉴질랜드까지 아우르고 있다. 태평양(太平洋), 문자 그대로 크고 평평한 바다로, 지구상에서 가장 넓은 해역이다. 그 이름을 처음 붙인 이는 16세기 대항해 시대를 대표하는 페르디난드 마젤란(F. Magellan, 1480 ~ 1521)이다. 그는 1480년 포르투갈에서 하급 귀족의 아들로 태어나, 왕궁 시동을 거쳐 1495년 인도 원정에 참가했고, 8년간 동남아시아에서 해상무역 경험을 쌓았다. 1513년 모로코 전투에도 참전했으며, 1519년 에스파냐의 후원으로 선박 다섯 척에 260여 명의 선원을 이끌고 인도네시아 몰루카 제도를 탐험했다. 마젤란 함대는 1521년 필리핀 세부에 닿았으며, 같은 해 4월 필리핀 막탄 섬에서 원주민들과의 싸움으로 41세의 일기로 숨졌다. 이후로 필리핀에 대한 300여 년 간의 스페인 식민지 시대가 이어졌다. 21세기는 과히 아시아-태평양 시대라 할 정도로 각광받고 있으며, 세계 경제·군사·문화를 선도하는 대륙으로 거듭나고 있다.

아시아의 기원

아시아(Asia, 그리스어 Aθia에서 유래)의 기원은 BC 440년 헤로도토스가 처음으로 사용했다는 설, 호메로스가 『일리어드』에서 언급했다는 설, 해가 뜨는 동쪽을 일컫는 페니키아어와 관련되었다는 설 등 매우 다양하다. 지구상에서 가장 큰 대륙이며, 세계 인구의 60%인 48억 명이 거주하고, 전체 48개국으로 구성되어 있다. 1973년 동아시아 국가들의 전 세계 GDP 비중이 16.4%였으나 2001년 30.9%, 2011년 36.5%, 이번 세기 중반 50%까지 늘어날 전망이다. 세계 투자 자금의 절반이 아시아로 몰리는 등 '21세기는 아시아 시대(Pax Asia)'라 할 만큼 그 비중도 높아지고 있다. 발전 과정에서 어려움도 많아 1997년 동아시아 외환위기, 2008년 글로벌 금융위기, 그리고 2013년 인도 및 인도네시아 발 금융위기 등으로 직격탄을 맞기도 했다.

세계 속의 아시아

세계화(Globalization)의 물결과 함께 사람, 자본, 기술, 문화 등이 국경을 자유롭게 넘나들고 있다. 그 세계화의 가장 큰 혜택을 받고 있는 나라 중의 하나가 대한민국이다. 한국도 세계화의 수혜국에서 이제는 공여국으로 발전에 발전을 거듭하여 아세안을 비롯한 전 세계 곳곳으로 진출하고 있다. 세계화는 자본과 노동의 자유로운 이동, 시장에 대한 접근 촉진, 거래비용 감소, 기술혁신을 가져왔다. 이는 세계 경제성장과 함께 글로벌 불평등 완화에 기여해왔다고 평가받고 있다. 그러나 세계화에 대한 부정적인 요소도 있는데, 산업 공동화, 일자리 파괴, 세금회피, 환경피해, 국가 정체성과 문화의 훼손 등이 그것이다. 최근에는 트럼프 미국 대통령의 취임과 함께 보호무역주의가 강화되면서 세계화에도 변화의 양상이 나타나고 있다.

중국 일본과 함께 동북아시아 대표 주자인 우리나라의 경우, 1903년 하와이로 첫 번째 해외이주 역사를 기록한 이래 전 세계 한민족 해외동포가 160개국에 남북한 전체 인구 7500만 명의 10%가 넘는 800만 명에 이르고 있고, 아시아 지역에만 400만 명 넘게 살고 있다. 한편, 국내에 거주하는 외국인 숫자도 200만 명에 이르며, 한국도 다문화 국가의 반열에 오르고 있다. 우리나라에 들어온 외국인은 전체 인구의 3% 수준으로, 전체 1911만 가구 중 30만 가구가 다문화 가정이다. 국적별로는 조선족(한국계 중국인)이 50만, 중국인 22만, 베트남(결혼이민자만 4만여 명), 태국, 미국, 필리핀, 인도네시아, 캄보디아 순이다.

20여 년 간 K-Pop으로 대표되는 한류 문화가 전 세계를 휩쓸면서 대한민국의 존재감이 크게 부각되고 있다. 우리나라의 글로벌 투자 비중도 2016년 국부펀드인 한국투자공사[KIC] 기준으로 북아메리카 53.5%, 유럽 25.6% 그리고 아시아가 17.3%로 무시 못 할 투자 규모다. 아세안+한·중·일은 거리상으로나 정서적인 교감도 넓고 깊어, 우리 경제에 대한 기여도는 미국과 유럽을 능가한다. 현대경제

연구원 보고서에 따르면, 아시아 지역의 중산층(구매력 평가(PPP) 기준 연소득 3650~36500달러) 인구가 현재 5억 3천만 명에서 2020년 17억 5천만 명으로 늘어날 전망이다. 전 세계 수많은 나라들이 인건비 경쟁국을 찾아 아시아로 발 빠르게 진출하고 있는데, 일본무역진흥기구(JETRO)의 아시아 진출 기업들의 1인당 연간 평균 인건비는 중국 6734, 태국 4449, 말레이시아 4197, 베트남 2602, 방글라데시 1000, 미얀마 1000달러 정도다. 최근 가파른 임금인상이 이뤄지고 있으나, 소비시장 규모나 근로자의 숙련도, 상대적인 저임금 노동시장으로서의 아세안의 매력은 좀 더 이어질 것으로 보인다.

〈아시아 대륙 주요 현황〉

구분	내용	비고
국가	48개국	동북·동남·중동·중앙·서남 아시아
인구	48억 명	전 세계 인구의 60%
GDP	30조 달러	아세안+한·중·일=20조 달러
GDP 비중	36.5%	전 세계에서 차지하는 비중
1인당 GNI	평균 3743달러	ASEAN 1인당 평균 국민소득 4200달러

아시아의 종교

오늘날 아시아가 이만큼 세계인의 관심을 끄는 이유 중에는 종교도 한몫 하고 있다. 서로 다른 종교 간의 갈등도 있지만, 통합의 역할도 톡톡히 하고 있다. 중동아시아에서 일어나고 있는 끊임없는 종교분쟁과 정통성 시비, 국가 간의 전쟁은 전 세계인의 골칫거리다. 하지만, 한편으로는 이를 이용하여 석유와 무기 거래를 통한 막대한 이득을 얻고 있는 것도 사실이다. 2016년 기준 '세계 종교집단 비율'을 보면, 그리스도교 22억 8천만 명, 이슬람교 17억 5천만 명, 무교 11억 6천만 명, 힌두교 11억 명, 불교 5억 명, 유대교 1천 4백만 명 등이다. 종교의 대부분이 아시아에서 발원하여 유럽으로 전파되었으며, 이슬람교의 교세 확장이 특히 눈에 띈다. 아세안의 대표적인 불교 국가인 태국, 미얀마, 라오스, 가톨릭을 근간으로 하는 나라 필리핀, 그리고 무슬림 대표국가인 인도네시아와 말레이시아 등, 아시아를 얘기할 때 종교를 무시할 수 없다.

아시아를 둘러싼 영유권 분쟁과 긴장 국면

아세안 지역은 희망찬 미래만 있는 게 아니라 어려움도 만만치 않다. 가장 큰 위험 요인으로 중국의 패권주의와 경기침체 가능성을 들 수 있다. 아세안은 경제대국 중국과 이웃하면서 고성장의 과실을 나눠가져왔다. 그러나 급속하고도 과도한 성장의 이면에 나타나는 후유증을 고려하지 않을 수 없게됐다. 지역 간의 사회적인 불만이나 갈등이 역사적인 영토 분쟁으로 이어지지 않을까 우려의 목소리가 높다. 주요 갈등 중의 하나가 바로 베트남, 필리핀, 말레이시아, 브루나이 그리고 중국이 벌이는 남중국해를 둘러싼 영유권 분쟁이다. 세계 주요 영토분쟁지역은 한국-중국-일본-러시아 등이 대립을 벌이는 북태평양지역, 남중국해 스프래틀리제도(베트남명 쯩사군도, 중국명 난사군도), 파라셀제도(베트남명 황사군도, 중국명 시사군도), 스카보러섬(필리핀명, 중국명 황옌다오), 센카쿠제도(중국명 댜오위다오), 쿠릴열도 등이다. 세계 평화를 위해서는 복잡한 영토분쟁에 있어서도 적절한 매듭이 필요하다. 특히, 남중국해 관련 중국이 그은 구단선(九段線, 중국이 남중국해 9개 섬을 따라 그은 U자 형태의 영토선으로 전체 남중국해의 80%인 350만㎢ 면적)은 2016년 7월 11일 UN산하 상설재판중재소(PCA)가 불법으로 판결하면서 미-중뿐만 아니라 중국과 아세안 각국과 충돌이 불가피하게 됐다. 2017년 6월엔 응웬 쑤언 푹 베트남 총리의 미국과 일본 방문에 대한 불만으로 중국-베트남 간 군사 회담이 돌연 취소되는 등 관계가 날로 악화 조짐이다. 남중국해의 전략적 가치는 인도양과 대서양을 잇는 지리적 요충지, 원유 및 각종 천연자원 보고, 바다식량 확보 등 안보 차원에서 당사국 모두가 놓칠 수 없는 부분이기도 하다.

7개의 세계 경제블록

현재 나라 간의 문제를 조율하는 국제기구는 국제연합(UN), 세계은행(WB), 경제협력개발기구(OECD), 세계무역기구(WTO), 국제노동기구(ILO), 국제통화기금(IMF), 금융안정위원회(FSB) 등 7개다. 가장 큰 글로벌 경제협력체는 G20(GDP 90%, 교역량 80%, 인구 70%, 면적 60% 비중)가 그 중심이다. 세계 경제는 미국을 중심으로 한 북미자유무역협정(NAFTA), 유럽연합(EU), 아시아태평양경제협력체(APEC), 동남아시아국가연합(ASEAN), 걸프협력회의(GCC), 남미공동시장(MERCOSUR), 아프리카연합(AU) 등 7개의 경제블록으로 나뉜다. 국가별로는 GDP 18조 달러의 세계 최강대국 미국, 28개국으로 구성된 미합중국과 맞먹는 GDP 규모의 유럽연합 EU, G2로 확실히 자리매김한 인구 13.7억 명에 GDP 10조 달러의 중국, 그리고 2011년 경제대국 2위 자리를 중국에 넘겨준 GDP 6조 달러의 일본이 그 중심이다.

세계 경제 블록

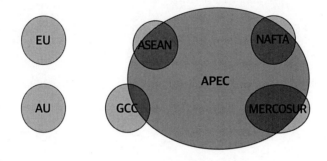

북미자유무역협정[NAFTA], 유럽연합[EU], 아시아태평양경제협력체[APEC], 동남아시아국가연합[ASEAN], 걸프협력회의[GCC], 남미공동시장[MERCOSUR], 아프리카연합[AU] 등 7개 경제블록

아시아의 국제금융시장

아시아는 경쟁력 있는 제조업을 바탕으로 국제금융시장에서도 두각을 나타내고 있다. 홍콩, 상하이, 싱가포르, 두바이, 도쿄, 시드니 등은 대표적인 아시아 국제금융시장 허브다. 우리나라도 금융산업 발전을 통한 선진국 대열에 본격적으로 동참하기 위해서 금융의

국제화에 관심이 많으나 아직은 GDP에서 금융이 차지하는 비중이 5.4%로, 10년째 5%대에 머무르고 있다. 주요국들이 금융 인프라가 잘 갖춰진 지역을 중심으로 국제금융 중심지로 집중 육성하고 있으나, 우리나라는 안타깝게도 여러 가지 정치논리로 서울과 부산, 대구 등으로 나뉘어서, 이도 저도 아닌 국제금융시장 허브 정책이 금융산업의 발전을 저해하고 있는 게 현실이다. 다방면에서 아시아로의 중심축이 이동하는 과정에 미국과 유럽 중심의 금융산업도 이제는 아시아 위주로 재편되고 있다.

국제금융의 중심축은 미국과 영국, EU 일방도에서 아시아로 회귀되며, 아시아개발은행(ADB)과 아시아인프라투자은행(AIIB 총재 진리췬)이 그 핵심으로, 미국 주도의 국제통화기금(IMF 총재 라그라다)에 필적할 전망이다. ADB는 1966년 설립, 필리핀 마닐라에 소재하고 있으며, 자본금은 1530억 달러, 총재는 가장 큰 지분 15.7%를 갖고 있는 일본의 나카오 다케히코가 맡고 있으며, 미국, 중국, 호주, 프랑스, 인도, 인도네시아 등 6명의 부총재가 있다. 우리나라는 지분율 5.1%로 여덟 번째 보유국이다. 현재 역내 48개국과 역외 19개국이 참여하고 있다. 2016년 중국 주도의 AIIB도 57개국으로 중국 베이징에서 설립됐다.

〈아시아개발은행(ADB), 아시아인프라투자은행(AIIB), 국제통화기금(IMF) 개요〉

구 분	ADB	AIIB	IMF
설립 연도	1966	2016	1945
본부	필리핀 마닐라	중국 베이징	미국 워싱턴
회원국	67개국(역내 48, 역외 19)	77개국(역내 50, 역외 27)	189개국(임직원 2700여 명, 이사 24명)

자본금	U$ 1470억	U$ 500억	SDR 4670억(U$ 6500억)
주요국 지분율(%)	일본 15.7, 미국 15.6, 중국 6.5, 인도 6.4, 호주 5.8, 캐나다 5.3, 인도네시아 5.2, 한국 5.1	중국 30.34, 인도 8.52, 러시아 6.66, 독일 4.57, 한국 3.81, 호주 3.76, 프랑스 3.44, 인도네시아 3.42	미국 17.53, 일본 6.51, 중국 6.44, 독일 5.63, 영국·프랑스 4.26, 이탈리아 3.18, 인도 2.77, 러시아 2.73, 한국 1.81

* 자료 : ADB, AIIB, IMF 등

그리고 향후 아세안 금융시장 접근에 있어서 눈여겨봐야 할 부분은 국제금융시장 발달 정도에 따라 덩달아 커지는 환 리스크 관리가 화두가 될 전망이다. 외환정책이 아직은 대부분 페그제(고정 환율)라 환율변동이 심하지 않지만, 해외투자가 활발하고 금융기법이 선진국에 크게 못 미쳐 환 리스크 부분에서 취약성을 나타내고 있다. 태국과 인도네시아의 경우 1997년 동아시아 외환위기를 한 차례 겪었으나, 여타 국들은 경험해보지 못한 분야다. 금융시장에 있어서 리스크(신용, 시장, 운영, 법률) 관리는 필수적이다.

〈아시아 주요 통화 환율 변동표 / 평균 및 현재 환율 / 1990년~2017년 6월〉

기준년도	USD/KRW	USD/CNY	USD/JPY	CNY/KRW	JPY/KRW	USD/VND
1990년	707.76	4.7832	144.79	147.97	488.82	10,100
1991년	733.35	5.3234	134.71	137.76	544.39	10,500
1992년	780.65	5.5146	126.65	141.56	616.38	11,179
1993년	802.67	5.7620	111.20	139.30	721.83	10,640
1994년	788.50	8.6187	99.70	91.49	790.87	10,978
1995년	775.70	8.3514	103.35	92.88	750.56	11,037
1996년	844.90	8.3142	115.90	101.62	728.99	11,032

1997년	951.11	8.2898	120.98	114.73	786.17	12,292
1998년	1398.88	8.2790	130.75	168.97	1069.89	13,877
1999년	1189.50	8.2783	113.80	143.69	1045.25	14,030
2000년	1130.60	8.2785	107.79	136.57	1048.89	14,516
2001년	1290.80	8.2771	121.53	155.95	1062.12	15,085
2002년	1251.20	8.2770	125.19	151.17	999.44	15,401
2003년	1191.90	8.2770	116.67	144.00	1021.60	15,108
2004년	1144.70	8.2768	108.13	138.30	1058.63	15,454
2005년	1024.28	8.1922	110.23	125.03	929.22	15,663
2006년	956.11	7.9771	116.35	119.86	821.97	15,829
2007년	929.20	7.6515	117.78	121.44	789.75	15,944
2008년	1102.59	6.9483	103.35	158.68	1076.63	16,218
2009년	1276.83	6.8311	93.63	186.91	1363.53	16,794
2010년	1156.26	6.7687	87.73	170.82	1320.56	18,932
2011년	1107.93	6.4635	79.75	171.46	1390.93	20,828
2012년	1126.88	6.3096	79.81	178.60	1413.14	20,828
2013년	1095.04	6.1486	97.62	178.10	1123.41	21,036
2014년	1053.22	6.1606	104.25	170.96	996.60	21,246
2015년	1131.50	6.2830	121.08	180.09	934.51	21,925
2016년	1160.50	6.3150	108.80	183.77	1066.64	22,370
2017년	1147.00	6.6950	112.85	171.32	1016.39	22,555
2017년 6월	1120.00	6.8910	112.50	162.53	995.56	22,650

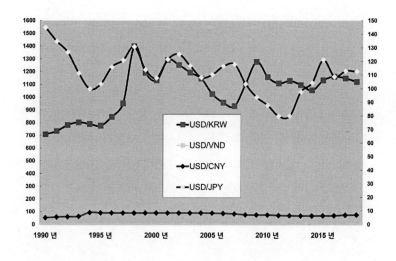

〈기업의 해외진출 및 해외투자 시 유의해야 할 사항 5가지〉

1. 투자국의 전략

2. 진출국에 대한 이해

3. 네트워크

4. 중·장기 목표 및 비전

5. 리스크 관리

  - 신용 리스크 : 대여금이나 물품 판매대금 적기 전액 회수하지 못 할 위험

  - 유동성 리스크 : 일시적인 운영자금 부족 등에 노출되는 경우

  - 운영 리스크 : 기업 운영상 과오나 실수로 발생하는 위험

  - 법률 리스크 : 국가 간 법률·제도의 상이함, 급작스러운 규칙 변경 등으로 발생하는 위험

  - 시장 리스크 : 금리, 주가, 환율 등 금융시장 변동에 따른 이들 가 치변동으로 인해 발생하는 리스크

6. 기타 : 건강, 열정, 현지언어 숙달, 국제금융시장에 대한 깊이 있는
이해

국제금융시장(뉴욕, 런던, NYSE, 서울, 부산, KEB하나딜링룸)

설립 50주년을 맞은 아세안(ASEAN, 동남아시아국가연합)

"하나의 비전, 하나의 공동체, 하나의 정체성(One Vision, One Com-
munity, One Identity)"이 모토인 ASEAN(동남아시아국가연합)이다. 동남아
시아 지역경제 및 사회적 기반 확립을 목적으로 1967년 8월 8일 설
립되어, 현재 10개국(필리핀, 말레이시아, 싱가포르, 인도네시아, 태국, 브루나이
(1984), 베트남(1995), 라오스(1997), 미얀마(1997), 캄보디아(1999))이 가입하고 있
다. 아세안 인구 7억 명, 평균 나이 31세, 문맹률 5% 미만, 1인당 평
균 국민소득 4200달러다. ASEAN 10개국 GDP 4조 달러로 한·중·일

3개국의 GDP 18조 달러를 합하면 22조 달러로, 미국 GDP 19조 달러와 EU 28개국 19조 달러를 넘어선다.

〈ASEAN 10개국 + 한국·중국·일본 3개국 현황(2016년 기준 IMF, WB, OECD, CIA, KOTRA 등)〉

국가명	수도	인구(백만)	면적(천㎢)	통화/환율	GDP(억$) / 1인당 GNI($)
INDONESIA	JAKARTA	265	1,905	IDR/13,350	9,956/3,750
PHILIPPNES	MANILA	108	300	PHP/43.50	3,117/3,055
VIETNAM	HANOI	95	331	VND/22,650	2,005/2,310
THAILAND	BANGKOK	68	514	THB/34.30	3,906/6,010
MYANMAR	NAYPYIDAW	60	677	MMK/1.3200	691/1,334
MALAYSIA	KUALA LUPUR	32	330	MYR/4.2000	3,369/11,062
CAMBODIA	PHNOM PENH	16	181	KHR/4,500	209/1,703
LAOS	VIENTIANE	7	237	LAK/9,000	177/1,930
SINGAPORE	SINGAPORE	6	0.7	SGD/1.3850	3,071/54,776
BRUNEI	BEGAWAN	0.5	0.6	BND/1.3850	174/42,239
CHINA	BEIJING	1,370	9,597	CNY/6.8700	11조 3,916/7,572
JAPAN	TOKYO	127	378	JPY/111.50	4조 7,303/47,500
KOREA(N.K)	SEOUL(P.Y)	51(25)	100(120)	KRW/1,120	1조 4495/ 27,340(315/1250)

* ASEAN 10개국 GDP 4조 달러+한·중·일 3개국 GDP 18조 달러=합계 22조 달러
• 미국 GDP 19조 달러 • EU GDP 19조 달러

전 세계 교역량의 1/4이 거래되는 시장이다. 아세안 역내 교역 규모 2.7조 달러, 외국인 직접투자 규모 1400억 달러다. IMF 및 미국 통계청에 따르면, 2018년 아세안 10개국 인구 구성비는 0~19세 2.5억 명, 20~64세 4억 명, 65세 이상 인구 5천만 명이다. 2014년 한국-ASEAN 교역 규모는 1380억 달러(수출 846억 달러, 수입 534억 달러)로 한·중(2289억 달러) 간에 육박하고, 한·일(940억 달러) 간 교역 규모를 넘어섰으며, 한·중·일 2500억 달러 무역 규모다.

〈한국의 대 아세안 수출액(한국무역협회, 단위: 억 달러)〉

2006	2007	2008	2009	2010	2011	2012	2013	2014	2015	2016
321	388	493	410	532	718	792	820	846	748	745

2006년 321억 달러에서 2007년 한국 ASEAN 대표부가 소재하는 인도네시아에 주(駐) 아세안 대표부 대사가 파견되어 있다. 한국의 대(對) 아세안 10개국으로의 2016년 말 기준 해외 직접투자(FDI)도 중국의 1580억 달러에 육박하는 1470억 달러에 이른다. 2016년 1조 1800억 달러의 FDI 중 투자국 별 비율은 미국 24%, 중국 19%, EU 18%, 아세안 15%, 중남미 7%, 일본 3% 순이다. 외국인 투자자들의 대한(對韓) 투자는 누적 규모 9983억 달러로, 해마다 감소 추세에 있다.

2016년 FDI 유입액은 219억 달러인 데 반해, 유출액은 그 두 배인 412억 달러로, 해외 직접투자자들로부터 철저히 외면 받고 있다. 유사 이래 지금껏 우리나라 기업들이 해외에 만든 일자리가 200여만 개인 데 반해서, 외국 기업이 국내에 만든 숫자는 1/4에 불과한 50

만 개에도 못 미친다. 우리나라나 미국이나 유럽, 일본, 중국, 아세안 등 어느 나라 어느 정부나 마찬가지지만, '일자리 만들기'가 선거의 최대공약수인데, 우리나라는 밖으로만, 밖으로만 관심사가 되고 있다. 트럼프 미국 대통령이 강력히 시행하고 있는 해외투자 기업들이 국내로 되돌아오라는 정책인 '오프쇼어링'은 우리에게 아직은 요원해 보인다.

아시아 중에서도 가장 각광받는 곳은 단연 동남아시아 10개국이다. 포스트 차이나로 평가받는 아세안 국가들의 FDI는 연평균 10% 가까이 성장하고 있다. 그리고 글로벌 기업들이 아세안을 주목하는 이유는 풍부한 자원, 거대한 소비시장, 인프라 시장 급성장, 중국 대체 생산기지, 전략적 요충지, 그리고 이제 막 시장이 제대로 열리기 시작했다는 점이다. 2015년 11월 22일 EC(유럽경제공동체, EU로 발전)를 본뜬 아세안경제공동체(AEC : ASEAN Economic Community)[1]의 출범으로 상품, 서비스, 투자, 노동, 자본 등의 이동이 훨씬 자유로워질 전망이다. AEC는 다자간이 아닌 정부 간 기구가 될 전망으로, EU보다는 다소 느슨한 공동체가 목표다. 향후 단일시장, 생산거점, 경제블록화, 세계 경제통합 등 장기 전략을 제시하고 있다.

2017년 6월초 세계은행의 〈2017년 세계경제전망보고〉에 따르면, 베트남 6.3%, 인도네시아 5.4%, 말레이시아 5.0%, 태국 3.4% 등 동

---

1 아세안경제공동체(AEC : ASEAN Economic Community) : 2015년 11월 22일 결성. 상품, 서비스, 투자, 노동, 자본 이동 자유화. 단일시장, 생산거점, 경제블록화, 세계 경제통합 등 장기 전략. 아세안 중 한 나라에 투자하면 10개국에 투자하는 것과 같은 효과. 2016년 말 현재 세계 7위 주요 경제 권역에서 2050년 중국, 미국, EU에 이은 4위 목표.

남아시아는 평균 5.3% 고성장을 예상하고 있다. ADB자료에 따르면, 향후 5년간 아세안 인프라 수요만 1조 달러가 넘을 전망이다. 아세안 10개국이 단일 시장화되는 것이며, 아세안 중 한 나라에 투자하면 10개국에 투자하는 것과 같은 효과를 누릴 수 있다. 한편, 아시아개발은행(ADB)은 최근 보고서에서, 미얀마의 경우 군부에서 민간으로의 정권교체 원년인 2017년 GDP 성장률을 8% 이상으로 전망했으며, 2018년 이후에도 7% 이상 고성장을 이어갈 것으로 보고 있다. 더불어 라오스, 캄보디아, 베트남, 필리핀 등도 6% 이상의 고성장 국가로 전망했다. 아세안 평균 5%를 뛰어넘는 경기확장 국면의 정점에 미얀마를 포함한 5개 나라를 올려놓고 있다. 여타 아세안 국가들과 마찬가지로 미얀마도 인프라 투자-자원개발-생산기지화 단계로 발전해나갈 것으로 전망하고 있다.

아세안이 글로벌 경기침체 속에서도 견고한 성장세를 지속하자, 포스트 브릭스(Post BRICs) 시장을 모색하는 글로벌 기업들이 이 지역에 대한 진출을 강화하고 있다. 아세안은 한국에도 중요한 경협 파트너로 부상하고 있다. 2008년 글로벌 금융위기 이후 아세안은 미국과 EU를 제치고 중국에 이어 우리나라의 두 번째로 큰 수출시장으로 성장했다. 아세안에 대한 신규 해외 직접투자는 중국의 규모를 넘어섰다.

한편, 아세안은 관광자원도 풍부해 마스터카드 자료인 <2016년 주요 도시별 관광객 소비액>을 보면 태국 방콕이 4위로 2150만 명의 관광객이 148억 달러, 싱가포르가 7위로 1210만 명에 125억 달러, 말레이시아 쿠알라룸푸르가 9위로 1200만 명에 113억 달러를 쓰고 있다. TOP 10에 3개국이나 포진하고 있다. 1위부터 10위까지 순위를 살펴보면, 1위는 두바이로 1530만 명에 313억 달러를 쓰고 있고, 2위 런던(1990만 명, 198억 달러), 3위 뉴욕(1270만 명, 185억 달러), 5위 도쿄(1170만 명, 135억 달러), 6위 파리(1800만 명, 129억 달러), 8위 서울(1020만 명, 123억 달러), 그리고 10위는 타이베이가 730만 명에 96억 달러 순이다. 아세안 지역이 투자, 제조. 생산, 소비뿐만 아니라 관광 등 소프트 파워도 키워가고 있는 것으로 보인다.

아세안 핵심 소비자들의 특성을 보면, 아세안 인구 4분의 1을 차지하는 Y세대(15~29세)로 교육수준 향상, 소득 증가, 도시화와 함께 증가하고 있는 여피족(Yuppie, Young Urban Professional의 약칭)이 아세안의 소비 트렌드를 주도하고 있다. 아세안 인구의 3분의 1을 차지하는 무슬림도 중요한 소비계층으로 떠오르고 있다. 이에 따라 이슬람 율법이 허용하는 할랄 식품(돼지고기, 알코올 음료는 금지 대상)과 금융상품에 대한 수요가 급증하고 있다. 말레이시아의 금융산업은 글로벌 이슬람 채권 허브로 부상하고 있다.

오랜 역사적인 관계를 맺고 있는 중국도 아세안에선 빼놓을 수 없다. 화교 인구가 아세안 전체 인구에서 차지하는 비중은 5% 미만이지만, 주요 화교 기업의 시가총액은 아세안 전체 시가총액의 20%를 차지한다. 화교 기업은 제2차 세계대전 이후 아세안의 부동산과 금융시장에서 자본을 축적하며 서비스 산업을 주도했다. 아세안 화교 기업들은 아세안 시장 내 경쟁 심화에 대비하고 글로벌화의 발판을 마련하기 위해 규모의 경쟁에 돌입했다. 외환위기 이후 구조조정을 통해 탄탄한 기업구조를 확보한 화교 기업들은 역내 시장 쟁탈을 위해 대규모 인수합병을 추진 중이다. 2015년 아세안경제공동체 출범과 함께 경쟁이 더욱 심화될 것이므로, 자금력을 보유한 아세안 화교 기업들이 인수합병 전략을 강화하고 있는 것이다. 한편, 해외진출 산업에서 성장의 한계에 달한 일부 아세안 화교 기업은 사업 다각화에 필요한 기술을 확보하기 위해 자국에 진출한 중국 기업과의 협력을 강화하고 있다.

아세안에서의 일본의 경쟁력도 무시 못 할 존재다. 일본과 아세안 간 공식적인 교류는 1973년 시작한 '일·아세안 합성고무 포럼'이나 소비시장 진출은 이미 1950년대부터 본격화되었다. 5년째 장기집권 중인 아베 일본 총리는 취임 후 첫 방문지로 베트남, 태국, 인도네시아를 택했다. 이들 나라 순방 당시 '무역 및 투자 확대', '젊은 세대 간 교류 촉진' 등 아세안 외교 5원칙도 발표했다. 일본은 2000년대 중반부터 중국과의 관계가 악화되자 아세안 중시 기조를 강화하고 있다. 일본 기업은 아세안 시장에서 벌어지는 한국과 중국의 경쟁 속에서 자신들이 아세안 국가의 장기적 파트너라는 인식을 심어주기 위해 대대적인 캠페인을 추진 중에 있다.

2017년 11월 아시아·태평양 경제협력체(APEC) 정상회의가 베트남에서 열리며, 아세안 정상회의는 필리핀에서 개최된다.

〈ASEAN 10개 나라 개요〉

- 인도네시아 : 세계 4위 255백만 인구 대국, 면적 2백만 ㎢, GDP 1조 달러의 ASEAN 최대 경제대국, 자원부국, 350여 다민족 국가, 1500여 개 우리 기업 진출.
- 필리핀 : 1960년대 일본 다음 아시아 부국, 인구 1억 500만 명으로 인도네시아 다음 아세안 두 번째 인구 대국, 인구의 50%가 30세 미만의 젊은 층.

- 베트남 : 중국을 능가하는 투자 유망국, 아세안의 지리적 중심, 우리와 정서가 가장 잘 맞는 아시아 최대 성장 가능 국가.
- 태국 : 1992년 민주화와 2006년 군부 쿠데타, 인구 6800만 명으로 인도네시아, 필리핀, 베트남 다음 아세안 네 번째, 연간 1500만 명 넘게 방문하는 세계적인 관광 대국.
- 미얀마 : 절대빈곤국, 활발한 대외개방과 투자 매력으로 주목, 원유 천연가스 유연탄 풍부, 인구 6000만, 중국, 인도, 방글라데시, 태국, 라오스 등 5개국 30억 명과 국경.
- 말레이시아 : 아세안 국가 중 1인당 GNI 11000달러로, 싱가포르와 브루나이에 이어 3위 경제 부국, 안정된 정치제도, 풍부한 자원, 탄탄한 인프라 기반 성장 잠재력.
- 캄보디아 : 킬링 필드(1975~1979년 크메르 루즈 폴 포트 정권의 대학살)와 앙코르 와트(12세기 초 크메르 앙코르 왕조의 사원)로 유명, 포스트 베트남 국가 각광.
- 라오스 : 중국, 태국, 베트남, 캄보디아로 둘러싸인 내륙 농업국가, 인구 700만 명, 수도 비엔티엔(Vientiane), 1인당 GNI 1646달러 최빈국, 인도차이나 반도 허브.
- 싱가포르 : 아시아 대표적인 국제금융 허브, 중계무역과 세계적인 항구 국가로 정평.
- 브루나이 : 인구 40만 강소국, 원유·천연가스 자원부국, 세계적인 관광지로 발돋움.

48개국 48억 명 아시아의 미래

'One Asia'로 대표되는 아시아는 크게 한·중·일 3국의 동북아시아, 그 중요성이 나날이 커지고 있는 동남아시아, 오일 머니를 바탕으로 22개국 인구 3억 5천만 명, GDP 2조 달러의 중동아시아, 거대 인구 국가인 인도·파키스탄·방글라데시 등 서남아시아, 그리고 옛 소련 연방(USSR)으로부터 독립한 미래 아시아의 보석으로 불리는 중앙아시아로 구성되어 있다. 48개국 48억 명, 전 세계에서 가장 큰 이머징 마켓으로 발돋움하고 있다.

팍스 아시아(Pax Asia)로 불리고, 지구상에서 가장 큰 대륙으로, 1973년 전 세계 GDP 비중 16.4%에서 2001년 30.9%, 2011년 36.5%, 2050년 50%까지 증가할 것으로 전망된다. 전 세계 투자자금 중 절반 이상이 아시아로 이동(Pax Asia or Pivot to Asia)하고 있다. 세계가 아시아를 주목하는 이유는 다음과 같다.

인구 구조상 65세 이상 노령인구 비율이 25.4%에 불과(미국 51.6%)하고, 베트남은 30세 이하가 절반이다. 2030년 중산층 인구의 절반은 아시아에 있을 것이다(2016년 메릴린치 보고서). 아시아의 도시화 비율은 현재 50%(북미 지역의 도시인구 비율 80%)에 불과하다. 다양하고 풍부한 자원 보고, 그리고 생산·물류·소비 거점을 들 수 있다.

스위스 다보스에서 열린 '2016년 세계 경제포럼'의 주제는 제4차 산업혁명이었다. 인공지능(AI), 가상현실(VR), 사물 인터넷(IoT), 빅데이터, 드론, 로봇 기술, 3D프린팅, 스마트 카, 생명공학(BIO) 등 4차 산업혁명이 시작됐다. 1775년 제임스 와트의 증기기관 발명으로 1차 산업혁명이 시작되었고, 1879년 토마스 에디슨의 전구 발명으로 전기가 들어오면서 야간에도 공장이 돌아가고 대량생산의 원동력이 되었는데 이는 2차 산업혁명으로 이어졌다. 1970년대 컴퓨터와 정보통신 기술 개발로 3차 산업혁명을 거친 인류가 이제는 컴퓨터 네트워크의 사이버 공간과 물리적 세계가 실시간으로 연결되고, 사물들이 서로 소통하며 자동적·지능적으로 제어되는 복합 시스템으로, 4차 산업혁명이 새로운 화두로 떠오르고 있다. 지금껏 여러 가지 기술격차, 자본부족, 인재부재로 동아시아가 후발주자에 머물렀으나, 자본과 기술, 인재의 물리적인 간극이 줄어들면서 4차 산업부터는 선진국들과 어깨를 나란히 할 것으로 전망된다.

글로벌 경제성장을 견인하고 있는 아세안, 2017년 현재 세계 7위 주요 경제 권역에서 2050년 중국-미국-EU에 이은 글로벌 4위가 목표다. 생산가능 인구(15~64세)가 68%로 전 세계 평균(65%)보다 월등히 높다. 이 책의 내용은 포스트 한·중·일을 꿈꾸는 아세안 10개국의 역사와 문화, 경제현황, 투자환경, 금융산업 그리고 우리나라와의 관계 등이다.

제2부

아세안
ASEAN

"시장이 어디를 향해 흘러가는지 주도면밀하게 관찰하라."

_ 아마존 창업자 제프 베조스

"험한 파도를 타지 않으면 배가 항구에 닿지 않는다."

_ 인도네시아 속담

제2장

인도네시아
INDONESIA

세계 4위 아세안 최대 인구 및 경제 대국, 동남아시아 대표 국가,
자원과 소비시장 동시 보유국, 브릭스(BRICs)에서 인도네시아를
추가한 BRIICs로 대변

역사와 문화

인구 265백만 명으로 중국, 인도, 미국 다음의 세계 4위 인구 대국이다. 한반도의 아홉 배 크기의 면적인 2백만 ㎢, 동서 길이 5300 ㎞, 수마트라, 자바, 보르네오, 술라웨시, 칼리만탄 등 세계 최대인 18000여 개의 섬이 있는 나라이기도 하다. GDP 1조 달러의 세계 11위, 아세안 최대 경제대국이며 자원부국으로서, 아세안 전체 인구의 40%, GDP 비중이 38%로, 동남아시아 대표 국가다. 말레이시아, 싱가포르, 인도네시아 세 나라 사이에 900㎞ 말라카 해협을 통하여 전 세계 물동량의 50%가 통과하고 있는 전략 요충지를 끼고 있다.

맥킨지(Mckinsey) 선정 2030년 세계 7위 경제대국 유망 국가다. 300여 년간의 네덜란드 식민지와 제국주의 일본의 점령을 거쳐 1945년 8월 17일 독립한 공화국으로, 수도는 자카르타다. 500여 다민족 국가, 85%가 이슬람 급진 수니파 신봉, 인구 2억 6500만 명 중 1억 명이 하루 2달러 이하로 생활하는 나라다. 중산층(연 소득 3000~6000달러) 인구 4500만, 인구의 50%가 30세 미만의 젊은 층의 나라이며, 생산 가능 인구(15~64세)가 67%로 전 세계 평균(65%)보다 높고, 인도네시아인 700여 만 명이 우리나라를 비롯한 해외 근로 중이다. 외국인 관광객만 1500만여 명이 넘는 관광 대국이기도 하다. 브릭스(BRICs)에서 인도와 더불어 인도네시아까지 포함하는 개념, BRIICs로 불린다.

〈BRICS, 브라질·러시아·인도·중국·남아프리카공화국 개황(2016년 기준 / IMF 및 WB)〉

구분	브라질	러시아	인도	중국	남아공
GDP(미 달러)	2조 5500억	2조 4500억	2조 2880억	10조 8664억	4100억
인구(만 명)	2억 2000만	1억 5000만	13억 1000만	13억 5600만	5500만
GDP 성장률(%)	4.3	2.5	7.9	6.7	3.8

인도네시아 경제, 현재와 미래

GDP 성장률은 2011년 6.5%, 2012년 6.2%, 2013년 5.7%, 2014년 5.1%, 2015년 4.8%, 2016년 6.0%로 고성장이 예상된다. 정책 금리 5.0%, CPI 7.0%, 경상수지 300억 달러 적자, USD/IDR 환율 13500 수준이다. 2014년 7월 9일 실시된 대통령 선거에서 친 서민 개혁 성향의 목수 아들로 태어난 투쟁민주당 조코위가 53.15%의 지지율로 대통령에 당선되어, 군부 출신 집권세력을 제치고 최초의 문민정부가 출범했다. 군사력은 40만여 명의 육·해·공 군대를 보유하고 있다. 세계 최대 군용 수송기를 만들고 있으며, 대표적인 우리나라의 방산 물자 수입국이다.

2012년 1월 18일 Moody's는 인도네시아 국가 신용등급을 Ba1에서 Baa3 투자적격 등급으로 상향하고, 전망도 '안정적'으로 평가,

1997년 동아시아 외환위기 이후 14년 만의 일이다. 2016년 해외 직접투자(FDI) 300억 달러이며, 주요 투자국은 일본, 중국, 한국, 싱가포르, 미국, 네덜란드 순이다. 2013년 인도와 함께 가파른 경상수지 적자에 따른 환율 급등, 주가 급락, 금리 급등에 따른 국채가격 폭락 등 이머징 마켓 발 국제금융시장 위기감이 고조되었으나 1년여 만에 안정을 되찾았다. 한편, 인도네시아 정부는 외국인 투자자금을 끌어들이기 위해서, 2016년 10월 조세 사면법으로 2017년 3월까지 불법으로 숨겨놓은 해외 은닉자금을 본국으로 되가져오면 약간의 세금을 제외하고 법적 책임을 면제해주겠다고 했다. 이로써 100조 루피아(89조 원 상당) 정도가 해외로부터 들어왔다.

인도네시아는 반둥 회의(AA 회의, 아시아. 아프리카 회의)로도 유명하다. 1955년 4월 18일부터 24일까지 자바 섬 자바바라트 주도인 반둥에서 처음 열린 회의로, 당시 미국과 소련을 제외한 제3세계 회의로 출발했다. 2013년 10월 7일~8일 유명한 휴양지 발리에서 아시아태평양경제협력체(APEC) 정상회의도 열렸으며, 박근혜 대통령도 회의 참석과 함께 수도 자카르타를 국빈으로 방문했다. 바야흐르 인도네시아가 서구 열강들의 각축장에서 세계 여론을 주도하는 위치로 나아가고 있다. 재미있는 소식 하나가 있다. 즉 인도네시아 기업인 에릭 토히르는 2013년 10월 이탈리아 명문 축구 구단 인터 밀란(3.2억 유로 가치)의 70% 지분을 사들이기도 했다.

〈Forbes Asia, 2017〉 선정 부자를 보면, 은행 및 담배회사 소유자 부디 하르토노(R. Budi Hartono)가 90억 달러 재산으로 인도네시아 최고 부자의 반열에 올랐다. 쇼핑, 영화, 음악, 오락 등을 즐기는 몰링(Malling) 족으로 불리는 10~30대 젊은이들의 소비성향이 아시아 최대 소비시장으로서의 모습을 여과 없이 보여주고 있어, 이들을 겨냥한 전 세계 유통업체들이 속속 몰려들고 있다. 폴리트론(Polytron)이라는 세계적인 가전회사를 가지고 있으며, 미얀마와 함께 고급 원목 가구재인 자바 섬의 티크 나무로도 유명하다. 다른 아세안 국가들과 마찬가지로 인도네시아도 화교 자본이 막강하며, 중국계가 전체 인구의 3.5%에 불과하지만 상장기업 시가총액의 73%가 그들 자본이다. 2016년 말 기준 주식시장에서의 시가총액은 4950억 달러다. 2013년부터 인도네시아 정부는 최저임금을 33% 인상, 수도 자카르타의 경우 153만 루피(17만 원)에서 220만 루피(25만 원)로 인상했다.

구분	내용	비고
수도	JAKARTA	수마트라, 자바, 보르네오, 칼리만탄
인구	255백만 명	세계 4위 인구 대국, 50%가 30세 미만
면적	1,905천 ㎢	18,000여 개의 섬, 말레카 해협
GDP	9,956억 달러	세계 13위, 연평균 5% 이상 고성장
1인당 GNI	3,500달러	연소득 3600달러 중산층 인구 4500만
통화 / 환율	IDR / 13,620	USD/IDR 환율

유망 투자 산업 및 투자 유의사항

인도네시아는 아세안 10개국 중에서 인구가 제일 많고, 국토도 가장 넓다. 따라서 자원이 풍부하고 소비시장이 넓은 만큼 천연자원 개발과 함께 일반 소비제품 생산까지 폭넓게 시장 접근이 가능하다.

그러나 워낙 광범위하다 보니 물류비용이 만만치 않은 게 현실이다. 한류 열풍이 인도네시아까지 미쳐 우리나라 상품이나 문화에 대체로 우호적인 분위기다. 동남아시아 대부분의 나라들과 마찬가지로 빈부격차가 큰 만큼, 시장 세분화 작업도 필수적이다. 지금도 주력 상권은 중국계인 화교 자본이 차지하고 있다. 제조업은 인도차이나 반도인 베트남에 밀리고, 서비스 산업은 이웃 싱가포르는 물론 태국이나 말레이시아에도 훨씬 못 미친다. 지진, 해일, 태풍 등 자연재해도 많이 발생한다. 정치적인 안정은 이루고 있으나 다양한 인종으로 인한 인종 및 종교 간 분쟁이 가끔 발생한다. 1998년 5월 인도네시아 인들의 화교 학살 사건이 대표적이다. 인구의 5%에 불과한 화교들이 인니 경제의 85%를 차지한 데 대한 불만이 끔찍한 학살로 이어졌다. 아시아의 대표적인 이슬람 국가로, 중동만큼은 아니나 엄격한 종교 문화를 지키는 것도 유의해야 한다.

우리나라와의 관계

14세기 말 인도네시아 자바의 마자파힛(Majapahit) 왕국 상선이 조선에 당도했다고 『조선왕조실록』이 전한다. 1949년 12월 이승만 대통령이 인도네시아 국가를 승인한 남북한 동시 수교국이며, 북한과는 우리보다 훨씬 앞선 1964년 4월 수교하고, 대한민국과는 1973년 9월에야 수교하여 2013년 9월 수교 40주년을 맞았다. 인도네시아는 북한 대사관이 있는 나라에 최초로 우리 공관이 진출한 첫 사례였다. 2015년 500억 달러로 한국의 8위 교역국 및 인도네시아의 7위 교역국, 우리나라 최초의 해외 직접투자국인 인도네시아는 현재 일본, 중국에 이은 3위 투자 국가다. 인니도 30억 달러 투자로 우리나라의 일곱 번째 투자 국가이기도 하다. 군사협력, 관광, 자원개발, 제조, 건설투자 등이 활발하며, 연간 인도네시아 방문 관광객 50여만 명에 이른다.

우리나라 기업으로는 1969년 진출한 코린도 그룹(승은호 회장)을 비롯한 미원, 포스코 등 2,000여 개 기업이 진출, 교민 50000여 명이 거주하고 있다. 한국에도 인도네시아인 50000명이 거주하고 있다.

한국 정부는 아세안 중에서 인도네시아, 베트남, 태국, 말레이시아 순서로 양자 간 FTA 체결 예정이다. 2013년 10월 12일 APEC 정상회의 후 자카르타를 국빈 방문한 박근혜 대통령은 수실로 밤방 유도요노 인도네시아 대통령과 100억 달러 규모(2017년 3월 5일 기한 연장 재계약, 2020년까지 10조 7000억 원/115조 루피화 상당)의 양자 간 통화 스왑도 체결했다. 일본과 중국이 통화 스왑에서 발을 빼는 상황에서 고무적이다. 더불어 포괄적 경제동반자 협정(CEPA)을 체결하여, 현재 500억 달러 수준인 양국의 교역을 2020년 1000억 달러로 확대하기로 합의했다. 인도네시아 정부는 정유시설 등 에너지 분야 투자를 최우선적으로 우리에게 원하고 있다. 인도네시아 증시에서 주가수익 비율(PER)은 15.4배로 매력적인 아시아 주식시장 중의 하나다.

금융산업

인도네시아 중앙은행(BANK INDONESIA)을 중심으로 상업은행 120

개(외국계 은행 46개), 지방은행 1825개 등이 있으며, 은행 설립 최저자본금 3조 루피아(3억 달러 상당)다. 인도네시아 정부 금융 정책상으로는 과도한 은행 숫자, 영세한 은행 규모, 더딘 금융산업 발전, 외국계 은행들과 과당 경쟁 등으로 해외은행 신규 진출은 거의 중단된 상태다. 인도네시아 은행 등 금융산업 진출도 중국이나 베트남과 마찬가지로 한 발 앞선 초기 투자가 이뤄지지 않으면 신규 영업허가가 쉽지 않은 상황이다. Bank Mandiri, BRI, BCA, BNI, CIMB-Niaga, Permata 등 로컬은행이 있다. 우리나라 은행으로는 우리, KEB하나, 신한은행 등이 법인 형태로 현지 진출해 있고, 기업, 산업, 국민은행 등도 관심을 보이고 있다. 순이자 마진(NIM)은 5.4%에 이른다. 100억 달러가 넘는 보험시장에서 현지 진출한 우리나라 보험회사로 한화생명, 삼성화재, KB손보도 있다. 은행의 경우 자산 기준 세계 200위 이내 은행만 진출 자격이 있으며, 대표 사무소도 300위 이내만 개설 가능하다.

인도네시아에서 가장 주목할 만한 은행 중의 하나가 국경을 마주하고 있는 말레이시아 계 CIMB다. 자카르타에만 190여 지점이 있고, 인도네시아 전체로는 590곳의 지점이 있다. CIMB는 말레이시아 계 금융그룹이지만 인도네시아에서 더 큰 기회를 찾고 있다. 인도네시아 합작 법인인 CIMB-니아가(Niaga)는 2014년 12조 8800억 루피아(약 1조 5000억 원 상당)의 영업이익, 전년 대비 24%나 늘었다. CIMB 그룹 전체 영업이익은 134억 9500만 링깃(약 4조 9000억 원), 전체 영업이익의 약 30%를 인도네시아에서 벌어들인 셈이다. 그 바탕은 중산층 증가에 따른 커머셜 뱅킹 부문과 인수·합병(M&A) 전략 호황을 꼽을 수 있다. 금융 전문가들은 CIMB가 아시아 리딩 뱅크로 자리매김한 뒤 머지않아 씨티뱅크, HSBC와 같은 세계적인 은행이 될 것으로 전망한다.

한편, 우리은행은 2012년 6월 Saudara Bank(1992년 설립, 109개 지점, 임직원 1800여 명, 자산 7억 달러, 자기자본 1.5억 달러, 현지은행 120개 중 70위 규모, 개인 고객 중심 영업) 지분 33%(7천만 달러 상당)를 인수(외국인 지분율 최고 40%)했다. 현지 법인명 '우리소다라은행'으로 현지 영업 중이다. 신한은행도 2012년 12월 자카르타 현지은행인 Bank Metro Express (BME, 1967년 설립, 자산 70백만 달러, 19개 지점, NPL 0.72%, 외환영업 중심) 지분 40%를 인수하는 주식양수도 계약(SPA)을 체결하고, 2015년 4월 당국 승인을 받아 11월 98% 지분 인수를 마무리했다. 2016년 5월 '신한인도네시아은행'으로 공식 출범했다. 2015년 6월 말 총자산 8100만 달러의 41개 지점을 가진 CNB도 75% 지분인수와 SPA를 체결, 신한인도네시아은행과 합병하고, 두 은행도 합병하여 2016년 12월 합병법인 이름을 신한인도네시아은행(BSI)으로 정했다. 이처럼 한국계 은행들도 공격적인 영업 전략을 펼치고 있다. 2017년 비씨카드사도 현지에 진출하여 카드 사업을 시작했다.

인생은 모험을 떠나는 자의 것이다, 지루하고 고루하게 살지 마라.

_ 버진 그룹 창업자 리처드 브랜슨

하려고 하면 방법이 보이고, 하지 않으려고 하면 변명이 보인다.

_ 필리핀 속담

제3장

필리핀

PHILIPPINES

7000여 개의 섬 보유 나라, 연평균 6% 이상 고성장, 아세안 지역
의 한국인 교민 최대 거주 국가, 개방적인 국민성과 언어 장점 살
린 글로벌 마인드 무장

역사와 문화

1960년대 일본 다음의 아시아 두 번째 부국이었다. 인구 1억 800만 명으로, 2억 6500만의 인도네시아 다음 아세안 두 번째 인구 대국으로, 인구의 50%가 30세 미만의 젊은 층인 나라 필리핀이다. 국토 연 면적 30만㎢, 루손, 비사얀 제도, 민다나오 등 3개의 큰 섬을 중심으로 7000여 개의 섬으로 이루어져 있다. 유명도시로는 수도 마닐라를 비롯하여 클락, 수빅, 세부, 보라카이, 팔라완, 다바오 등이 있다. GDP 3500억 달러, 수출입 교역 규모 1200억 달러, 공용어인 영어가 필리핀 고유 언어인 타갈로그어와 함께 사용되고 있다. 정치 부패와 더딘 경제발전 등 자국의 열악한 환경으로 인해 전체 인구의 10%인 1100만 여 명이 미국과 중동 및 동아시아 등지의 해외 근로자로 나가 있으며, 이들이 연간 벌어들이는 외화가 GDP의 10%에 육박하는 300억 달러가 넘어 나라 살림살이에 큰 보탬이 되고 있다.

300년이 넘는 스페인의 식민지 지배 영향으로 인구의 80%가 가톨릭 교도인 전형적인 가톨릭 국가로서 공화제를 채택하고 있다. 직전 대통령은 1983년 마닐라 공항에서 암살된 아키노 전 상원의원과 코라손 아키노 전 대통령의 아들인 베니그노 아키노 3세였으며, 한국계 그레이스 리와 연인 사이이기도 하다. 2016년 5월 '필리핀의 트럼 프'라 불리는 로드리고 두테르테(Rodrigo Duterte, 1945년 3월 28일생, 레이테 주 마신 출신, 다바오 시장 역임)가 범죄와의 전쟁을 선포하며, 부정부패 일 소를 기치로 600만 표 이상의 압도적인 표차로 차기 대통령으로 선 출되어 2016년 6월 30일 6년 임기를 시작했다. 취임 후 1년 사이 마 약사범 7000여 명을 제거하면서 범죄와의 전쟁을 이어가고 있다.

한편, 2012년 제19대 대한민국 국회의원으로 필리핀 여성 이 자스 민이 비례대표로 당선되기도 했다. 쿠데타와 시민혁명으로 유명한 필리핀은 1986년 '피플 파워'로 마르코스(1965~1986, 21년 장기집권) 정권 을 붕괴시켰다. 군사력은 12만여 명의 육·해·공 군대를 보유하고 있 으며, 우리나라 6.25전쟁의 동남아 최대 참전국이기도 하다. 1565년 에스파냐 식민 지배를 시작으로 1898년까지 333년간에 걸쳐 스페인 (에스파냐) 점령으로부터 독립을 선언했으나, 또다시 오랜 기간 미국의 지배를 받았다. 동아시아 전쟁 중 1943년 일본 점령 후 1945년에 독 립하는 등, 우리처럼 뼈아픈 역사를 간직하고 있다.

필리핀 경제, 현재와 미래

경제의 특징은 소비시장 중심, 소비 양극화, 화교 자본 등 여느 아 세안 국가들처럼 외국인 투자에 의한 경제성장을 들 수 있다. 1975 년 중국과 수교하면서 중국인들이 대거 필리핀으로 몰려들어 스페 인계와 중국계 상권이 필리핀 시장을 양분하고 있다. 대표적인 화 상(華商)으로 SM 그룹을 꼽을 수 있으며, 창업자인 헨리 시 회장(1924

년 중국 샤먼 출신, 1930년대 필리핀 이민)은 개인 재산만 130억 달러가 넘어 '2017 포브스 선정 세계 71위 아세안 최고 부자'이기도 하다. 부동산 개발, 상업시설 임대, 호텔, 컨벤션 센터, 초대형 쇼핑몰 등을 운영하고 있다. 스페인계의 대표적인 부호는 아얄라 가문이다. 1834년 설립된 필리핀 최고의 기업으로, 마닐라 시내 금융 중심지 마카티의 대부분 알짜배기 부동산을 소유하고 있으며, 금융·통신·수자원·제조·헬스케어 산업을 이끌고 있다. 필리핀 대표 맥주인 산미구엘도 스페인계 기업으로 에너지, 정유, 인프라, 통신 계열사를 거느리고 있다.

필리핀 하면 복싱 국민 영웅인 WBC 슈퍼웰트 급 챔피언 매니 파퀴아오(1978년생)를 꼽을 수 있다. 67전 59승의 대기록 보유자로서, 같이 대전을 벌인 미국 메이웨더의 3억 달러에 이어 소득이 1억 6천만 달러로, 2015년 운동선수 중 당당히 세계 2위에 랭크되었다. 이는 3위인 포르투갈 출신의 축구선수 호날두의 두 배가 넘는 금액이다. 가수와 영화배우로도 활동했으며, 2016년 5월 선거에서 필리핀 상원의원으로 선출되었다. 그의 장래 희망은 필리핀 대통령이다. 2016년 12월 우리나라에도 다녀갔다.

필리핀에 대한 최대 투자국은 여느 아세안 국가들과 마찬가지로 일본이며, 네덜란드와 미국 순으로 투자를 많이 하고 있다. 2013년 3대 신용평가사 모두 투자 적격국가로 평가하고 있으며, 외국인 투자자금이 몰려들면서 수출과 소비 모두 활발하며, 2013년 이래 GDP 성장률 7% 이상, 연평균 6% 이상 고성장을 이어가고 있다. 2016년 1분기에는 중국(6.7%), 베트남(5.5%), 인도네시아(4.9%), 말레이시아(4.2%)를 훨씬 뛰어넘는 6.9% 성장세를 나타냈다. 공용어인 영어권 이점을 살린 전 세계 콜 센터 유치에 안간힘을 쏟고 있으며, 1100

만 명에 달하는 해외거주 필리핀 사람들의 매년 300억 달러 상당의 역 송금은 자국 정부의 살림살이에 큰 보탬이 되고 있다. 태국과 더불어 온화한 기후와 저렴한 물가 수준으로 유럽 국가들의 은퇴 이민지로도 각광받고 있다. 필리핀 증시에서 주가수익 비율(PER)은 19.2배로, 매력적인 시장 중의 하나다.

유망 투자산업 및 투자 유의사항

필리핀은 인도네시아에 이은 아세안의 두 번째 인구 대국이다. 자원은 인도네시아와 말레이시아 대비 상대적으로 풍부하지 않으나, 낙천적인 국민성으로 식음료 중심의 소비시장이 잘 발달되어 있다. 아시아에서 가장 크다는 마트의 원조 알리(Ali Mall)도 마닐라에 있다. 산미구엘은 세계적인 식음료 브랜드다. 30여만 명의 한인들이 살고, 한류 열풍이 필리핀까지 미쳐 우리나라 상품이나 문화에 대체로 우호적인 분위기다. 동남아시아 대부분의 나라들과 마찬가지로 빈부격차가 큰 만큼 시장 세분화 작업도 필수적이다. 인도네시아와 마찬가지로 주력 상권은 중국계인 화교 자본이 차지하고 있다.

근래 들어 일본 기업들의 진출이 무섭다. 베트남과 비슷한 경제 구조로 어깨를 나란히 했으나, 최근에는 제조업 기반의 베트남 경제가 필리핀을 추월하는 양상이다. 수출입은 베트남이 앞서면서 조만간 GDP 역전도 예상된다. 제조업은 베트남에 밀리고, 서비스 산업은 바다 건너 싱가포르는 물론이고 태국이나 말레이시아에도 못 미친다.

필리핀은 태풍의 진원지로도 유명하다. 인도양에서 부는 강풍을 사이클론, 대서양은 허리케인, 태평양은 태풍이라고 한다. 동아시아와 우리나라를 거쳐가는 대부분의 태풍이 필리핀 해역에서 발생한다. 2013년 11월 초 불어 닥친 사상 최대의 시속 370㎞(미국합동 태풍경보센터 측정 379㎞)가 넘는 초대형 태풍 하이옌(海燕)으로 인해 1만 명 이상 숨지고 150억 달러 상당의 재산피해가 발생하여 큰 어려움을 겪었다. 필리핀은 반군 문제도 심각하나, 2012년 10월 민다나오 섬 중심의 이슬람 반군과의 평화협상을 체결하면서 정치적인 안정을 누리고 있다. 하지만 2017년 5월 민다나오 섬 마라위를 중심으로 이슬람국가(IS) 건설 추종세력들의 반란이 되살아나면서 필리핀 정부가 계엄령을 내리는 등, 갈등의 불씨가 되살아나고 있다. 가톨릭이 국교일 정도로 대표적인 가톨릭 국가이지만 민다나오 등 남쪽 지방은 이슬람을 주로 믿는 곳으로, 반감이 심각하다.

총기 소유가 자유로워 범죄가 끊임없이 일어나고, 외국인, 특히 우리나라 사람들의 피해가 크다. 관공서나 금융기관은 물론 웬만한 식당 앞에도 무장 경비원이 자동소총을 착탄한 채로 서 있어 두려움이 느껴질 정도다. 2017년 5월 중국 시진핑 국가주석이 필리핀 두테르테 대통령과의 한 회담에서, "남중국해에서 중국 자원을 건드리면 전쟁도 불사할 것"이라고 엄포를 놓았다는 필리핀 대통령의 전언에 따라서 중국과의 외교 마찰도 예상할 수 있다. 영유권 분쟁은 아세안에도 드리워져 있으며, 필리핀도 그 중심이다.

구분	내용	비고
수도	MANILA	루손, 비사얀 제도, 민다나오

인구	108백만 명	1100만여 명의 중동 등 해외 근로자
면적	300천 ㎢	7000여 개의 섬
GDP	3,080억 달러	연평균 5% 이상 고성장 국가
1인당 GNI	3,055달러	해외 근로자 연간 300억 달러 역 송금
통화 / 환율	PHP / 46.00	USD/PHP 환율

우리나라와의 관계

1949년 동남아시아 국가 중 최초로 우리나라와 수교하고, 1950년 6.25전쟁의 동아시아 최대 참전국이며, 서울 장충체육관이 필리핀의 기술로 지어졌다는 일화는 유명하다. 세계은행(WB) 자료에 따르면, 1960년도 1인당 GDP 기준으로 우리나라가 155달러, 아시아 최고 부국이었던 일본 478달러, 필리핀은 당시 257달러로 우리나라의 거의 두 배였다. 1970년에야 우리가 278달러, 일본 2003달러, 필리핀은 188달러로 우리가 역전에 성공했다.

한국은 2000여 개 기업들이 100억 달러 이상을 투자하고 있는 필리핀의 4위 투자 국가다. 특히 한진중공업은 공항·항만·교량·도로 건설 등 인프라 투자사업과 필리핀 조선산업을 이끌고 있다. 한전도 필리핀 국내 4위 발전사업을 하는 대표적인 한국 기업이다. 우리나라는 필리핀에 10억 달러 상당 대외원조(ODA)를 하고 있으며, 수출입 100억 달러 규모의 6위 교역국, 300,000여 명의 교민이 거주하고 있으며, 연간 우리 국민이 100만 명 넘게 방문한다. 대표적인 태풍 발생지역으로 자연재해가 많고, 무기 소지가 비교적 자유로워 불법 총

기사고 등 치안 문제가 심각하다. 우리나라 교민들이 연간 10명 이상 목숨을 잃으면서 불안감을 감추지 못하고 있다. 75,000달러 이상 투자하면 투자이민 비자를 받을 수 있어, 따뜻한 곳에서 비교적 여유로운 노년을 보내려는 전 세계인들의 은퇴 이민도 각광받고 있다.

금융산업

Metro Bank, UBP, BPI, BDO, PNB 등 주요 현지은행들이 있으며, 이들이 전체 시중은행의 60%를 차지하고, 대부분은 재벌 소유다. 우리나라는 외환은행이 1995년 마닐라 및 2013년 클라크 등 2개 지점, 2015년 11월 신한은행 마닐라 지점과, 같은 해 12월 기업은행 마닐라 지점으로 현지 진출했다. 2016년 8월 우리은행도 필리핀 세부에 위치한 웰스뱅크(Wealth Development Bank, 자산 1.7억 달러, 필리핀 저축은행 19위 랭크)의 지분을 필리핀 빅살 그룹과 51:49로 나눠가졌다. 국내 금융기관이 지분투자의 현지법인으로 필리핀에 진출한 첫 사례다.

필리핀 은행산업은 상업은행과 투자업무를 하는 겸업은행(Universal) 21개, 여수신 신용카드 수출입 외환업무를 주로 하는 상업은행(Commercial) 15개, 70여 개의 저축은행(Thrift), 500여 개의 지방은행(Rural), 그리고 농촌 지역에서 주로 금융 서비스를 제공하는 협동조합(Cooperative)과 전당포 형식인 2000여 개의 폰숍(Pawnshop) 등으로 나뉜다. 외국은행은 100% 현지은행 지분 취득이 가능하나, 신규 라이선스는 자국 은행산업 보호 차원에서 쉽지 않은 상태다. 순이자마진(NIM)은 3.35%에 이른다. 비 은행 금융권인 동양상호저축은행도 현지 영업 중이다. 한국에는 필리핀 메트로은행과 BDO유니뱅크가 들어와 있다. S&P는 2013년 5월 국가 신용등급을 BB+에서 투자적격인 BBB-로 상향 조정했다. 참고로, 중국 주도의 아시아인프라투자은행(AIIB)의 대항마로 위협받고 있는 아시아개발은행(ADB)이 필리핀 마닐라에 주재하고 있다.

〈3대 신용평가사의 신용등급〉

	S&P(21등급)	Moody's(21등급)	Fitch(24등급)
투자적격	AAA	Aaa	AAA
	AA+	Aa1	AA+
	AA	Aa2	AA
	AA-	Aa3	AA-
	A+	A1	A+
	A	A2	A
	A-	A3	A-
	BBB+	Baa1	BBB+
	BBB	Baa2	BBB
	BBB-	Baa3	BBB-
투자부적격	BB+	Ba1	BB+
	BB	Ba2	BB
	BB-	Ba3	BB-
	B+	B1	B+
	B	B2	B
	B-	B3	B-
	CCC+	Caa1	CCC+
	CCC	Caa2	CCC
	CCC-	Caa3	CCC-
	CC	Ca	CC
	D	C	C
			DDD
			DD
			D

[TIP 1] 나라를 성장시키는 동력으로서의 다문화

필리핀 국민은 근로자와의 결혼 등으로 우리나라에 많이 와 있다. 특히 국제결혼으로 다문화 가정이 양산되고 있는데, 다문화 가정, 다문화 사회, 다문화 국가만이 부강한 나라를 만들 수 있다.

다문화 국가로 이룬 오늘날의 미국

1774년 7월 4일 탄생한 250여 년의 짧은 역사에도 불구하고, 군사적으로나 경제적으로 타의 추종을 불허하는 세계 최강대국의 반열에 오른 미국의 원동력은 무엇일까? 다름 아닌 다문화가 아닐까 싶다. 서로 다른 인종, 문화, 언어, 종교, 자연환경, 역사적인 배경 등 모든 걸 녹여내고 철저한 프론티어(개척) 정신 하나로 나라를 일궈온 다양성의 힘이 아닐까 한다. 세상에 진귀한 물건(전기, 자동차, 비행기, 컴퓨터 등)을 창조해낸 미국이다.

한편, 5000년 장구한 역사에도 불구하고 구한말 국제정세를 제대로 읽지 못해 쇄국정책으로 일관하던 조선 왕조가 한 순간에 무너진 배경이 이런 다양성, 다문화를 받아들이는 데 소홀했기 때문은 아닐까?

다문화 국가로 거듭나고 있는 대한민국

대한민국은 이제 국제화라면 두 번째라고 해도 서러워할 정도의 글로벌 일원이 되었다. 국제금융시장 환경에 우리만큼 민감한 반응을 보이는 나라도 드문 것을 보면, 우리나라도 꽤나 다양성을 인정하는 다문화 국가의 반열에 올랐음에 틀림없다. 2015년 7월 5일 행정자치부의 〈2015년 외국인 주민 현황〉 자료에 따르면, 2015년 1월 1일 기준 우리나라에 살고 있는 외국인은 174만 1919명이라고 한다. 2006년 54만 명에서 연평균 3% 이상씩 늘면서 3배 이상 증가한 수치이다. 대전(153만 명)과 충북(158만 명)을 넘어선 인구로, 국적별로는 중국 54.7%, 베트남 11.5%, 미국 4.2%, 필리핀 4.1%, 캄보디아, 인도네시아, 일본, 태국, 대만, 홍콩 순이다. 그리고 그 중심에는 다문화 가족으로 대표되는 50만 명에 육박하는 외국 여성과의 결혼 가정(베트남 여성과의 결혼 가정 50000여 명, 매년 8000명 정도의 베트남 여성과 결혼)과 100만 명이 넘는 우리나라 거주 외국인 근로자들이 자리하고 있다.

우리나라 교민들이 미국으로 이민 가서 부모 형제들을 초청하던 이민과 같이, 최근에는 한국으로 결혼해서 들어온 이주여성을 따라 한국으로 들어오는 다문화 가족들도 늘어나고 있다. 자국 동포가 해외에 나가서 사는 비율을 보면, 본국 인구가 700만 명에 불과한데 해외에서 살고 있는 인구가 600만 명이 넘는 이스라엘이 첫 번째, 두 번째는 한민족이다. 한민족은 남·북한 인구 7,500만 명의 10% 가량인 727만 명이 중국, 미국, 일본 등 해외에 거주하고 있으며, 163개 우리나라 공관이 나가 있는 곳을 기준으로 추정하면, 영주권자와 체류자만 해도 230만 명에 이른다. 참고로, 세계 최대 인구 대국인 중국의 해외동포는 5500만 명, 인구 13억의 인도는 3000만 명으로 추산된다. 미국 거주 주요 아시아 교민 규모는 중국인 380만, 인도인 320만, 필리핀 270만, 베트남 170만, 한국인이 150만 명이다.

다문화 국가의 뿌리, 다문화 가정

예전에는 신기하게만 보이던 외국인을 이젠 우리나라 어딜 가더라도 심심찮게 볼 수 있다. 어떤 시골 마을은 한 마을 전체의 결혼 여성 중에서 외국인 여성이 절반을 넘는 곳도 있으며, 또 어떤 집안은 형제 모두가 외국인 여성과 결혼하는 가정도 있다고 한다. 한민족 단일 핏줄을 자랑 삼아 얘기하던 것도 옛 이야기며, 지구촌이라는 말이 실감난다. 요즘 웬만한 지방자치 단체나 기업에 가보면, 외국인을 위한 문화쉼터, 언어교실, 외국인 지원센터 등을 흔히 볼 수 있다. 국내 거의 모든 대학들도 온갖 인센티브를 제공하면서 외국인 학생 유치에 열을 올린다.

다문화 가정의 좋은 점, 어려움, 그들의 희망사항, 그리고 그들을 진정으로 받아들이고 보듬어 안을 수 있도록 우리가 할 수 있는 일이 어떤 것이 있을까 생각해보자. 먼저 다문화 가정의 좋은 점은, 다양한 나라의 문화를 공유할 수 있으며, 현실적으로 사회적인 문제가 되고 있는 농촌 총각 등 결혼 적령기를 넘긴 사람들의 결혼 대안이 될 수 있다. 또 중소기업 등 구인에 어려움을 겪고 있는 사업장에는 노동력 공급원이 되고, 사회적으로는 우리나라가 좀 더 개방화되고 국제사회에서도 우호적인 인식에 한몫할 수도 있다.

다문화 가정의 어려운 점으로는 다른 문화, 다른 언어로 인해 부부 간, 부모·자녀 간, 또는 이웃들 간의 의사소통의 어려움, 학교에서의 다문화 가정 자녀들에 대한 집단 따돌림, 언어 문제로 인한 학교 성적 미달 등을 들 수 있다. 또한 동남아시아를 예로 들면, 아세안 여성들의 한국 남성들에 대한 부정적인 인식, 즉 과음, 외도, 과격한 성미, 지나친 성취욕, 자녀들에 대한 무관심과 한국 남자들이 지닌 동남아 여성에 대한 부정적인 생각, 즉 과도한 남편 통제 등은 고칠 점들이다.

한편, 국가적으로나 사회적으로 우리가 다문화 가정, 특히 우리나라에 결혼을 통해서 들어온 외국인 여성이나 근로자를 위한 언어교실, 적절한 교육 제공, 다문화 가정의 부모와 자녀 간 충분한 의사소통이 가능하도록 이들을 도울 수 있는 자리를 마련하고, 아직도 비자 받기가 까다로운 행정절차를 간소화하는 등, 정부나 사회가 이들을 돕는 데 많은 제도적·행정적인 지원이 절실히 요구된다. 그러나 무엇보다도 중요한 것은 이들에 대한 배려, 대한민국 국민의 일원으로 자리매김하여 정체성을 가질 수 있도록 하는 데도 심혈을 기울여야 한다. 요즘 결혼하는 다문화 가정 부부들은 1년을 번갈아가며, 또 좀 더 여유 있는 가정의 경우 1년 중 추석이나 설을 나눠서, 추석은 아내의 모국에서, 설은 한국에서 보내는 가정도 늘어나고 있다고 한다. 동서고금을 막론하고 사람 사이에는 서로 이해하고, 사랑하며, 존중하고, 배려하는 마음이 가장 우선임에는 다문화 가정도 예외가 아니다.

다문화 가정-다문화 사회-다문화 국가-부강한 나라

영국의 세계 경영, 일본의 메이지 유신, 중국의 대외개방, 베트남의 도우·머이, 다문화 사회를 지향하는 미국의 국가 이념 등을 통해서 봐도, 개혁·개방은 나라를 부강하게 하는 원동력이다. 폐쇄는 고립을 낳고, 고립은 곧 소멸을 가져온다. 다양성을 존중하고 다문화를 인정하는 나라만이 생존할 수 있다. 그 기저는 바로 우리들 곁에 있는 다문화 가정이다.

빨리 움직이고 무언가를 깨부숴라, 성공을 잡아채라, 누구보다 빨리.

_ 페이스북 창업자 마크 주커버크

돈을 버는 것은 운이고, 기술이며, 돈을 쓰는 것은 예술이다.

_ 베트남 속담

제4장

베트남

VIETNAM

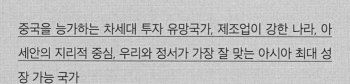

중국을 능가하는 차세대 투자 유망국가, 제조업이 강한 나라, 아세안의 지리적 중심, 우리와 정서가 가장 잘 맞는 아시아 최대 성장 가능 국가

역사와 문화

유사 이래 2000여 년간 중국의 영향력 아래 있었고, 1858년부터 100여 년 동안 프랑스의 지배, 제2차 세계대전 당시 일본의 침략, 10년간의 미국과의 긴 싸움, 캄보디아 및 중국과의 다툼 등 숱한 전쟁 속에 살아온 민족, 베트남이다. 우리와 정서가 가장 잘 맞는 나라, '세계의 공장' 중국을 위협하면서 중국과 인도에 이은 세계 3대 투자 유망 국가다. 동남아시아에선 유일하게 유교 문화가 퍼져 있고, 풍수지리까지 따지는 나라가 베트남이다.

1945년 응웬(Nguyen) 왕조(1802~1945, Da Nang 인근 Hue가 수도)가 막을 내리고, 베트남 민족의 영웅이면서 독립의 아버지로 박호(Bac Ho, 호아저씨)로 불리는 호치민은 1945년 9월 2일 베트남 민주공화국 독립을 선언했다. 1975년 4월 30일 월남의 수도 사이공이 함락되면서 남북 간 통일, 1986년 개혁·개방 정책인 도이머이 채택, 1991년 경제개발 10개년 계획 시작, 1995년 아세안 가입, 1998년 아펙(APEC) 가입, 2000년 미국과 자유무역협정 체결, 2014년 한·베 FTA를 체결했다.

베트남은 남북 간의 길이가 2500㎞가 넘는, 비행시간만 2시간인 매우 길쭉한 나라다. 수도인 하노이 중심의 북부지역과, 베트남을 남북으로 갈렸던 북위 17°선인 다낭을 중심으로 한 후에와 호이안이 있는 중부지역, 그리고 베트남의 경제 중심도시이며 과거 월남의 수도였던 호치민(옛 사이공)이 있는 남부로 나뉜다. 지역 간 기후나 풍습, 인종도 많이 달라 매우 이색적인 나라이기도 하다. 그러나 유교와 불교 중심의 우리나라와 매우 흡사한 부분도 많다. 연간 외국인 관광객이 1000만 명이 넘으며, 중국인 270만, 한국인 150만, 일본인 74만, 미국인 53만, 대만인 51만 명이 다녀간다.

베트남은 BC 2세기 중국 한(漢)나라에 의해서 월남(南越, 남비엣)이 멸망하면서 2000여 년간 중국의 영향권 아래에 있었다. 1009년 리(Ly) 왕조가 성립하면서 1010년 탕롱(Ha Noi)에 수도를 정했다. 문자는 '쯔놈'(Chu Nom[字喃]: 14~19세기 베트남 고유어를 문자로 표기하기 위한 한자(漢子) 바탕의 베트남 문자)을 사용하고, 1600년대 프랑스 선교사 알렉산드 로데스에 의해 베트남 말을 라틴어로 표기하게 되면서 오늘에 이르고 있다.

"Lich su Vietnam la lich su chien tran!(베트남 역사는 전쟁의 역사!)."

베트남의 역사를 한마디로 표현하면 그렇다. 중국, 프랑스, 일본, 미국 등 강대국들과의 숱한 전쟁 속에 살아왔다. 2000년 전 『삼국지』에도 등장하는 제갈량이 남만 왕 맹획을 '일곱 번 잡았다가 일곱 번 풀어줬다'는 칠종칠금(七縱七擒)의 고사에서도 보듯이, 저항이 만만치 않은 민족으로 베트남을 꼽는다. 1800년대 청나라 황제 건륭제가 20만 대군을 거느리고 침공했으나 이기지 못했다. 1979년 2월 중국의 작은 거인 등소평이 말 안 듣는 조그만 친구 베트남을 손보겠다며 6만여 명의 군대로 베트남을 침공했다. 그러나 2만여 명의 사상자를 내고 한 달 만에 퇴각했다. 2011년과 2014년 난사 군도 관련 영유권 분쟁 때도 중국에 대해서 강력히 저항하는 등, 전쟁에서 그 어떤 강대국들도 베트남을 제압하지 못했다.

1946년 프랑스와 제1차 인도차이나 전쟁을 시작하고, 1954년 제네바 협정에 의해 휴전하며 북위 17°선(Da Nang) 기준으로 남북 월남이 분단되었다. 1965년 통킹 만 사건을 계기로 미국이 개입된 월남 전쟁 결과 1975년 4월 30일 사이공(현재 호치민) 함락으로 통일을 이뤘다. 이후 1986년 도이머이(DoiMoi, 쇄신·개혁·개방) 정책을 통해서 나라의 기틀을 잡아가고 있다. 군사력은 50만여 명의 육·해·공 군대를 보유하고 있다.

베트남 정치 체제는 서열 1위인 공산당 서기장인 응웬 푸 쫑을 필두로, 국가주석 쯔엉 떤 상, 총리인 응웬 떤 융, 국회의장 응웬 신 홍 네 사람이 권력을 나눠 갖고 있었다. 그러나 2016년 1월 28일 열린 '제12차 전당대회'에서 2016년 5월 22일자(오바마 미국 대통령 방문으로 4월로 앞당겨짐)로 응웬 푸 쫑(Nguyen Phu Trong) 서기장은 유임되었고, 주석은 쩐 다이 꽝(Tran Dai Quang) 공안부 장관이, 총리는 응웬 쑤언 푹(Nguyen Xuan Phuc, 1954년 꽝남 성 출생, 전(前) 꽝남 성 당서기, 하노이국립경제대 졸업) 부총리가, 국회의장은 최초로 여성 국회 부의장인 응웬 티 낌 응언(Nguyen Thi Kim Ngan)이 맡고 있다. 베트남의 새 지도부는 2020년까지 매년 6~7% 경제성장과 1인당 GDP 3500 달러를 목표로 하고 있다. 사법 체계는 최고인민법원, 시 또는 성 인민법원, 지방 인민법원, 그리고 군사법원 등 3심제로 구성되어 있다.

한편, 2016년 5월 22일 10년 넘는 전쟁 당사국(1964~1975년 베트남 전쟁)이었던 역사적인 B. 오바마 미국 대통령의 베트남 방문으로 미국과 베트남 간의 교류가 확대되었다. 남중국해(난사 군도, 황사 군도, 스프래틀리)를 둘러싼 미·중 간의 파워게임에 있어서 힘(㈜)의 균형 이동이 예상된다. 1995년 베트남-미국 간 국교 정상화 이후 양국 간의 교역 규모는 500억 달러에 이른다. B. 오바마 대통령의 베트남 방문은 2000년 빌 클린턴, 2006년 G. W. 부시 대통령에 이어 세 번째다. G2 파워게임에서 미국의 대 중국 봉쇄정책 라인이라 할 수 있는 일본-한국-대만-필리핀-베트남을 연결하는 태평양 라인에 대한 미국 정책의 중요성이 읽히는 부분이다. 베트남은 중국을 견제할 목적으로 과거 미군이 주둔했던 깜란 만을 미국에 다시 개방하는 것도 검토하고 있다. 현재 영토 관련 영유권 분쟁 중인 곳은 중국과 일본 간 센카쿠 열도(댜오위다오), 중국과 필리핀 간 스카보러 섬(황옌다오), 중국과 대만, 베트남, 필리핀, 브루나이 간 스프래틀리 군도(난사 군도), 중국과 베트남 간 파라셀 군도(시사 군도) 등이다.

베트남 경제, 현재와 미래

인구 9500만 명으로 인도네시아와 필리핀 다음 아세안 3위, 세계 14위 인구 대국, 인구의 절반 이상이 30대 이하, GDP는 2016년 기준 우리의 1/10 수준인 2005억 달러 규모, 1인당 국민소득 2310달러로 아직은 가난한 나라다. 총 가계지출이 2012년 1005억 달러에서

2013~2016년 1120, 1225, 1315, 1412억 달러로 늘고 있다. 2016년 기준 수출입 3492억 달러(수출 1759, 수입 1733), 경상수지 96억 달러 흑자 및 무역수지 27억 달러 흑자, 외화유입 100억 달러를 기록하고 있다. 국가 신용등급(S&P : BB-/Moody's : B2), 세계 경제포럼(WEF)의 2013-2016년 세계 국가경쟁력 순위 70위 권이다. 베트남에는 약 60여만 개의 기업이 있으며 97%가 중소기업으로, 이들이 투자총액의 30%, 전체 고용의 50%, GDP의 47%를 담당한다. 실업률은 2% 초반 대(2010년 2.9, 2011년 2.3, 2012년 1.99, 2013년 2.2, 2014년 2.08, 2015년 2.36, 2016년 2.21%)로 매우 안정적이다.

GDP성장률은 연도별로 2014년 6.00%, 2015년 6.68%, 2016년 6.21%이며, 2017년은 6.70 성장이 예상된다. 소비자물가상승률(CPI)은 2010년부터 2016년까지 11.75-18.12-6.80-6.05-1.84-0.63-4.74%다. FDI 202억 달러, 외환보유고 420억 달러, 국가 신용등급은 S&P BB-, Moody's B2로 아직은 투기등급 수준이다. 1986~2010년 연평균 성장률 7%, 1995년 ASEAN 가입, 2007년 WTO에 가입했다. 2016년 기준 EU와 베트남 간 교역 규모는 300억 유로다. 1인당 GDP가 1986년 84달러, 1992년 137달러, 1995년 273달러, 2003년 475달러, 2014년 1590달러, 2015년 2109달러까지 치솟았다. 베트남 법인세 최고 세율은 22%로 우리나라와 같다. 은행 예금 금리는 4~8%, 대출 금리는 6~10%다.

아세안 10개국 중에서도 단연히 돋보이는 나라가 베트남을 비롯한 VIPs(Vietnam, Indonesia, Philippines)다. 2015년 PWC의 '2050년 세계 경제전망보고서'에 따르면, 2014~2050년 사이 베트남의 1인당 연평균 실질GDP 성장률을 5.0%로 예측하며, 나이지리아 다음으로 가장 빠른 경제성장 국가로 베트남을 지목했다. 총 길이 3200㎞ 해안선은 석유, 가스, 석탄 등의 해상운송에 천혜의 자연조건을 갖추고 있으며, 월 평균 임금 197달러는 경쟁국인 중국, 태국 대비 인건비 측면에서 강력한 제조업 경쟁력을 갖추고 있다. 60세 이상 인구 9%로 중국의 13%에 비해 훨씬 젊은 국가이기도 하다. 그러나 2010년부터 연 12~29%로 가파른 인건비 상승은 저임금 노동 생산국인 베트남에 가시적인 문제가 되고 있다. 베트남 국가임금위원회는 2016년 최저임금 인상률을 12.4%로 결정했으며, 베트남 동화로 지역별로 215만 5천 동에서 310만 동이다. 달러로 환산하면 베트남은 155달러 상당으로, 중국 262달러, 인도네시아 221달러, 필리핀 191달러, 캄보디아 140달러, 미얀마 84달러 수준에 비견된다.

한편, 베트남 정부는 2014년 외국인 부동산투자 제한 완화에 이어, 2015년 9월부터는 외국인 직접투자 지분 한도를 49%에서 100%로 늘려주기로 했다. 덩달아 베트남 주택시장은 연평균 20% 이상 성장세를 나타내고 있다. 특히 아파트 건설이 봇물을 이루면서 일본과 우리나라 부동산 투자자들도 대거 몰려들고 있다. 베트남 평균 주택 분양가는 2016년 기준 1,230USD/㎡로, 호치민이나 하노이는 2,200 USD/㎡가 넘는다.

• 베트남 부동산 투자
- 중국과 마찬가지로 토지 소유는 국가, 국민은 '토지사용권'(핑크북(레드북) : 등기)을 받아 사용하고, 양도 불가능하나 외국인 투자자에게 주택사업 건설투자 및 합작투자 등 제한적인 경우 양도가 가능하다.

- 2014년 주택법 개정(Law No.65/2014/QH, 2015년 7월 1일 발효)으로 투자 목적의 외국인 주택 소유 가능. 단, 상업주택 건설 프로젝트 내 아파트, 연립, 빌라 등을 개발사나 다른 외국인으로부터 구매 가능(베트남인으로부터 구매는 불가능)하다. 2016년 1월~10월 부동산 관련 FDI 10억 달러(2015년 24억 달러 유입).

- 공단 토지 구입 절차
- 외국인 투자자가 공단으로부터 토지를 구입하는 경우, 계약은 법적으로 공단이 국가로부터 임대한 토지를 전대(Sub-Lease)하는 토지전대차 계약임. 한국 본사와 공단이 가계약(MOU)-투자 등록증(투자 허가서, IRC) 발급-사업자 등록증(ERC) 발급-법인 설립-신규 설립된 베트남 법인과 공단 사이 정식 계약체결.
- 사전 검토사항으로는, 대상 토지에 대한 적법하게 발급된 토지 사용권 증서(LURC) 존재, 분쟁 여부, 유효기간 내 계약 체결.

- 토지 사용권
- 50년 이하가 일반적이며, 계약기간 만료 3개월 전 계약갱신 우선권 부여.

- 부동산 매매가격 결정 요소
- 관공서, 학교, 상업시설, 도시철도 및 지하철, 하이테크 공단 입지 근처, 외국인 선호지역, 건설회사 브랜드 등.

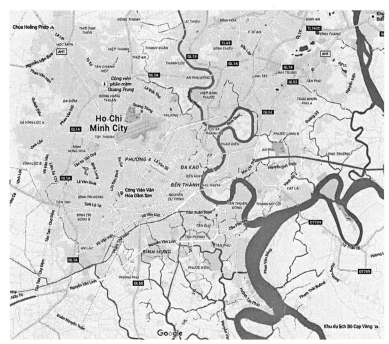

* 하노이 도시철도 8개 라인 공사 중이며 2017년 3분기 일부 개통 예정, 호치민 2개 라인 건설 중
이며 2017년 일부 개통 예정(호치민 지하철 주요 라인, 자료 : CBRE 2016)

• 베트남 부동산 재고
- 2017년 5월 말 기준 부동산 재고를 보면, 택지(13조 2030억 동), 저
  층 주택(7조 3790억 동), 아파트(4조 8320억 동), 상업지역(2조 4800억 동),
  전체 27조 8940억 동에 이름.

베트남 주식시장 및 외환시장

시가총액 기준 역내 지역 국가인 태국의 4190억 달러와 3457억 달러의 인도네시아에 훨씬 못 미치는 1000억 달러로, 외국인 투자 자금 유치 목적이 가장 크다. 현재 베트남 주식시장에서 외국인 투자 비율은 20%에도 못 미치는 미미한 수준이다. 베트남 증시 주가 수익 비율(PER)은 14.6배로, 다른 나라에 비해 매력적이다. 호치민과 기술주 중심 하노이 양대 증시에서 상장사가 2005년 37개에서 1000여 개로 대폭 늘어났다. 특이한 점은 베트남 주식시장 시가총액이 우리 돈 65조 원 상당인데, 상위 10개 기업이 62%인 40조 원에 달한 다. 현재로선 투자할 만한 기업이 30개 안팎인 셈이다. 베트남의 대표적인 기업으로는 2016년 기준 매출액 35억 달러의 페트로 베트남 가스, 유명 여성 기업인으로 마이끼엔우리엔이 이끄는 매출액 20억 달러의 비나밀크, 금융그룹 비엣콤 뱅크, 베트남 판 빌 게이츠로 불리는 쯔엉자빈의 IT그룹 FPT, 그리고 부동산 개발업체인 빈 그룹 등이 있다. 베트남 정부 출자 지분 100%의 국영 공기업들만 전체 기업의 1%인 700여 개에, 정부 지분가치 550억 달러, GDP의 25%를 차지하고, 총 자산은 1400억 달러에 달하며, 전체 매출 규모는 800억 달러에 이른다. 2020년까지 137개 국영기업이 IPO를 기다리고 있다. 베트남 증시 상장 요건은 자본금 1200억 동(60억 원 상당) 이상, 직전 2년간 연속 흑자 기록, 자기자본 이익률(ROE) 5% 이상, 소액주주 300명 이상 등이다.

<베트남 주식시장, 주가지수 변동 표(HOSE) / 2000~2017년 6월>

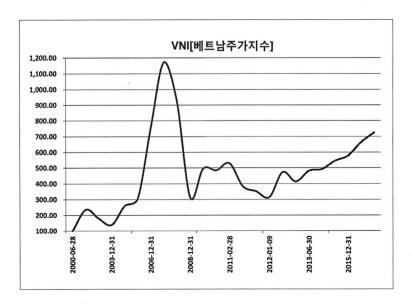

베트남중앙은행(SBV)은 고정 환율제도인 페그 제를 통하여 외환시장에서 연 1% 남짓의 베트남 동화(VND) 절하를 통한 비교적 안정적인 외환정책을 구사하고 있다. 그러나 베트남 정부는 2015년부터는 달러화와 동화 간의 기준 환율 고시제도를 통하여 교역 규모가 큰 국가인 중국 위안화, 일본 엔화, 싱가포르 달러화, 한국 원화, 타이완 달러화, 태국 바트화 환율 움직임을 가중 평균하여 산출하고 있다. 농업국에서 제조업 국가로 탈바꿈하는 과정에 국영기업 및 은행들의 부실, 부족한 인프라와 낮은 기술력, 과도한 인건비 상승과 세금 부담 증가, 국제투명성기구(TI) '2014년 부패지수'에서 187개국 중 119위 하위 랭킹 등은 베트남 정부가 해결해야 할 과제다.

우선 법인세율을 보면 홍콩·싱가포르·대만 17%, 한국·베트남 22%,

중국 25%, 일본 25.5%, 독일·호주 30%, 미국·인도 35% 수준이다. 이전 가격(移轉價格, Transfer Price)도 문제인데, 이는 국제 조세의 일종으로 외국의 특수 관계자(인적관계, 25% 이상 지분 보유, 보증, 차입, 모회사, 매출액 60% 이상 편중 업체 등)와 비정상 가격 거래로 과세소득 왜곡 시 정상 가격에 근거하여 과세하는 것으로 2016년 9월 공표, 10월 3일 개정, 11월 30일 총리가 승인했다. 베트남 공정거래법상 과징금과 경쟁 제한법도 외국인 투자기업에 불리하다.

〈베트남 외환시장, 동화 환율변동 표(USD/VND) / 1992~2017년 6월〉

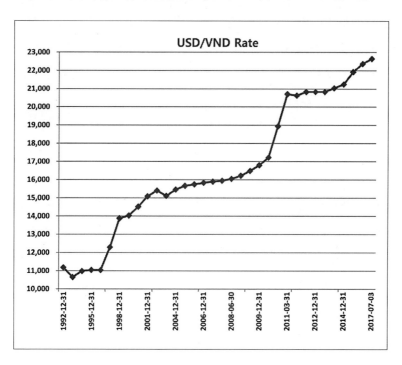

유망 투자산업 및 투자 유의사항

아시아개발은행(ADB) 전망에 따르면, 2016년 베트남 GDP 성장률은 6.7%로, 필리핀(5.9%), 인도네시아(4.8%), 말레이시아(4.7%), 태국(2.7%), 싱가포르(2.0%), 그리고 45개 아시아 신흥국 평균 성장률 5.8%보다 월등히 높다. 2017년도 7%대 고성장 국가였다. 외국인 직접투자(FDI)는 2017년 사상 최고치인 300억 달러를 목표(2009년 163, 2010년 172, 2011년 156, 2012년 163, 2013년 223, 2014년 202, 2015년 227억 달러, 2016년 240억 달러)로 하고 있다. 전 세계 120여 개국으로부터 해외 직접투자 금액 25000여 건의 3100억 달러 규모다. 주요 투자국별 2017년 4월까지 누적 투자 규모는 한국 6100여 건에 550억 달러, 일본 440억 달러, 싱가포르 400억 달러, 대만 330억 달러, 홍콩과 말레이시아가 180억 달러 및 130억 달러 순이다.

2017년 베트남 수출은 1900억 달러, 수입은 1800억 달러가 예상된다. 외환보유고는 2008년 242억 달러에서 2009년 168억 달러, 2010년 129억 달러, 2011년 140억 달러, 2012년 261억 달러, 2013년 259억 달러, 2014년 342억 달러, 2015년 283억 달러, 2016년 344억 달러다. 2016년 말 단기 외채는 157억 달러다. 베트남 기업들의 해외투자도 활발해 2016년 말까지 280억 달러가 투자되었다. 베트남 수도 하노이와 과거 월남(越南)의 수도로 사이공이라 불리던 경제도시 호치민은 2016년 5월 KOTRA 자료 <아시아 10개 도시투자 환경평가>에서 나란히 1~2위를 기록하고 있다. 중국의 청두, 상하이, 칭다오, 인도네시아 수도 자카르타, 인도의 첸나이, 뭄바이, 델리, 그리고 미얀마 양곤이 뒤를 잇고 있다.

〈베트남 경제 장점 및 단점 비교〉

장점	단점	비고
젊고 풍부한 인적 자원과 소비시장	인적 자질과 생산성 미흡, 임금인상	
지정학적 유리한 입지	주변국 강화, 중국과 영토분쟁	ASEAN
원유 철강 농수산물 등 자원 부국	인프라 부족, 생산비용 증가, 각종 규제	
한류 열풍 및 한국 브랜드 선호	일시적, 타국과의 경쟁 강화	
인프라 투자 기회	자본 부족, 고금리, 진입장벽, 부동산	
금융산업 및 공기업 발전 가능성	자금 부족, 규제강화, 지하경제	구조조정
자본주의 경제요소 강화	사회주의 경제체제 내 발전 계획	제도 차이
정치적인 안정성	관료주의, 리더십 부족, 부패, 규제강화	TI 119위

　전 세계 투자자금의 많은 부분이 베트남으로 들어갈 만큼 투자 매력이 높은 나라다. 제1 투자국인 우리나라도 삼성전자를 비롯한 하이테크 산업에서 이·미용실까지 거의 대부분의 업종이 성공 신화를 쓰고 있다. 산업이 제조업 중심으로 발전하면서 수출입이 크게 늘어나고, 이는 국부(GDP)를 늘리면서 국민소득이 높아지고, 더불어 소득증가로 소비생활이 윤택해지면서 부가가치가 높은 산업으로 발전해가는 선순환 구조다. 덩달아 교육열도 여느 나라 못지않게 높아 새로운 문화나 기술발전이 빠르다.

　인구 면에서 베트남은 인도네시아 필리핀에 이은 아세안의 세 번째 국가다. 자원은 인도네시아와 말레이시아 대비 상대적으로 풍부하지 않으나, 소득이 늘면서 소비시장이 가파르게 향상되고 있다. 20여만 명의 한인들이 살고, 한류 열풍이 여기까지 미쳐 우리나라

상품이나 문화에 대체로 우호적인 분위기다. 동남아시아 대부분의 나라들과 마찬가지로 빈부격차가 큰 만큼 시장 세분화 작업도 필수적이다. 인도네시아, 말레이시아, 필리핀과 달리 주력 상권은 어느 한 나라가 아닌 베트남 국민 중심으로 갖춰져 있다. 철저한 라이선스 정책으로 외국인 투자제한 정책 덕분이다.

한국, 일본, 대만 사람들이 많이 살고 있어서 이들 나라의 국제학교도 있으며, 세계 유수의 교육기관들이 잘 갖춰져 있어 교육환경도 좋은 편이다. 필리핀과 비슷한 경제 구조로 어깨를 나란히 했으나, 최근에는 제조업 기반의 베트남 경제가 필리핀을 추월하는 양상이다. 수출입은 필리핀을 앞서면서 조만간 GDP 역전도 예상된다. 제조, 서비스, 물류 등도 여느 아세안 국가들에게도 밀리지 않는다.

여러 가지 장점이 많은 나라이지만 약점도 있다. 우선, 정치적으로는 중국, 북한, 쿠바와 함께 일당 독재의 나라로서 민주화 바람 가능성이다. 현재는 국가가 철저히 통제하고 있으나, 인근 인도네시아, 필리핀, 태국, 캄보디아, 미얀마 등의 전철을 밟지 않을까 싶다. 다른 동아시아 국가들처럼 철저한 구조조정을 겪지 않은 것도 핸디캡이다. 지금은 외국인 직접투자 자금 위주의 경제성장을 거듭하고 있으나, 언젠가는 한계에 다다를 것이다. 그때를 철저히 대비해야 하는 것은 부담이다. 소재·부품 산업이 완벽하게 뒷받침되지 않아 고급제품 생산 차질도 짚고 넘어가야 할 부분이다.

중국, 프랑스, 일본, 미국 등 강대국들과의 수많은 전쟁을 통해 배운, 외국인을 쉬이 믿지 못하는 베트남 국민성도 유의해야 할 부분이다. 철저한 자국 중심의 시스템으로 여러 면에서 아직은 글로벌 스탠다드와는 거리가 한참 멀다. 현실적으로는 고용 관련 각종 비용 부담이 커지고 있다는 것이다. 예를 들어, 사회보험, 건강보험, 실업보험 등이 외국인 근로자나 고용인에게도 적용되거나, 보험료율이 크게 높아질 전망이다. 베트남 투자의 가장 큰 매력인 저임금 구조가 약화된다는 신호다.

- 유망 투자산업
- 대규모 고용 업종인 의류, 봉제, 신발, 악세사리, 가구, 부품.소재 등 일반 제조업 및 하이테크 산업(2016년 완성차 수입 115,000여 대에 24억 달러 상당).
- 인프라 건설, 플랜트, 원전, 전자, 자원개발, 석유(2016년 석유 수입 118억 톤에 50억 달러), 정유, 화학, 기계·기구 등 장치산업(지하철, 하노이〔중국 자본 2020년 개통 예정〕, 호치민〔일본 자본 2019년 개통 예정〕).
- 농·수산물 가공식품(2016년 커피 180만 톤에 34억 달러 수출), 식·음료, 주류(2016년 맥주가 94% 차지, 연 40억 리터 생산), 건강식품, 전자 및 통신기기 등 한류 영향 일반 소비재.
- 의료(100% 외국자본 투자 가능), 제약(시장 규모 50억 달러), 미용 서비스, 학원(수학·영어·과학·문학·역사 등), 호텔, 운송, 화장품, 고급가구 및 장식품, 도박(카지노, 축구경기, 경마, 그레이하운드 개 경주 등 최소 배팅 1만 동, 일일 최대한도 100만 동〔45달러 상당〕) 등 고급 소비재.

- 베트남 투자 유의사항 10가지
- 투자지역 선택 신중(업종별 지정공단제도 등)
- 외국인 투자제한 분야 사전 확인(소규모 요식업, 언론, 교육사업 등)
- 공단부지 확보 유념(공장 및 공장용지 등)

- 환경규제 유의(오·폐수, 공해유발 사업 등)
- 소재·부품 등 원자재 확보 용이성(물량, 품질 등)
- 투자비용(자금조달, 금융비용, 직·간접 인건비, TP, 세금 및 관세 등)
- 열악한 인프라(물류비용 등)
- 파업 등 인력수급 차질(잦은 이동, 과도한 임금인상 요구 등)
- 관리자 자질(법인 장, 국내 파견 관리자 등)
- 사회주의 비효율성(행정 비용 및 절차 복잡. 기획투자부, 인민위원회, 산업무역부, 중앙은행, 특허청 등 다단계)

호치민-다낭-하노이 중심 남·중·북부 지역 간 상이한 시장 특성

- 경제수도 호치민 중심 남부권역은 제조 서비스 농·수산물 등 다양한 산업.
- 수도권 하노이 중심 북부는 '남북 균형발전 전략' 차원의 중공업 입지 강화.
- 다낭 중심 중부지역(후에, 호이안 포함)은 관광산업으로 차별화 전략.

우리나라와의 관계

베트남은 미국, 일본, 중국, 러시아에 이어서 우리나라의 5강 외교권에 드는 비중 있는 나라다. 우리나라의 공적 개발원조(ODA) 공여 2위국이다. 2016년 우리나라의 수출 비중 6.4%로, 20%인 중국과

14%인 미국에 이은 3대 수출국이 됐다. 베트남 입장에서도 2016년 전체 교역량 3492억달러 중 한국과의 무역액은 202억달러로 5.8% 비중을 차지하며, 수출만 비교하면 1759억달러 중 327억달러로 무려 18.6%를 차지한다. 나라별로는 미국, 한국, 중국, 일본 순으로 베트남 수출기여율 중 이들 4개국이 거의 절반을 담당한다. 1992년 수교 당시 교역 규모 5억 달러에서 2017년 450억 달러에 육박한다. 2016년 대 베트남 수출은 327억 달러로, 중국(1371억 달러), 미국(698억 달러), 다음으로 우리나라의 세 번째 큰 수출 대상국이며, 수입은 125억 달러로서 비중은 2.2%, 10위권이다. 2015년 5월 5일 15번째 FTA 체결국으로 2015년 12월 20일 정식 발효되었다. 진출 기업 수 7000여 개의 대한민국은 베트남 전체 수출의 30% 이상, 100여만 명의 고용을 창출했으며, 1992년 수교 이후 누적 투자 규모는 6,000여 건에 550억 달러(62조 원 상당)로 세계 최대 투자국이다. 주요 수출 품목은 삼성전자가 투자해 베트남 전체 수출의 20%를 차지하는 휴대폰(212억 달러), 섬유·의류(179억 달러), 전자제품(106억 달러), 신발(84억 달러) 등이다.

- 삼성전자 베트남 법인(SEV)
- 2009년 북부 박닌 성 옌풍 공단 및 2013년 타이응웬 성 옌빙 공단 진출.
- 총투자 60억 달러 이상, 휴대폰 3억 대(전체 5억 대) 생산·수출 예정.
- 영업 실적(2016년 매출 400억 달러(2017년 600억 달러 예상), 고용 15만 명).
- 베트남 전체 수출(1800억 달러)의 23%(2017년 500억 달러 예상), GDP의 20% 차지.

- 15만 여 명 고용 및 100여 개 관련 기업 동반진출 효과.
- 휴대폰 공장에 이어 가전제품도 호치민 인근 하이테크 파크로 일원화.
- 4년간 법인세 면제, 이후 15년간 10% 납부 조건 등.
- 삼성전자, 1969년 설립, 브랜드 가치만 600억 달러, 시가총액 330조 원, 총자산 150조 원, 매출 202조 원, 영업이익 29조 원, 명실상부한 세계 최고의 전자업체.

우리나라와는 1226년 고려 고종 때 이용상 왕자(화산군 봉작, 화산 이 씨 시조)가 제주도로 귀화하면서 인연을 맺기 시작하여, 1605년 조선인 조원벽이 베트남을 최초로 방문했다. 1965년 베트남전 참전, 1975년 4월 30일 월남 패망 및 베트남 통일, 1992년 12월 수교, 1995년 부산-호치민 시 자매결연을 맺었다. 20여만 명의 우리 국민이 거주하고 있으며, 직항편이 하루 10회가 넘고, 연간 150만 명 넘게 베트남을 방문하며, 20억 달러로 1위의 대외경제협력기금(EDCF) 수혜국가다.

최근 중국이 각종 규제 강화, 인건비 상승, 위안화 평가절하 등으로 외국인 투자자들의 매력이 급격히 줄어드는 가운데 대체 투자처로 베트남이 각광을 받고 있다. 베트남 정부도 이런 사실을 감안하여 인접한 중국으로부터 투자자 모집에 열을 올리고 있다. 세계 굴지의 삼성전자 휴대폰 공장이 박닌 성 엔풍 공단 및 타이응웬 성 엔빈 공단에 들어가 있으며, 10만여 명의 근로자들이 연간 200만 대의 휴대폰을 생산하여 300억 달러어치를 수출하고 있다. 삼성전자만 베트남 전체 수출액의 20% 상당을 차지한다. 하노이 노이바이 국제공항에는 전용 공간도 있을 정도다. 2015년부터 호치민 하이테크 공단 70만㎡에 14억 달러를 투자, TV, 에어컨, 세탁기, 냉장고 등 가전 복합단지를 조성하여 가동하고 있다.

LG전자도 베트남 북부 하이퐁에 15억 달러를 들여 공장을 개발하고 있다. 베트남 정부도 IT 산업을 적극 유치하고 있으며, 하이테크 산업과 더불어 아세안의 소프트웨어 허브로 키워나가고 있다. K-팝과 한국 드라마가 인기를 끌면서 한류 열풍을 타고 K-팝 팬클럽 회원만 50만 명이 넘는다. 일찌감치 식음료 마트, 호텔 등 유통업으로 진출한 롯데마트도 14개 매장을 가지고 있으며, 2020년까지 25개까지 개장을 목표로 하고, 이마트도 호치민 고밥 지역에 진출했다.

베트남은 지금은 완전히 뒤바뀌었지만, 역사적으로 우리나라보다 사실상 북한과 더 가까웠다. 1950년 북한-베트남이 수교했고, 1957년도에는 호치민 주석이 북한을 방문했다. 또 1964년 김일성이 베트남을 직접 찾았고, 1976년 통일 베트남과 외교관계 재수립, 2007년 능 득 마인 베트남 공산당 서기장이 북한을 방문하여 김정일과 만나고, 2014년과 2015년 연이어 북한 방문단이 베트남을 방문하는 등, 대를 이어서 친선관계를 이어오고 있다. 1960년대 베트남 전쟁에 북한은 공군 조종사를 파병하는 등 사회주의 혈맹 관계를 맺었고, 박장 성에는 북한 인민군의 베트남 참전 기념비도 있다. 2017년 2월 말에는 아키히토 일왕(日王)이 베트남을 방문하는 등, 중국, 일본, 북한 등 동아시아 주변국들도 베트남에 많은 공을 들이고 있다.

베트남은 월 평균임금 384만 동(190달러 상당) 내외의 매력적인 인건비, 평균 연령 28.4세 미만의 젊고 풍부한 노동력 그 자체로 투자 매력을 지니고 있다. 국토 면적이 330,000㎢(한반도의 약 1.5배), 남북

2,200㎞, 해안선 3,200㎞를 끼고 있는 석유, 철강, 석탄, 석회석, 보크사이트 등 자원부국이다. 베트남은 동아시아 대부분이 겪고 있는 지진, 해일, 홍수, 태풍 등 자연재해가 적은 것도 큰 강점이다. 그러나 베트남도 각종 규제강화, 인건비 상승 등으로 투자 매력도가 점차 떨어지는 가운데 인근 캄보디아, 라오스, 미얀마 등지로 투자자들의 발길이 분주해지고 있다.

한편, 맥킨지가 분석한 자료(베트남 성장의 유지·도전의 증가)에 따른 베트남의 매력 10가지는, 연 7% 가까운 높은 성장률, 농업 분야 탈피 서비스 산업 국가, 제조업과 서비스업 균형 성장, 쌀과 커피 최대 수출국, 개인 소비 급속 증가, 외국인 직접투자 증가, 사회 기반시설 발달, 온라인 속도 증가, 아웃소싱 및 오퍼쇼어 서비스 최고, 젊은 층 인구 증가 등이다. 우리나라와 비자 면제협정에 의거하여 15일 무비자 입국이 가능하나, 한 달 내 재입국은 불가능하다.

금융산업

은행 고객이 전 인구의 30%에 불과한 베트남은 베트남 중앙은행 (SBV, Governor(총재) Le Minh Hung)을 포함하여 Agri Bank, Vietcom Bank, Vietin Bank, ACB, Eximbank, Sacombank 등 자국 은행 40여 개, 외국계 은행 55개, 대표 사무소 55개 등 150여 개 은행이 있다. 이들 중 외국계 은행 시장 점유율 8%, 순이자 마진(NIM)이 3%에 이른다. 현지 진출한 외국계 은행 중에서 현지법인은 ANZ(뉴질랜드), HSBC(영국, 15개 지점), SCB(영국), Hong Leung Bank(말레이시아),

Shinhan Bank(한국), Woori Bank(한국) 등 6개다. 특히 HSBC 베트남 법인은 1995년 외국계 은행 최초로 지점 영업을 시작한 데 이어, 2009년 처음으로 현지법인 허가를 받았다. 베트남에 은행 산업이 막 태동하려던 때 초기 리스크를 무릅쓰고 과감하게 투자해서, 현재 지점 20여 개와 ATM 150대 등 탄탄한 영업망과 현지 네트워크를 구축하여 외국계 '주류' 은행으로 정착했다. 1500명에 달하는 직원과 30만 명에 달하는 고객 중 90%가 베트남 현지인이며, 외형만 보면 여느 로컬 은행과 다를 바 없다. 2014년 말 기준 HSBC가 법인, 지점, 로컬 은행 지분 투자 등 다각적인 투자로 베트남에서 벌어들인 총 세전 이익(PBT)은 1억 2000만 달러에 달한다. 외국계 은행 2위인 신한베트남은행 법인 세전 이익은 3585만 달러로 3분의 1 수준이다. 최근에는 신한은행이 HSBC를 모든 면에서 역전한 것으로 나타났다.

우리나라 은행으로는 현지법인인 신한은행 및 우리은행을 포함하여, 국민, KEB하나, 기업, 수출입, 산업, 농협, 부산은행(2011.06.30) 등 10개 은행 30여 개의 법인, 지점, 대표 사무소로 진출해 있다. 7개 해외 금융기관 현지법인 중에서 HSBC 다음으로 큰 신한은행 베트남 법인이 가장 활발하다. 1992년 일찌감치 진출하여 18개 지점을 거느리고, 1000여 명의 임직원에 총자산 25억 달러, 당기순이익 4600만 달러에 이르며, 철저한 현지화에 박차를 가하고 있다.

핀테크 열풍 속에 써니 뱅크(Sunny Bank)라는 모방일 전문은행도 선보였다. 신한베트남은행은 현지직원 비율 92%, 현지고객 비율 83%, 현지기업 1000여 개사, 개인 고객 70여만 명으로 현지화에 성공하고, 신용카드 사업도 안정적으로 정착하고 있다. 삼성화재는

2017년 5월 베트남 국영 석유회사(Petrolimex)의 자회사 PJICO 손해보험회사 지분 20%를 인수하고 영업에 나섰으며, 2대 주주다. 30개 베트남 손보사 중 시장점유율 5위로 7% 수준이다. 한편, 호치민과 하노이에 지점이 있는 우리은행도 2016년 11월 법인 인가를 받아 베트남 영업을 확대하고 있다. 주요국들의 은행들이 앞다퉈 아세안과 베트남 진출을 시도하고 있으나, 라이선스 받는 것이 무척이나 어려운 게 현실이다.

대한민국 대(對) 베트남 주요 경제지표 (2016년 기준. BOK. 통계청. SBV. 베트남 통계청. ADB. IMF 등)			
구분	대한민국	베트남	비고
인구(백만 명)	51	95	
경제활동인구(백만 명)	27	70	
GDP(억 달러)	14,495	2,045	
GDP 증가율(%)	3.00	6.68	
1인당 GNI(달러)	27,340	2,250	
수출(억 달러)	5,727	1,621	
수입(억 달러)	5,255	1,656	
무역수지(억 달러)	472	-35	
대외채무(억 달러)	4,206	702	대한민국 대외채권 7,119억 달러
해외 직접투자(억 달러)	10,802	232	미국 24%, 중국 19%, EU 18%, 아세안 15%
외환보유고(억 달러)	3,636	420	

소비자물가 상승률(%)	3.00	4.00	
실업률(%)	3.20	2.18	
환율(USD/KRW///USD/VND)	1,091.00	21,458	
시가총액(억 달러. KOSPI/VNI+HNX)	12,500	570	GDP25%, PBR15배로 인근 국가 대비 유리
주식시장 외국인 투자 비중(%)	35.00	15.00	
주가지수(KOSPI/VNI)	1,915.59	579.03	하노이 및 호치민 상장사 670개
은행(개수)	17	33	

인간은 노력하는 한 실수하게 마련이다(Es irrt der Mensch, solange er strebt).
실수를 많이 하는 걸 두려워하지 말자.
그게 두려워서 아무것도 안 할 수는 없지 않나.
내가 실수하는 건 내가 노력한다는 증거다. 그러니 주눅 들지 말자.
_ 괴테의 『파우스트』 중에서

도시에 가서 도시인들이 한쪽 눈을 감으면, 같이 따라서 외눈이 되어라.
_ 태국 속담

제5장

태국

THAILAND

세계적인 관광대국이면서 환승 공항 보유, 아세안의 물류 허브,

인도차이나 반도 선진국, 불교 신봉, 국왕 중심의 절대 군주국

역사와 문화

동아시아 대부분의 국가들이 일본 제국주의와 주요 서방국가들의 침략으로 식민지로서의 고통을 겪었다. 그러나 그 중에서 온전히 왕위를 이어가며 전통을 고수하고 있는 절대군주 국가가 태국이다. 태국의 아버지로 불리던 국왕인 푸미폰 아둔야뎃(Bhumibol Adulyadej, 라마 9세, 1927년 12월 5일~2016년 10월 13일)은 1946년 6월 9일 왕위계승 후, 70년이 넘는 세계 최장기 재위 국왕으로 그 지위를 누리다가 2016년 10월 13일 88세를 일기로 서거했다. 현재까지 태국 역사상 가장 긴 통치 기간을 가진 왕으로 기록될 전망이다. 국왕은 재임 중 15차례나 군부 쿠데타를 겪었으나, 왕위를 온전히 지켜냈다. 새로운 왕위는 2016년 12월 1일 와찌랄롱꼰 왕세자(라마 10세)가 이어받았다.

태국 국회는 상·하 양원제를 채택하고 있다. 군부 쿠데타로 물러나긴 했지만 당시 47세의 잉랏 친나왓으로 탁신 전 총리의 여동생이 총리를 지내고, 1992년 민주화와 2014년 군부 등 잦은 쿠데타를 겪었다. 인구 6800만 명으로 인도네시아, 필리핀, 베트남 다음 아세안 네 번째 인구 대국이다. 연간 1500만이 명 넘는 해외 여행객들이 몰려드는 관광 대국이며 전체 인구의 95%가 불교를 믿는다. 유명

도시로는 수도 방콕을 중심으로 하여 휴양지 치앙마이 푸켓 파타야, 대표적인 불교 유적지 수코타이 등이 있다. 2001년 탁신 총리 취임, 2006년 군부 쿠데타로 탁신 축출, 2007년 탁신 파 승리, 2008년 반 탁신 파 집권, 2009년 탁신 전 총리의 여동생 잉랏 친나왓 집권, 2014년 선거무산으로 축출, 2014년 쁘라윳 짠오차 육군 참모총장의 총리 취임 등 군부 쿠데타가 끊이지 않는 나라이기도 하다. 연면적 51만 4000㎢로 미얀마, 말레이시아, 라오스, 캄보디아 등과 국경을 맞대고 있다. 티벳에서 발원하여 중국 윈난 성을 거쳐 흐르는 젖줄인 메콩 강이 지나는 인도차이나반도의 중심국가이다.

<메콩강 물줄기>

태국의 경제, 현재와 미래

GDP 3805억 달러, 1인당 GNI 6000달러, 2011년 GDP 성장률은 대규모 홍수 피해 등으로 1.5%에 머무르다 2012년에는 7.2%로 급반등했다. 연도별 경제성장률은 2013년 2.7%, 2014년 0.8%, 2015년 2.8%, 2016년 3.2%, 그리고 2017년 3.5% 이상이 전망된다. 5% 이상 고성장을 구가하는 인근 베트남, 캄보디아, 라오스, 미얀마에 비해서는 활력이 다소 떨어진다. 수출입 교역 규모 5000억 달러, 타이 어(語)가 공용어로 사용되고 있다. 아시아 열한 번째 경제대국인 태국은 1997년 5월 동아시아 위기를 제일 먼저 맞은 곳이며, 172억 달러의 IMF 구제금융을 요청하기도 했다. 경제구조는 시장경제, 변동환율제도를 채택하고 있으며, 베트남에 이은 세계 2위 쌀 수출국이다. 수도 방콕은 두바이, 런던, 뉴욕 다음으로 세계 4위의 관광 도시(서울은 8위)이며, 관광 대국 태국에 연간 2200만 명의 관광객이 170억 달러를 쓰고 있다. 온화한 기후와 저렴한 물가수준으로 유럽 국가들의 은퇴이민지로도 각광받고 있다. 성형 미인이 많은 나라로 유명하며, 의료기술도 아세안에선 손꼽히는 나라 중의 하나다. 타이룽이라는 자체 상용차 브랜드를 갖고 있으며, 연간 5백만 대, 세계 8위로, 아세안 최대 자동차 생산국으로서 '아시아의 디트로이트'로 불린다.

미국의 포브스 선정 태국 최고 부자는 짜런 시리와타나팍디 타이베버러지(연매출 50억 달러) 회장으로, 107억 달러의 재산으로 세계 94위에 랭크되어 있다. 태국 2위 부자는 타닌 찌야와논 CP 그룹(연매출 500억 달러) 회장으로, 68억 달러 재산의 세계 171위를 자랑한다. 중국, 프랑스, 터키와 더불어 태국은 세계 4대 요리(음식) 국가로도 유명하다. 전체 외국인 투자 중에서 일본이 60%를 차지하며, 같은 국왕 제도를 가진 일본에 특히 우호적이다. 해외투자 명목의 은퇴 후 이민정책을 시행하고 있다. 인도차이나 반도에서 경제적으로 가장 발달한 나라로, 인근 국가들인 미얀마, 캄보디아, 라오스 등 해외 직접투자 창구로 주로 활용되는 곳도 태국이다. 태국 증시에서 주가수익비율(PER)은 15.4배로, 매력적인 시장 중의 하나다. 2016년 말 기준 주식시장에서의 시가총액은 4000억 달러다. 1980년대 아시아의 신데렐라로도 칭송받았으나, 각종 시위와 군부 쿠데타 등으로 현재는 중진국의 함정에 빠져 어려움을 겪고 있다. 그러나 태국 정부는 해외투자를 유치하여 차세대 자동차, 스마트 전자, 관광, 바이오 테크, 음식, 로봇, 항공, 바이오 연료, 친환경 화학, 디지털, 의료 등 10가지 첨단산업 육성에 적극 나서고 있다. 해외투자 관련 법인세율은 20%로, 아세안에서는 17%인 싱가포르 다음으로 두 번째로 낮아 외국인 투자에 유리한 환경이다.

구분	내용	비고
수도	BANGKOK	세계 2위 관광도시 (서울 8위)
인구	6,800만 명	95%가 불교 신봉
면적	51만 4000km²	미얀마, 말련, 라오스, 캄보디아 등 국경
GDP	3,805억 달러	FDI 일본이 60% 이상 차지
1인당 GNI	6,000달러	
통화 / 환율	THB / 35.30	USD/THB 환율

태국을 시발로 한 동아시아 외환위기

우리가 통상적으로 'IMF 외환위기'라고 하는 동아시아 금융위기는 1997년 5월 태국으로부터 시작되어 인도네시아, 말레이시아, 필리핀, 한국, 멀리 남미까지 퍼져나갔다. 당시 동아시아에 몰아닥친 외환위기로 러시아까지 모라토리움을 선언하고, 우리나라도 예외 없이 IMF(국제통화기금)에 11월 21일 550억 달러 긴급 구제금융을 신청하면서 길고 험난한 고난의 역사가 시작되었다. 우리나라 GDP 성장률이 1997년 5.9%에서 1998년 -5.5%로 폭락하고, 실업률도 3.2%에서 8.8%로 급증했다. 외환보유액은 305억 달러에서 40억 달러로 급감하고, 국가신용 등급은 무디스 기준 A3(7번째)에서 Ba1(11번째)으로 4단계 급전직하 당했다.

대우, 기아자동차, 한보, 한라, 삼미, 진로, 대농, 삼립식품, 해태, 쌍방울, 뉴코아, 한신공영, 청구, 극동건설, 우성건설 등 굴지의 대기업들이 무너지고, 44개나 되던 은행들이 18개로 줄어드는 처절한 구조조정을 거쳤다. 당시에 발생한 실업자만도 130만 명이었다. 금융시장도 초토화돼 코스피 지수는 역대 최저치인 280선까지 밀리고, 원·달러 환율은 840원에서 순식간에 1964원까지 폭등했으며, 기준금리가 15%로, 대출 금리는 20%를 넘어섰다. 외환위기의 주요 원인으로는 한국 경제의 구조적인 취약성, 과도하고 급격한 대외개방, 외화 단기차입금 급증, 아시아 지역의 국제금융시장 불안정성 등이었다. 정책실패로 같은 해 연말에 있었던 대통령 선거에서 김영삼 정부는 당연히 정권을 내놓기도 했다. 우리나라 거의 모든 시스템이 IMF 외환위기 전과 후로 나뉠 정도로 혹독한 시련을 안긴, 그리고 변화의 계기가 된 사건이었다.

유망 투자산업 및 투자 유의사항

　태국은 제조업과 서비스업이 비교적 균형 있게 잘 발달되어 있는 나라 중의 하나다. 관광과 의료 서비스는 세계적인 수준이다. 태국 음식은 프랑스, 중국, 터키 요리와 함께 세계 4대 음식 중의 하나로 손꼽힌다. 안다만 해(海)를 끼고 길게 뻗어 있는 태국은 베트남, 캄보디아, 라오스, 미얀마로 이뤄진 인도차이나 반도 중심국가로 지리적인 이점도 안고 있다. 인구는 7000만에 육박하는 아세안의 네 번째 순위다. 자연자원은 풍부하지 않으나, 잘 갖춰진 인프라를 바탕으로 소비시장이 발달되어 있다. 우리나라에 대해서는 일본이나 중국과 비교해서 크게 호감을 보이지 않았으나, 한류 열풍이 불면서 우리나라 상품이나 문화에 대해 대체로 우호적인 분위기가 조성되고 있다. 동남아시아 대부분의 나라들과 마찬가지로 빈부격차가 크다. 잊힐 만하면 발생하는 군부 쿠데타도 태국의 정치와 경제 발전을 더디게 하는 요소다. 절대왕정으로 영향력을 행사하던 세계 최장수 푸미폰 국왕이 세상을 떠나면서, 예전 같지 않은 국민들의 국왕에 대한 신망도 조금은 우려되는 부분이다.

우리나라와의 관계

한국-태국 관계는 1950년 6.25 참전국으로 처음 인연을 맺어, 1958
년 10월 한국의 아홉 번째 수교국, 연간 교역 규모 200억 달러, 1500
여 개 우리나라 기업들이 30억 달러를 투자하고 있으며, 10만여 명
의 교민들이 거주하고 있다. 국왕을 정점으로 하는 왕조 체제인 일
본은 우리보다 훨씬 친밀한 관계를 가지고 있으며, IMF 외환위기 당
시 일방적인 기업과 은행 철수 등 우리나라가 행한 일련의 조치들
로, 일본과의 관계에 비하면 우리나라와는 친밀감이 많이 떨어진다.

금융산업

시암뱅크, 방콕뱅크, 크룽타이뱅크 등 유명한 은행들이 있으며,
2017년 더 뱅크 기준 브랜드 가치가 각각 10억 달러 대를 넘고, 세계
순위도 120위, 163위, 173위를 달리고 있다. 외국 자본의 국내은행
지분율 최고 49%까지 가능하나, 경영권은 허용치 않고 있다. 1997
년 IMF 외환위기 당시 태국 정부의 간곡한 만류에도 불구하고 철수
를 단행한 우리나라 은행들에 대해서는 특히 비우호적이다. 현재 우
리은행, 산업은행 등이 대표사무소 형태로 진출해 있으며, 지점 또
는 법인 설립(최소 자본금 6억 5000만 달러)을 준비하고 있으나 인가가 쉽
지 않은 상황이다. 정책 금리는 1.75%, 금융권 순이자 마진(NIM)은
2.6%에 이른다. Bangkok Bank, Siam City Bank 등 상업은행과
Bank of Thailand 중앙은행이 있다. 같은 아세안 권역 은행을 제외

하고는 현재 타 아시아 국가들의 금융권 진출은 어렵고, 글로벌 은행 위주의 진출이 불가피하다.

자기가 관심 있는 것, 잘할 수 있는 것에서 출발하라.
_ 나이키 창업자 필 나이트

인도인처럼 돈을 모으고, 중국인처럼 돈을 벌고, 미얀마인처럼 돈을 쓰지 말라.
_ 미얀마 속담

제6장

미얀마

MYANMAR

옛 버마, 황금의 나라로 부처가 되고자 했던 민족, 50여 년 군부통
치 후 전 세계 투자 집중, 주변국 인구만 30억 명, 깊은 잠에서 깨
어나고 있는 거대시장

역사와 문화

우리에겐 '버마'로 더 잘 알려져 있는 나라 미얀마가 전 세계의 주목을 받고 있다. 세계 156위 절대빈곤 국가, 활발한 대외개방과 투자 매력이 살아나면서 최근 가장 각광받는 나라 중의 하나다. 한반도의 3.5배 영토인 68만㎢, 원유, 천연가스, 아연, 텅스텐, 유연탄, 티크 등 천연자원이 풍부하다. 인구 6000만 명 중 68%가 생산가능 연령대인 15~64세, 27%는 14세 이하로 매우 역동적이다. 135개 민족 중 버마족 70% 샨족 9%, 전체 인구의 90% 이상이 불교를 신봉하는 나라다.

2015년 기준 GDP 691억 달러, 1인당 GNI 1334달러, GDP 성장률 2011년 5.9%, 2012년 7.3%, 2013년 8.5%, 2014년 8.5%, 2015년 8.3%, 2016년도 8%대 등, 아시아개발은행(ADB)은 향후 10년간 8% 이상의 초고성장 국가로 올라설 것으로 전망하고 있다. GDP 대비 재정수지 적자 4.9%, 수출입 교역 규모 200억 달러, 소비자물가 상승률 연 12%, 외환보유고 60억 달러, 경상수지 적자 32억 달러, 2010~2011년 FDI 200억 달러다. 외국인 직접투자는 중국이 145억 달러로서 세계 최대로 가장 큰 영향력을 행사하고, 일본 40억 달러,

홍콩 60억 달러 등으로 뒤를 잇고 있다. 인도의 콜카타, 방글라데시의 다카와 치타공, 그리고 미얀마 양곤은 벵골 만의 트라이앵글로 불리며 성장 가능성을 인정받고 있다. 인도, 방글라데시, 중국, 태국, 라오스 등 총 인구 30억 명과 국경을 맞대고 있는 나라이기도 하다. 보스턴컨설팅그룹(BCG)에 따르면 2020년 월 50만 차트(400달러 상당) 이상 버는 중산층이 1030만 명으로 늘어날 전망이다. 1인당 GDP는 2012년부터 2015년까지 1143, 1124, 1157, 1291달러로, 정체 상태에서 개방이 시작된 2015년부터 늘어나는 추세다.

수도는 군사정부가 2005년 11월 양곤(YANGON)에서 네이피도(NAY-PYIDAW)로 옮겼다. 불교 유적지로서 세계적으로 유명한 만달레이와 바간도 손꼽히는 도시다. 중생구제를 목적으로 하는 대승불교와 달리 수행자 각자의 수행을 강조하는 소승불교 국가다. 우리에게는 버마로 더 잘 알려진 미얀마는 1983년 10월 9일 수많은 우리 고급 관료들이 목숨을 잃은 '아웅산 테러' 사건과 네윈 장군의 쿠데타 등이 있었고, 50여 년의 군부통치 국가다.

1962년 군사정권으로부터 2016년 민간정부로 넘어오기까지의 역사를 살펴보면 다음과 같다.

1962년 3월 네윈 육군 총사령관이 쿠데타로 우누 총리를 축출한 후 정권을 장악하고, 1988년 3월 '양곤의 봄' 민주화 시위가 발생했다. 이어서 1989년 7월 수치 여사가 가택연금을 당하고 1990년 5월 민주주의민족동맹(NLD) 총선에서 승리했으나, 군사정부는 정권이양을 거부했다. 2010년 11월 수치 여사 가택연금 해제, 2011년 3월 군부 출신 테인 세인 대통령이 취임하면서 명목상 민간정부로 정권 이양하고, 2015년 11월 NLD가 총선에서 전체 491석 중 390석을 확보해 단독정부 수립이 가능하게 되면서, 2016년 4월 수치 여사의 비서 출신 틴쪼 대통령이 취임하는 등의 민간정부 이양의 역사를 갖고 있다. 그러나 여전히 군부는 군총사령관이 군 통수권을 갖고 있고, 전체 의석의 25%를 군부가 갖고 있다. 75% 이상의 찬성이 있어야 헌법 수정이 가능하니, 완전한 민주주의 정착에는 좀 더 시간이 필요하다.

미얀마를 두고 아웅산 수치 여사를 빼놓고 얘기할 수 없다. 1991년 노벨 평화상 수상자인 아웅산 수치(Auong San Suu Kyi, 1945년생, 영국으로부터의 독립 운동을 했던 아웅산 장군의 딸, 1989~2010년 세 차례 가택연금, 외국인과의 결혼 및 자녀의 국적 문제로 대통령은 불가능) 여사는 미얀마를 대표하는 세계적인 인물로 평가받고 있다. 상원과 하원 외 군부 추천 3명의 부통령 중 한 명이 대통령이 되며, 상·하원 일부는 군부가 직접 인선하는 대표적인 군부통치 국가다. 현재 미얀마의 실세는 민 아웅 흘라잉(Minh Aung Hlaing, 59) 군 총사령관으로, 국회의원 1/4(상·하원 657석 가운데 하원 110석과 상원 56석 등 총 166석) 지명권, 3인 중 군부 몫의 대통령 후보 지목, 장관 임명권 등 막강한 권한을 갖고 있다.

미얀마는 2012년 4월 1일 보궐선거를 실시하여 아웅 산 수치 여사가 이끄는 민주주의민족동맹(NLD)이 군부 세력의 연방민족단결당(USDP)을 제치고 압승했다. NLD는 1990년 총선에서 485석 중 392석을 얻었으나 미얀마 군사정부는 정권 이양을 거부한 적도 있다. 2015년 11월 8일, 1990년 이후 25년 만에 치러진 자유총선거에서 아웅산 수치 여사가 이끄는 민주주의민족동맹(NLD)의 압도적인 승리로 2016년 2월 민간인으로 정권교체가 이뤄졌다. 선거 결과 NLD가 59.4%(상·하원 전체 의석 657석 중 390석)를 득표해 25.2%(166석)에 불과한 군부를 압도했다. 하지만 1990년 총 투표에서 NLD의 완승을 군부가 인정하지 않은 전례가 있어 선거결과가 주목되었으나, 2016년 3월 30일 56년 만의 역사적인 문민정부로 정권교체가 이뤄졌다. 제9대 대통령으로는 수치 여사의 운전기사이면서 비서였던 틴 쪼, 제1 부통령은 민스웨, 제2 대통령은 핸리 밴티 유, 그리고 수치 여사는 외무부 대통령실 전력에너지부, 교육부 등 4개 부처 장관직에 올랐다.

미얀마 경제, 현재와 미래

미얀마는 2012년 클린턴 미 국무장관이 경제 수도 양곤을 방문하면서, 아웅 산 수치 여사의 석방과 미얀마를 중국 견제 카드로 내세우며 빗장을 풀기 시작했다. 클린턴 장관 방문에 발맞춰 2013년 6월 코카콜라도 2억 달러 투자를 결정했다. 미얀마에 30만 명이 거주하는 중국과 미얀마의 무역액은 100억 달러, 직접투자 200억 달러로 1위 투자국이며, 2015년 현재 외국인 투자는 500억 달러로 중국, 싱가포르, 태국, 홍콩, 영국, 일본, 한국 순이다. 우리나라는 35억 달러 상당 직접투자 중이다. 여느 동남아 국가들과 마찬가지로 중국과 일본의 미얀마 진출 경쟁이 치열한 가운데 일본 정부는 2013년 3000억 엔(3.3조 원 상당) 규모의 부채 탕감과 공적개발원조(ODA)를 약속했다. 일본의 스즈키, 후지제록스 등 300여 개 기업이 진출하고 있다. 2013년 12월 동아시아(SEA) 게임 개최, 2014년 아세안 의장국, 2015년 총선거를 실시했다. 2030년 1인당 국민소득 3000달러 중진국을 목표로 하고 있다. 미얀마는 경제의 60%를 군부가, 30%는 화교가 쥐고 있는, 빈부격차가 극심한 나라이기도 하다. 이밖에 정국불안, 소수민족 갈등, 관료주의, 전력난 등 인프라 미흡, 낮은 교육수준, 전문인력 부족, 지나친 중국 및 미국 의존도는 풀어야 할 과제다.

한편, B. 오바마 미국 대통령은 2016년 10월, 지난 1988년 미얀마 군부의 민주화 항쟁 무력 진압에 따른 조치로 폐지했던 GSP(일반특혜관세제도)를 재개한다고 밝혔다. 이로써 미얀마는 5000여 개 품목을 미국에 무관세로 수출하는 길이 열렸다. 중국과 미국 G2 간 미얀마 시장을 놓고 경쟁도 점입가경이다. 아울러 최근 개방 바람을 타고 많은 국가들이 직·간접 투자에 나선 결과 과도한 임대료와 인건비 부담이 가장 큰 투자 걸림돌로 작용하고 있다.

아시아개발은행(ADB)은 군부에서 민간으로의 정권교체 원년인 2016년 GDP 성장률을 8% 이상으로 전망했으며, 2017년 이후에도 8% 이상 고성장을 이어갈 것으로 보고 있다. 더불어 라오스, 캄보디아, 베트남, 필리핀 등도 6% 이상의 고성장 국가로 전망했다. 아세안 평균 5%를 뛰어넘는 경기확장 국면의 정점에 미얀마를 올려놓고 있다. 여타 아세안 국가들과 마찬가지로 미얀마도 인프라 투자-자원 개발-생산 기지화 단계로 발전해 나갈 것으로 전망하고 있다.

구분	내용	비고
수도	NAYPYIDAW	경제 수도는 YANGON
인구	6,000만 명	135개 민족, 버마족 70%
면적	67만 7,000㎢	중국, 인도, 방글라데시, 태국, 라오스 국경
GDP	691억 달러	원유, 천연가스, 아연, 텅스텐, 티크 등
1인당 GNI	1,334달러	연간 8% 이상의 초고성장 국가
통화 / 환율	MMK / 1,300	USD/MMK 환율

유망 투자산업 및 투자 유의사항

　이제 막 빗장이 열리고 있는 미얀마, 중국-베트남-캄보디아-미얀마로 이어지는 투자 패턴이다. 넓게는 뱅골 만을 사이에 두고 인도와 마주하고 있다. 육지로 국경도 맞대고 있어 아세안의 대(對) 인도 창구 역할도 한다. 뱅골 만과 안다만 해 사이에 있는 미얀마는 태국, 베트남, 캄보디아, 라오스로 이뤄진 인도차이나 반도 최대 영토 국가다. 인구 6000만, 아세안의 다섯 번째 국가다. 천연자원은 많지 않으나 풍부한 수량으로 인해서 수력발전이 잘 발달되어 있다.

　중국과 베트남으로부터 옮겨오는 우리나라와 일본 기업들이 늘고 있다. 한류 열풍도 가세하고 있어, 우리 상품이나 문화에 대체로 우호적인 분위기다. 민주화가 진행 중이나 아직은 철저한 군부통치 국가로, 동남아시아 대부분의 나라들과 마찬가지로 빈부격차가 크다. 특히 중국 자본이 많이 들어오고 있으나 태국과 연결고리가 많다. 인도양 진출을 노린 중국 자본은 미얀마가 대국 예속을 우려하여 일부 규제하는 모습도 보인다. 여러 가지 인프라가 아직은 열악하고, 투명성도 낮으며, 물가는 천정부지로 치솟으면서 인플레이션이 극심하다. 국경을 맞대고 있는 중국, 인도, 방글라데시, 인도차이나 반도 국가들 사이의 지리적인 이점에 거대한 소비시장으로 멀리 보고, 다양한 업종의 투자가 요구된다.

우리나라와의 관계

우리나라와는 1975년 5월 수교했고, 현재 500여 개의 부동산, 봉재, 가발, 신발, 건설, 무역 업체 등이 진출해 있다. 13개 외국계 은행 지점이 영업 중이며, 환율은 1달러당 1000차트이고, 2012년 6월 고정환율제도에서 변동환율제도로 변경했다. 2012년 11월에는 금융, 통신 인프라 등 '신외국인투자법'을 개정, 2013년 2월 '신특별경제국역법'을 발표하고 8년간 소득세 면제, 5년간 법인세 감면 혜택 등을 주고 있다. 우리나라는 1억 달러 상당 공적개발원조(ODA)를 하고 있으며, 한국거래소는 2015년 미얀마 증권거래소를 개설했다.

2012년 5월 14~15일 이틀간 아웅산 테러 사건 이후 29년 만에 이명박 대통령이 미얀마를 전격 방문했다. 그때 테인 세인(Thein Sein, 국방사관학교 졸업, 42년간 군 생활, 총리를 지내고, 마지막 군부 대통령 출신으로 미얀마 민주화에 기여) 대통령과 민주화의 상징 수치 여사도 만나고, 17명의 우리 고위 관리들의 목숨을 앗아간 아웅산 묘소도 참배했다. 수치 여사는 2012년 5월 30일 연금 후 처음으로 외국 방문국인 태국을 찾았으며, 이어서 영국 등 유럽을 방문했다. B. 오바마 미국 대통령도 재임 후 첫 외국 방문지로 2012년 11월 사상 처음으로 미얀마를 직접 방문했다. 2013년 5월 18일 오바마 대통령의 초청으로 테인 세인 대통령이 미국을 공식 방문했으며, 양곤-서울-워싱턴 노선에 우리 국적기 대한항공을 이용하기도 했다.

한편, 가파른 인건비와 지가 상승, 각종 규제 강화로 중국에서 베트남으로, 다시 베트남에서 미얀마로 공장 이전 등을 고려하는 경우가 많다. 그런데 풍부한 노동력 및 자원은 매력적이나, 열악한 금융 시스템 및 산업 인프라 미비는 아직 고려 대상이다. 2012년 11월 2일부터 '신외국인투자법'이 발효되어 '합작 투자의 경우 외국인의 35% 이상 투자 규정 폐지 상호협의, 토지임차 30년에서 50년으로 연장, 세금 면제도 3년에서 5년으로 확대, 외국인 현지고용 의무 2년 내 25%, 4년 내 50%, 6년 내 75%' 등의 내용을 담고 있다. 현지 진출 우리 기업은 포스코, 대우인터내셔널(43억 달러 상당 미얀마 가스전 투자), 일진전기 등 500여 개가 있으며, 인천국제공항공사가 건설사 컨소시엄으로 11억 달러 규모의 미얀마 양곤에 신공항(한타와디) 사업을 따내고, 삼성전자도 공장 설립을 검토 중이다. 해외 투자자들에 대한 시장개방 초기 단계라서 부동산과 경공업, 소비재 분야 투자가 가장 활발하다.

금융산업

2014년 금융시장을 해외에 개방했으며, 80%까지 외국인 합작 법인 지분을 허용하고 있다. 납입자본금(갑기금)은 최소 7500만 달러다. 아직은 신용 및 제도 미비로 소액 대출기관(MFI) 중심 금융거래를 주로 하고 있다. 4개 국영 은행과 7개 민관 공동소유 은행, 그리고 12개 상업은행이 있다. 순이자 마진(NIM)은 5%에 이른다. 외국계 은행은 1개 지점으로 외환으로만 영업 가능하며, 현지기업 대상 영업 및 소매금융은 일부 제한된다. 현지은행으로 MEB, MICB, AGD, Ayeyarwady Bank 등이 있다. 13개 보험회사, 166개의 Micro Finance 회사가 있으며, 2014년 증권거래위원회도 설립됐다.

증시는 공식적으로는 2015년 12월 9일 양곤증권거래소(YSX)가 설립되어 6개 공기업 주식이 상장되었다. 그러나 실제 거래는 2016년 3월 25일(금) 처음 시작되었다. 역사적인 첫 주식 거래는 FMI(First Myanmar Investment) 한 종목으로 시초가 26,000차트(26,000원 상당)로 시작, 31,000차트까지 올랐고, 첫날 거래량은 42,610주였다. YSX는 미얀마경제은행(MEB, 51% 지분)과 일본도쿄증권거래소 및 다이와증권이 49% 지분율로 공동 운영한다. 현재는 미얀마 내국인만 주식거래가 가능하나, 수치 여사가 전면에 나서면서 외국인 투자자들에게도 점차 개방될 전망이다.

우리나라 은행으로는 2016년 11월 신한은행 양곤지점이 최초로 영업을 시작했다. 국민은행도 미얀마 건설부 및 건설개발은행(CHDB)과 제휴를 맺어 서민 금융 서비스를 시작했다. 우리은행도 소액 신용대출 사업을 하고 있다. 그러나 법인(지점) 개점을 목표로 하나(2012년 9월 승인), 우리, 기업, 신한, 산업, 국민, 수출입, 부산 은행 등 8개 대표 사무소(총 44개)로 들어갔다. 하지만 2014년 10월 미얀마 정부는 신한, 국민, 기업 은행 등 3개 한국계 은행은 모두 탈락시키고, 도쿄미쓰비시, 스미토모, 미즈호, ICBC, ANZ, OCBC, UOB, 방콕은행, 말라얀뱅크 등 9개 은행만 승인한 바 있다. 미얀마 현지 진출 2년여에 불과한 한국계 은행에 비해 20여 년 동안 미얀마에 들인 사회공헌 활동(CSR) 등을 감안한 조치였다. 국내 은행 중에서 유일하게 신한은행은 2016년 3월 법인(지점) 설립 예비인가를 획득하여 9월 영업을 시작하고, 2016년 8월 베트남투자개발은행, 인도국영은행, 대만선은행 등과 함께 은행업 인가도 받았다. 2016년 9월에는 신한마이크로파이낸스를 통하여 소액대출 사업을 시작했다. 우리은행도

2015년 11월 자본금 200만 달러의 농업자금 및 학자금 대출 업무를 위한 우리파이낸스 미얀마 법인을 설립했다.

한편, 하나은행은 은행 영업과는 별도로 마이크로 파이낸스(저소득층을 위한 소액대출) 법인을 설립했다. BNK캐피탈, IBK캐피탈, 신한카드도 현지에 진출했다. 금리가 20~30%에 이르는 고금리 대출상품 시장이다. 2013년 6월 한국거래소는 미얀마중앙은행과 증권시장 설립 및 발전협력 MOU를 체결했다. 한국-미얀마 간 교류가 늘면서 2012년 9월부터는 대한항공이 인천-양곤 간 주 7회 정기노선을 투입했다. 2012년 10월 7~9일 사흘간 이명박 대통령의 초청으로 테인 세인 대통령이 한국을 처음으로 국빈 방문했으며, 2013년 1월 말 아웅 산 수치 여사도 방한했다. 2013년 7월 한국-미얀마 간 투자보장 협정도 체결되었다.

현실을 바꾸고 싶다면, 그걸 가능하게 할 시스템을 창조하라.
_ 그라민 은행 창업자 무하마드 유누스

물이 고요하다고 해서 악어가 없는 것이 아니다.
_ 말레이시아 속담

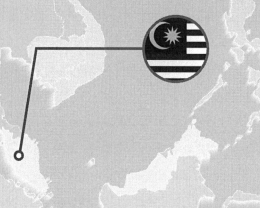

<u>제7장</u>

말레이시아
MALAISIA

<u>천혜의 자연자원 풍부, 아세안의 대표적인 부자 나라, 국제금융</u>
<u>중심도시 쿠알라룸푸르, 이슬람 금융의 메카로 금융과 서비스 산</u>
<u>업 선진국</u>

역사와 문화

　동남아시아에서 가장 선진화되고, 발전 가능성이 크며, 정책 유연
성 또한 뚜렷해서, 선진국들로부터 가장 각광받는 나라 중의 하나가
말레이시아다. 특히 2017년 현재, 태국, 인도네시아와 함께 말레이시
아가 투자 유망 아세안 국가로 꼽힌다.

　동남아시아 말레이반도 남단과 보르네오 섬 일부에 걸쳐 있는 나
라로, 해안선의 길이만 4,675㎞에 달한다. 한반도의 1.5배 영토로서
1786년부터 영국의 지배를 받기 시작하여, 1957년 싱가포르를 제외
한 말레이반도 11개 주가 통합하여 말라야 연방으로 독립했다. 1963
년 싱가포르, 사바, 사라와크를 합쳐 말레이시아가 되었다가 2년 후
싱가포르가 탈퇴, 독립했다. 영연방국가 중의 하나로, 반도의 11개
주는 서 말레이시아, 보르네오 섬 북부의 2개 주는 동 말레이시아라
불린다. 면적은 33만㎢, 인구 32백만 명, 수도는 쿠알라룸푸르(Kuala
Lumpur)다. 말레이시아, 싱가포르, 인도네시아 등 세 나라 사이 900㎞
말라카 해협을 통하여 전 세계 물동량의 50%가 통과하고 있는 전략
요충지다. 유명 도시로는 수도인 쿠알라룸푸르를 중심으로 말라카,
페낭, 랑카위, 쿠칭, 조호르, 라부안, 코타키나발루가 있다.

종족은 말레이인 58%, 중국인 25%, 인도 및 파키스탄인 7% 등으로 이루어져 있으며, 각 민족은 제각기 전통적 문화·종교·언어·사회관습 등을 고집하고 있다. 공용어는 'Bahasa Malay'로 불리는 말레이어이며, 영어, 중국어, 타밀어도 함께 쓰인다. 국교는 이슬람교로 60%를 점유하나, 종교의 자유가 보장되어 불교 19%, 기독교 9%, 힌두교 6.3%의 비율을 보인다. 여유롭고 깨끗한 환경에 치안 상태가 좋고 교육 인프라도 잘 갖춰져 있어, 이민자들의 대표적인 거주 희망 국가로 꼽힌다. 관광 인프라도 잘 갖춰져 있어서 쿠알라룸푸르만 연간 1300만 명이 방문하고 130억 달러를 쓰고 가는 세계 9대 관광도시다. 말레이시아가 세계적인 여행지인 이유는 참으로 다양하다. 다양한 아시아 문화의 공존, 정치적인 안정, 풍부한 자연환경, 쇼핑 천국, 세계 최고의 다이빙 포인트, 연중 따뜻한 기후, 과거와 현재의 조화로운 건축물, 미식으로 유명한 다양한 음식문화, 그리고 수많은 액티비티(activity) 등을 꼽는다. 군사력은 12만여 명의 육·해·공 군대를 보유하고 있다.

싱가포르 평균 임금이 300만 원인 데 반해 국경을 맞대고 있는 말레이시아는 70여만 원에 불과해, 요즘도 하루 70여만 명의 말레이시아 근로자들이 싱가포르로 매일 출퇴근하고 있다. 태국과 더불어 온화한 기후와 비교적 저렴한 물가수준으로 유럽 국가들의 은퇴 이민지로도 각광받고 있다. 특히 보르네오 섬 북단에 위치한 코타키나발루는 은퇴 이민과 관광지로 세계적으로 유명하다. 그리스 산토리니, 남태평양 피지와 더불어 세계 3대 석양지로도 꼽힌다. 산호섬 5개와 4096미터 동남아 최고봉의 산, 그리고 인구 50만여 명이 거주하고 있다. 정치체제는 입헌군주제의 의원내각제이다. 의회는 양원제로, 임기 3년의 상원(69석)과 임기 5년의 하원(219석)으로 구성되어 있다. 주요 정당은 국민전선, 민주행동당, 이슬람당 등이다. GDP 3400억 달러 세계 35위권으로, 아세안 국가 중 1인당 GNI 11,062달러로서 싱가포르, 브루나이에 이어 3위 부국이다. 안정된 정치제도와 탄탄한 인프라를 기반으로 성장 잠재력이 상당한 자원부국이다. 이슬람 국가이나 비교적 온건한 편이고, 다른 동남아시아 국가들과 마찬가지로 중국계의 영향력이 상당히 크다.

말레이시아 경제, 현재와 미래

최근 10년간 평균 GDP 성장률이 10%를 넘고, 1인당 GDP도 1만 1062달러를 돌파했다. 2012년 GDP 성장률은 5.6%, 2013년 4.8%, 2014년 4.9%, 2015년 5.0%, 2016년 4.3%다. 외환보유액은 1399억 달러, 대외 부채는 GDP의 28.1%, 경상수지 흑자국이다. 주요 자원은 생산량 세계 1위의 천연고무를 비롯하여 팜(야자)유, 주석, 원목, 원유, 천연가스 등이 있다. 1차 상품의 수출이 총 수출의 70%를 점유하는 전형적인 단일지배 경제를 이루고 있다. 그 결과 해외시장의 여건 변동에 지대한 영향을 받는 취약점이 있고, 주요 기간산업 분야에서 외국 자본의 비중이 상당히 높다. 그러나 최근에는 자동차, 전자제품 등 하이테크 산업생산에 주력하고 있다.

1997년 외환위기를 IMF 도움 없이 독자적으로 극복하고, 2008년 글로벌 금융위기도 국제사회 도움 없이 스스로 벗어났다는 자부심이 대단하다. 그러나 2017년 들어서자마자 가장 먼저 외환시장에 빨

간불이 켜졌다. 중앙은행인 뱅크네가라말레이시아(BNM)가 자국 통화인 링깃 화(MYR) 환율 안정을 위해서 외환시장에 개입하면서 일어난 일이다. 2016년 4.1000~4.2000 사이의 안정적인 흐름을 보이던 환율이 4.5000대로 6% 이상 단기 급등하면서, 1998년 외환위기 이후 최고치로 치솟았다. 이로써 외환, 주식, 채권, 원자재 상품, 부동산 등 금융시장과 함께 파급이 실물경기로까지 악화되면서, 중앙은행이 역외선물환(NDF) 시장에서의 링깃 화 거래 금지 및 수출대금의 75% 이상은 링깃 화로 환전하는 등, 결제통화 제한 조치에 나섰다. 1997년 IMF 외환위기 당시 주요 아시아 국가들로부터 파급을 우려하는 목소리도 나왔다.

말레이시아는 이슬람 금융(Sharia, 전 세계 2조 달러 육박. 고객 5억 명)과 채권시장(Sukuk)을 바탕으로 동남아시아의 국제금융시장 허브로 발돋움하고 있다. 무한한 관광 서비스 자원을 통한 소프트 파워 경쟁력으로 소득 2만 달러에 도전하고 있다. 2014년 'Top 10 of World Bank Doing Business Rank'에서 싱가포르, 홍콩, 뉴질랜드, 미국, 덴마크 다음 말레이시아가 6위를 기록했다. 세계적인 저비용 항공사(LCC)인 에어 아시아 본사도 말레이시아에 있다. 연간 아세안 역내 방문객이 자국 인구보다 많은 5000만 명을 훌쩍 넘는다. 인구 3000만의 말레이시아는 전 세계 인구의 1/4이 넘는 이슬람 금융의 메카로 떠오르면서, 이슬람 채권(수쿠크(Sukuk) : 이슬람 율법에 따라 이자를 금지하고 실물자산 매매나 배당을 통해 대가 지급) 발행 잔액이 3000억 달러를 넘는다. 그리고 이 중에서 70%가 말레이시아에서 발행되었다. 지금은 장기 발전계획으로 '동방정책 2.0'이라는 30년 장기 프로젝트를 추진하고 있다. 다음은 주요 국가별 정책 금리 및 법인세 최고 세율이다.

- 주요 국가별 정책 금리(발췌, %)

한국(기준 금리(2016.06)) : 1.25, 미국(연방기금 금리(2017.03)) : 1.00,

일본(무담보 콜 금리(2016.01)) : -0.10, 싱가포르(SIBOR(2010.11)) : 0.30,

홍콩(은행 간 금리(2015.12)) : 0.75, 유로 기준 금리(2016.03) : 0.00,

영국 공정 금리(2016.08) : 0.25, 스위스(2014.12) : -0.75, 스웨덴(2015.12) :
-0.50,

러시아(2015.06) : 11.50, 헝가리(2016.03) : -0.05, 터키(2015.02) : 7.50,

캐나다(2015.01) : 0.75, 브라질(2016.12) : 13.75, 멕시코(2017.01) : 6.25,

호주(2016.05) : 1.75, 뉴질랜드(2016.03) : 2.25,

중국(2015.06) : 4.85(기준 금리인 1년물 대출 금리, 예금 금리는 2.00), 3.00(1년물
정기예금 금리),

대만(2010.09) : 1.50, 인도(2016.10) : 6.25, 인도네시아(2016.10) : 5.00,

태국(2015.03) : 1.75, 필리핀(2009.12) : 4.00 , 말레이시아(2008.11) : 3.25,

북한(2011.02) : 5.40, 베트남(2014.03): 기준 금리 6.50

- 주요 국가별 법인세 최고 세율 현황(OECD, %)

35% : 미국(트럼프 행정부 35%에서 15%로 인하 예정)·인도

33% : 프랑스

31% : 이탈리아

30% : 독일·호주·멕시코

28% : 뉴질랜드·노르웨이

25.5% : 일본

25% : 중국·오스트리아·덴마크·이스라엘·인도네시아

22% : 대한민국·스웨덴·베트남

21% : 포르투갈

20% : 그리스·아이슬란드·핀란드·칠레·슬로베니아·터키

19% 이하 : 19% 폴란드·슬로바키아, 18% 스위스, 17% 영국·싱가포르·
대만, 16.5% 홍콩, 15% 독일·캐나다, 12.5% 아일랜드, 9% 헝가리

현지 투자 외국법인에 대해서 5~10년간 수입세 면제, 투자세 감면
등의 혜택이 있다. 말레이시아 증시에서 주가수익 비율(PER)은 16.0
배로 매력적인 시장 중의 하나다. 2016년 말 기준 주식시장에서의
시가총액은 4200억 달러다. 2015년 아세안 의장국을 지냈다. 동남
아시아 부국답게 전자 상거래, TV 홈쇼핑, 의료, 미용, 인테리어, 교
육, 게임 산업과 은퇴 후 이민 사업도 번창하고 있다. 프로톤(Proton)
이라는 세계적인 자동차 회사가 말레이시아에 있다. 〈Forbes Asia,
2017〉 선정 말레이시아 부호들을 살펴보면, 팜오일 해운 부동산 재
벌인 로버트 퀵(Robert Kuok)이 114억 달러로 1위이며, 금융 및 부동산
재벌인 쿠엑 렝 찬(Quek Leng Chan)이 68억 달러, 그 뒤를 아난다 크
리슈난(Ananda Krishnan)이 65억 달러로 3위다.

구분	내용	비고
수도	KUALA LUMPUR	국제금융과 이슬람 금융 중심도시
인구	3,000만 명	말레이인 58%, 중국인 25%
면적	33만km²	말레이 반도, 보르네오 섬 일부
GDP	3,369억 달러	고무, 야자유, 주석, 원목, 원유, 천연가스
1인당 GNI	11,062달러	세계적인 금융회사 등 서비스업 중심
통화 / 환율	MYR / 4.2000	USD/MYR 환율

유망 투자산업 및 투자 유의사항

제조업, 서비스업, 금융산업, 인프라, 열린 국민성 등 어느 하나 부족하지 않은 말레이시아다. 자국 인구가 3천만 명에 불과해 소비시장으로는 한계가 있으나, 이웃하는 태국, 싱가포르, 인도네시아 등과 교류하면서 이를 극복하고 있다. 말라카 해협을 끼고 길게 늘어서 있는 나라로, 해상 물류의 중심지다. 금융 인프라가 좋아 국제금융시장으로 손색이 없으며, 세계적인 금융기관들이 포진하고 있다. 국민 대다수가 이슬람을 믿는 나라로, 이슬람 금융의 메카이기도 하다.

노후 은퇴 이민지로도 각광받고 있으며, 관련 실버산업이 번창하고 있다. 화교 자본이 주를 이루며, 일본, 중국의 진출이 눈에 띈다. 생활수준이 아세안에선 싱가포르 다음으로 높아서 글로벌 기업들의 진출이 활발하며, 교육환경도 최상이어서 손꼽히는 이민 희망 국가다. 한류 열풍은 여기서도 통하면서 우리 상품이나 문화에 대체로 우호적인 분위기다. 확고한 철학의 정치 선진국이며, 치안도 양호하고, 싱가포르를 벤치마킹하기 좋은 여건이다. 태국과 함께 아세안 진출의 전진기지로 영향력을 행사한다. 미국이나 중국 등 어느 한 나라에 치우치지 않는 중립외교로 독자적인 시스템을 구축하고 있다.

우리나라와의 관계

우리나라는 1960년 2월 23일 공식 외교관계를 수립했다. 우리나라와의 교역 규모는 수출 150억 달러, 수입 200억 달러, 무역수지 50

억 달러 적자, 그리고 70억 달러 상당을 제조업 및 부동산업에 투자 중이다. 1500여 개의 우리나라 기업들이 현지에 진출해 있으며, 3만여 명의 교민이 거주 중이다. 나라 전체 GDP의 20%를 담당하는 말레이시아 석유회사로 쿠알라룸푸르 랜드마크인 페트로나스 트윈타워(452m, 88층) 두 개 동을 우리나라 삼성물산과 극동건설이 시공했다. 과거에 우리나라보다는 북한과 더 밀접한 관계를 맺고 있었으며, 북한의 유일한 무비자 입국 협정국가다. 2017년에는 북한 김정일의 장남인 김정남(김정은의 이복 형)이 수도 쿠알라룸푸르 국제공항에서 독극물에 의해 피살되면서 세계적인 이슈가 되었다.

금융산업

Bank Negara 중앙은행을 중심으로 아시아 맹주를 넘어 세계적인 은행으로 발돋움하고 있는 CIMB를 비롯하여, May Bank, Hong Leung Bank, Public Bank 등 35개 국내은행이 있다. 특히 아세안 대표 금융 그룹인 CIMB는 임직원 4만여 명, 총자산 5060억 링깃(1205억 달러 상당)으로, 말레이시아 2대 총리를 지낸 압둘 라작의 아들이며 현직 총리인 나집 라작의 동생 나지르 라작 회장이 이끌고 있다. 말레이시아엔 라부안(Labuan)이라는 조세 천국(Tax Heaven)도 있다. 면세의 항구도시로 국제적인 비즈니스 및 경제 중심지이기도 하다. 바하마, 버뮤다, 케이맨 제도, 버진아일랜드 등과 함께 손꼽히는 조세 면제 지역이다. 우리나라에서는 우리은행이 대표 사무소 형태로 진출해 있다. 이슬람 채권을 중심으로 세계적인 국제금융 허브로 발돋움하고 있는 말레이시아, 그 미래 중심은 싱가포르와 맞닿은 조호르 주(州) 이스칸다라다.

【TIP 2】 재미있는 은행(Bank)의 유래와 역사, 유대인과 남대문시장 환전상

세상 사람들이 가장 좋아한다는 돈…, 신문, 방송, 책, 심지어 이 글을 쓰는 나 자신도 온통 돈(경제)과 관련된 얘기만 하고 있다. 세상에 돈 좋아하지 않는 사람 있을까? '돈'을 뒤집어보면 글자 자체가 '굳'이다. 돈은 또 여기저기 돌아다닌다고 해서 돈이며, 한글이 쓰이면서 줄곧 '돈'이라는 이름으로 사용돼왔다. 또한 '돈'은 한 푼의 열 배로서, 금이나 한약재 무게 단위로도 쓰인다. 많으면 많을수록 좋다는 돈, 영어로 Money인 돈은 라틴어 'Moneta'에서 왔는데, 여기에는 '경고'라는 뜻도 들어 있단다. 그런데 귀신도 부린다는 이 돈을 가장 많이 갖고 있고, 시장에 유통시키며, 저장하고, 확산시키는 기관을 우리는 '은행'이라고 한다. 미국의 유명한 은행 강도 윌리 서튼(Willie Sutton)은 "왜 은행을 털었냐?"라는 질문에 "돈이 있는 곳이 거기니까…"라고 답했다고 한다. 유명한 일화다.

한국뿐만 아니라 중국, 일본, 베트남에서도 은행은 '은행-銀行-Ngan Hanh'이다. 참고로 왜 은행이 금행(金行)이 아니고 은행(銀行)인가? 18세기 초 서양에서 일본에 Bank가 처음 들어왔을 당시 일본이 은본위제(銀本位制)를 시행하고 있었기 때문이다. 세계 금융을 좌지우지하는 유대인과 남대문시장의 환전상을 통해서 은행의 유래를 알아보고, 해외투자의 관건인 환율의 중요성도 살펴보자.

은행(Bank)의 유래

은행의 역사는 고대 바빌로니아의 『함무라비 법전』(Code of Hammurabi, BC 1760년경 함무라비 왕이 메소포타미아 지역을 통일하고 제정한 282조의 법률 체계. 1901년 프랑스 탐험대가 발굴, 현재 루브르 미술관 소장)으로까지 거슬러 올라간다. 1901년 페르시아(지금의 이란) 서남부 지역에서 발견된 『함무라비 법전』에는 유명한 '탈리오의 법칙'이라는, '눈에는 눈, 이에는 이'라는 동형보복 형을 비롯하여 운송, 중개 등 상사 규정과 함께 재산의 단순한 기탁 외 기탁된 재산의 운용이나 그에 따른 이자에 대한 규정도 명기되어 있다. 특히 이자와 관련해서는 "상인이 곡물을 빌려줄 때는 곡물 1구르에 100실라의 이자를 받고, 은 1세켈에 대해서는 6분의 1세켈 6그레인의 이자를 받는다."라고 되어 있다.

한편, 15세기 중엽에 이르러 지중해 연안에서 상업적 교역의 길이 열렸으나, 당시는 잡다한 종류 및 조잡한 품질의 화폐가 유통되어 교역의 원활한 수행을 저해하고 있었다. 따라서 '통일된 가치, 규격화 된 모양의 화폐'가 절실했는데, 이때부터 다양한 화폐가 발명되고, 이를 바탕으로 상업이 비약적으로 발전하게 된다. 그리고 서양 문명에서는 기독교의 영향으로 인해 성경을 근거로 고리대금업을 엄격히 금지하고 있는데, 당시 베니스에서는 유대인 거주 지역(Ghetto)을 중심으로 유대인만이 대금업(貸金業)을 할 수 있어 이들을 중심으로 환전업(換錢業)이 성행했다. 바로 이 환전대(Bench)가 은행(Bank)으로 발전한다. 아울러 전 세계 가톨릭의 수장인 로마 교황청과 다른 나라 교회와의 송금 업무도 이들이 담당하게 된다. 이로 인해 역사상 처음으로 베니스에서 환전상이 출현하게 되었고, 뱅크로 불리는 환전대 위에서 환전업을 영위함으로써 화폐 수수의 원활화를 도모했다. 그리고 15세기 당시에는 대금업이 동성애와 신성모독 같은 죄악으로 취급받았다. 이슬람 세계에서는 돈을 빌려주고 이자를 받는 것은 코란의 율법에 어긋나고, 이는 모하메드의 이름을 욕되게 하는 것으로 여겨졌다. 아리스토텔레스도 "돈은 임신하지 않는다."라는 말로 이자를 부정적으로 평가했다.

한편, '사회의 변동성', 즉 자기가 태어난 곳에서 하나님이 정해준 직업으로 평생 살기를 거부하는, 사회질서를 어지럽히는 것으로 보고 대금업을 부정적으로 보고 금기시했다. 재미있는 것은 파산(Bankruptcy)도 'Bancarotta'(깨진 상인의 탁자)에서 유래했다는 사실이다.

그러나 초기에 환전은행은 보관은행이었다. 하지만 보관된 화폐가 은행에서의 단순한 대체 방법에 의해 상인들 사이에서 수수될 수 있게 되어 대체 은행으로 발전했다. 대체 은행의 출현은 화폐의 지급 및 결제의 확실함, 화폐유통의 원활화에 크게 공헌했다. 중세 상업을 통한 화폐경제가 꽃을 피우면서 부가 축적되고, 이를 바탕으로 신세계 발견과 식민지 개척 등을 통하여 근대국가가 형성되었으며, 네덜란드 동인도 주식회사를 효시로 자본주의가 꽃을 피운다. 한편, 은행 발전의 역사에 있어서 9세기에 유명한 인도 수학자 알 콰리즈미의 '0의 발견'과 중세 이탈리아에서의 '복식부기' 출현도 크게 한몫했다. 돈과 관련해서 윌리엄 세익스피어의 〈베니스의 상인(The Merchant of Venice)〉에 나오는 고리대금업자 샤일록의 이야기는 너무나 유명하다.

이와 같이 금융(돈) 하면 '유대인'을 빼놓을 수 없다. 콜럼버스의 신대륙 발견도 유대인들이 유럽에서의 박해를 피하기 위한 수단으로 새로운 정착지가 필요했기 때문에 이루어진 일이다. 상업과 금융을 쥐고 있던 당시 유대인들이 돈을 대서 신대륙 개척에 나설 수 있었다. 잘 알다시피 어음 교환소, 환어음, 채권, 수표 등을 발명한 것도 유대인들이다. 유대인은 전 세계 인구의 0.2%에 불과하나 금융은 물론 상업과 기술과학, 문학, 예술 등 다방면에서 두각을 나타내고 있다. 노벨상 수상자의 20%를 차지한다. 유대인들 사이에서 "우리가 밑바닥에 있을 때는 혁명가가 되고, 정상에 있을 때는 자본가가 된다."라는 말이 유행할 정도로, 처지나 여건에 불문하고 최고를 지향한다. 한편, 유대인들은 5가지, 즉 금융, 석유, 식량, 미디어, 그리고 미국 정부를 좌지우지하면서 세계를 주무르고 있다.

은행업의 역사를 간추려보면, 12~13세기 유대인과 기사단의 대부업과 환전업, 13~14세기 중세 유럽의 국왕과 제후들에게 금전을 융통한 이탈리아의 바르디 가와 페루치 가의 금융 중개업, 15~16세기 메디치 가의 금융업, 17~18세기 잉글랜드 은행업, 19세기 독일 로스차일드 가의 투자금융업, 그리고 20세기 골드만삭스(Goldman Sachs), J P 모건(J P Morgan), 모건 스탠리(Morgan Stanly), 메릴린치(Merry Linch) 등의 국제금융업 등으로 요약될 수 있다. 참고로, 세계 최초의 회사는 578년 일본에 세워진 '곤고구미'라는 사찰 등을 짓는 건설회사였다고 한다. 그런데 이 회사의 설립자는 놀랍게도 백제에서 건너온 유중광(일본 명 곤고 시게미쓰)으로 이 회사가 지은 사찰은 1995년 고베 한신대 지진에도 살아남아 그 기술력을 인정받았으며, 아직도 건재하다고 한다.

우리나라 은행 역사

우리나라에 근대적 은행제도가 도입된 것은 일본 제일은행 부산 지점이 개설된 1878년이다. 1909년 중앙은행으로서 구(舊) 한국은행이 설립되었으나, 국권 피탈 후 업무를 조선은행에 이관, 8·15 광복과 더불어 한국은행으로 복귀했다. 상업은행으로는 1897년에 설립된 민족계의 한성은행이 효시다. 1997년 IMF 외환위기 당시 33개에 이르던 우리나라 은행들은 지금은 5대 금융지주(우리[자산 325조 원], 신한[자산 318조 원], KEB하나[자산 328조 원], KB국민[자산 333조 원], NH농협 등)를 중심으로 17개의 은행으로 재편되었다. 은행별로 300조 원을 넘는, 규모 면에서 국제적인 금융산업으로 거듭나고 있다. 2017년 현재 우리나라 은행 총자산은 2500조 원에 이른다.

〈한국 은행권 인수·합병 역사. 자료 『한국경제신문』, 2015. 07. 15〉

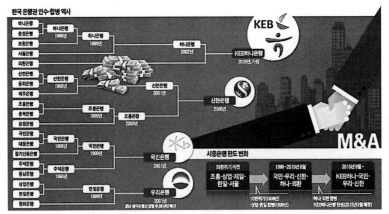

남대문시장 환전상을 통해서 본 은행

1200만 명이 넘는 해외여행객 시대인 우리나라에는 사드(THAAD, 고고도 방위체계) 문제로 주춤하지만, K-POP 중심 한류와 일본 엔화 및 중국 위안화 강세를 바탕으로 한 일본 및 중국 여행객들로 넘쳐나고 있다. 서울 명동 거리와 남대문 시장의 절반은 이들 일본과 중국 사람들로 채워지고 있다. 덩달아 이들이 거래하는 남대문 환전상(주로 할머니)들도 바빠졌다. 밥상만 한 탁자에 목욕탕 의자와 계산기가 전부인 이분들은 짧게는 수년, 길게는 수십 년간 대를 이어 이 업무에 종사하면서, 풍부한 경험과 동물적인 감각으로 무장되어 있다. 그야말로 케인즈(John Maynard Keynes, 1883~1946)가 말한 '야성적 충동(Animal Spirits)'을 몸소 실천하는 사람들이 아닌가 한다. 예나 지금이나 어쩌면 이들이 진정한 은행가(Banker)가 아닐까 싶다.

은행과 환율 관계

한국-중국-일본 영토분쟁과 함께 환율전쟁을 벌이고 있는 세 나라 간의 기 싸움도 대단하다. 세계 2위 경제대국으로 올라선 중국과, 아직은 달러화, 유로화, 위안화에 이은 세계 4위 국제거래 통화인 일본 엔화 간의 신경전도 볼 만하다. 1985년 플라자 합의 이후 250엔 대 환율이 76엔 대로 급락(엔고 현상)하면서 일본을 궁지로 몰아갔고, 중국 위안화 환율도 1994년 8.700위안에서 최근 6.900위안까지 밀리고 있으며, 미국을 비롯한 주요국들의 위안화 절상 압력에 시달리고 있다. 한국의 원화는 이들 통화와 달리 국제통화가 아니어서 통화 전쟁에서 살짝 비껴 있는 듯하지만, 매년 미국 의회가 한국 정부의 고환율 정책(외환시장 개입)을 비판하면서 행정부에 대해서 무역 보복조치를 요구하는 등, 상황이 그리 간단치 않아 보인다. 주요국들이 자국통화 약세를 통하여 수출 경쟁력을 강화하고, 제조업 경기 활성화를 통한 경기부양 및 고용을 늘리려는 환율전쟁, 즉 이른바 다른 나라의 희생을 기반으로 이익을 얻는 '근린 궁핍화 정책'(Beggar-thy-Neighbor Policy)으로 '제로섬 게임'을 펼치고 있는 것이다.

은행과 금융

은행은 금융이라는 이름으로 세상에 빛을 발하게 된다. 금융 하면 가장 먼저 떠오르는 사람이 메디치다. 1348년 유럽을 공포로 몰아넣은 페스트(흑사병)로 유럽 인구의 1/3이 사라진 뒤 공허함 속에 설립되어, 15세기 100여 년(1397~1494) 세월 동안 다섯 세대에 걸쳐 정치와 예술, 종교를 뒤흔든 피렌체 금융의 창업자다. 통제와 명령, 끝없는 소유욕과 확장욕은 금융의 속성이면서 예술의 세계에서도 일맥상통한다. 이탈리아에서는 사채(私債)를 Usura라고 한다. 영어의 '이자'에 해당하는 Usury 개념이 여기서 유래한다.

이슬람 금융

금융 하면 유대인을 쉽게 떠올리지만, 이슬람 금융도 무시 못 할 존재로 부각되고 있다. 이슬람 금융이란, 이슬람 율법인 샤리아를 준수하는, 이자를 포함하지 않는 금융거래를 말한다. 예금이나 대출에 이자를 주거나 받지 않고, 배당이나 수익금을 원금과 함께 되돌려주는 형식이다. 그 성격에 따라서 대출 관련으로는 살람(선 구매), 무라바하(비용추가 대출), 이자라(리스), 이스티스나(주문 제작) 등과 투자 관련으로 무다라바(투자자 손실분담), 무샤라카(투자자, 은행 공동 손실분담) 등이 있다. 난-샤리아 금융으로는 이자를 받는 리바가 있다. 현재 52개국 300여 개의 이슬람은행이 있다. 대표적인 이슬람 금융 국가는 말레이시아로, 이슬람 채권의 60%가 쿠알라룸푸르에서 거래된다. 1983년 말레이시아 이슬람 은행이 설립됐다. 이슬람 금융은 주로 원유 수출로 벌어들인 돈을 투자하는 것으로, 1860년대 수에즈 운하 건설을 위한 영국의 바클레이즈 은행이 이집트 카이로에 지점을 개설하면서 시작되었다. 그러나 공식적으로는 샤리아 기준으로 최초의 은행은 1963년 예금, 대출, 지분참여 등 금융 서비스를 제공한 이집트 미트가무르 저축은행이다. 지금과 같은 현대적인 샤리아 금융은 1975년 사우디아라비아에 설립된 이슬람개발은행(IDB)이 시초로 이후 국제금융 도시 두바이, 바레인 등으로 번져나갔다.

은행과 금융의 미래

자본주의의 꽃이면서 산업의 혈액이라고 할 금융의 미래는 어떨까? 미래에는 금융도 여타 산업과 마찬가지로 빅 데이터와 인공지능이 그 지도를 바꿔놓을 듯하다. 인터넷 전문은행, 핀테크 산업, 크라우딩으로 대표되는 새로운 개념의 은행이 등장하고 있다.

이 세상 돈이 가장 많이 몰리는 곳 은행, 은행(Bank)은 이처럼 환전상(Foreign Exchange Market)으로부터 유래했고, 그 중심에는 유대인이 있으며, 우리 남대문시장 환전상 할머니들도 이에 못지 않은 시장(국제금융시장) 감각으로 무장해 있다. 예나 지금이나 환율(F/X)은 경제나 우리 삶에 있어서 큰 비중을 차지하고 있으며, 뱅크(은행)의 기원이 되었다. 미국과 중국의 G2 파워게임은 경제전쟁, 그 중에서 위안화 절상 압력 환율전쟁이 최전선(最前線)일 가능성이 크다. 모든 사람들이 꿈꾸는 부자. 부자는 돈이 많은 사람이며, 돈은 은행을 통해서 움직이고, 은행의 유래와 역사 그리고 미래를 안다는 것은 그만큼 부자에 한 발짝 더 다가서는 셈이 된다.

모든 걸 다 준비하려 진 빼지 마라, 운은 먼저 길을 나선 자를 찾아온다.
_ 링크드인 창업자 리드 호프만

알려면 사람들로부터 존경을 받을 정도로 알아야 한다.
어리석다면 동정을 받을 정도로 어리석어라.
_ 캄보디아 속담

제8장

캄보디아

CAMBODIA

세계적인 관광 유적지 앙코르 와트를 품은 나라. 베트남, 라오스, 태국 사이에서 돌파구 마련, 메콩 강의 기적을 만들어가는 나라

역사와 문화

비틀즈의 'Let it be'와 영화로도 유명한 '킬링 필드(Killing Field)'. 1975~1979년 크메르 루주의 폴 포트 정권이 친미 론놀 정권을 축출한 뒤, 전체 인구 8백만 명 중에서 3백만 명을 학살한 나라 캄보디아다. 폴 포트는 1998년 사망했으나, 키우 삼판 전 국가주석과 누온 체아 전 공산당 부서기장은 종신형을 선고받는 등 역사의 단죄는 계속되고 있다. 국왕이 있으나 정권은 초장기 집권 중인 훈센 총리가 쥐고 있다.

자국 국기에도 새길 만큼 중요한 세계 7대 불가사의에 드는 앙코르 와트(Angkor Wat)는 12세기 초 크메르족 앙코르 왕조 수리아바르만 2세가 바라문교 주신인 비슈누의 사원으로 건립한 것으로 잘 알려져 있다. 전통적인 농업 및 불교 국가로 오랜 내전 등으로 고통받았으나, 1999년 ASEAN 및 2004년 WTO 가입, 1989년 이후 300억 달러 FDI 유치, 개혁·개방 바람이 불면서 국제 무대에 등장하고 있다. 베트남에 이웃하면서 많은 베트남 사람(5%)들이 거주하고 있다. 양 국가 간 교역 규모도 2015년 100억 달러로 확대되었고, 베트남은 캄보디아의 3위 투자국 지위를 누리고 있으며, 현재 100여 개 프로젝트에 30억 달러가 투자 중이다.

인구 1500만 명, GDP 169억 달러, 수도는 프놈펜(Phnom Penh)이다. 입헌 군주국으로 상·하 양원제 국회, 시장경제 체제로 내국인에 한해 토지소유 및 사유권을 인정한다. 2013년 7월 28일 치러진 총선에서 30여 년 장기집권의 훈센 총리가 이끄는 캄보디아인민당(CPP)이 과반 의석(123석 가운데 68석)을 확보하여 5년간 권력을 이어가게 됐다. 그러나 야당인 CNRP는 선거 결과를 인정하지 않고, 현 정부와 맺은 외국인 및 금융기관들의 투자를 인정하지 않겠다고 선언한 바 있다.

캄보디아 경제, 현재와 미래

법인세 최고 세율 20%, 개인소득세 0~20%로, 베트남(0~35%)보다 낮다. 2011년 이래 연평균 GDP 성장률 6.7%의 고성장 국가군이며, 2017년 7.2% 성장이 전망된다. 교역액 150억 달러, 1년 예산이 50억 달러에 불과하나, 이마저도 공적개발원조(ODA) 차관이 40%를 차지한다. 섬유, 신발, 천연고무 등이 주요 수출품이며, 우리나라와 수출입 규모 10억 달러 남짓이다. 캄보디아의 지정학적 위치로 보면 인도차이나 반도 진출 거점이 될 수 있다. 국내총생산 140억 달러의 캄보디아는 거대한 앙코르 와트 사원만큼이나 미지의 세계 모습을 그대로 간직하고 있다. 미국 달러화가 자연스럽게 통용되며, 미국 달러 예금 금리만 5%의 고금리인 국가 중의 하나다. 부정부패 등이 만연하지만, 투자 절차 등 많은 분야가 법제화되고 있다.

구분	내용	비고
수도	PHNOM PENH	Siem Reap (Angkor Wat)
인구	1,500만 명	상대적으로 적은 인구
면적	18만 1000㎢	
GDP	209억 달러	ODA 차관이 1년 예산(50억 달러)의 40%
1인당 GNI	1,703 달러	
통화 / 환율	KHR / 4,500	USD/KHR 환율

유망 투자산업 및 투자 유의사항

국왕이 건재하는 나라로, 제조업을 비롯한 전반적인 산업이 미미하며, 앙코르 와트 중심의 관광산업으로 나라 살림을 꾸려가고 있다. 최근에는 베트남의 인건비가 급등하면서 캄보디아로 이전하는 기업들이 늘고 있다. 도로, 항만, 철도, 전력, 수도 등 인프라가 열악하고 부정부패도 심해서인지, 아직은 투자에 선뜻 나서길 주저한다. 훈센 총리의 초장기 집권으로 정치적인 불안정이 여전하며, 국왕은 있으나 통치기반이 미약하다. 인구도 1500만 명에 불과해 소비시장도 한계가 있다. 수출입 교역도 많지 않아 국민소득이 미미한 수준에 그친다. 바로 이웃하면서 과거에 관계가 좋지 않던 베트남과는 최근에 베트남의 대(對) 캄보디아 투자 확대로 무시 못 할 존재가 되고 있다. 캄보디아 입장에서는 베트남이 최대 투자 국가다. 헤게모니를 놓고 일본과 중국 간의 투자 경쟁도 점입가경이다. 우리나라는 건설과 소매금융 중심의 금융과 봉재, 의류, 신발 제조업체들이 진출하고 있다.

우리나라와의 관계

1970년 8월 한국과 정식 수교하고, 북한과는 1964년 12월 수교했다. 중국과 일본 사이에서 고난의 역사를 간직해온 우리처럼, 캄보디아도 태국과 베트남의 틈바구니에서 어려움을 헤쳐와 우리와 정서가 매우 비슷하다. 10만여 개의 기업체가 있으며 그 중에서 절반은 외국인 투자기업이다. 1000여 개의 우리 기업들이 진출해 있고, 우리나라는 6억 달러 상당 대외원조를 하고 있다. 우리 기업들은 50억 달러 상당 누적 투자 규모로 중국에 이어 2위를 마크하고 있다. 1997년 5천만 달러 상당이었던 교역액도 10억 달러를 넘어서고 있다. 일본인 거주자가 1500여 명, 한국인은 1000여 기업에 1만여 명거주 중이며, 한국에도 4만여 명의 캄보디아 근로자들이 일하고 있다. 5000여 명의 캄보디아 결혼이주 여성도 한국에 살고 있는 사돈나라이기도 하다. 2014년 인천 아시안게임에서 태권도로 캄보디아 사상 첫 금메달을 안겨준 손 시브메이 선수를 길러낸 것도 한국인 최용석 사범이다.

한편, 한국거래소(KRX)는 캄보디아 재무부와 함께 2012년 4월 18일 캄보디아증권거래소(CSX, 55%. 한국45% 지분 소유)를 개설했으며, 거래시간은 08:00~11:30, 일 변동허용 ±5%다. 기업의 투자 인센티브는 최장 9년간 법인세 면제, 원부자재 수입 관세 면제, 과실송금 등 자유로운 외환거래를 보장하고 있다.

금융산업

2015년 말 현재 캄보디아중앙은행(NBC), 특수은행 7, 상업은행 31(18개는 외국계), 대표사무소 2, 마이크로 파이낸스 35, 보험회사 11개가 있다. 우리나라 은행으로는 신한은행(2007, 자산 6100만 달러)이 신한크메르은행 법인에 5개 지점이 영업하고 있으며, 국민은행(2009, 자산 6600만 달러)이 현지법인 형태로 진출해 있다. 우리은행은 2014년 7월 캄보디아 MFI(서민금융 회사, 소액대출 회사)인 말리스를 인수했으며, 2016년 6월 소액대출 회사 프라샥(prasac, 업계 39개 회사 중 시장 점유율 30%, 176개 지점, 총자산 1조 원, 순이익 400억 원)의 지분 50% 우선협상 대상자로 선정되었다. 2016년 8월 전북은행도 아프로서비스 그룹(OK저축은행 모기업)과 함께 캄보디아프놈펜상업은행(PPCB)을 인수했다. 유안타증권도 현지에 법인이 있다.

한편, 캄보디아에는 부산저축은행이 2007년 우리나라 최초로 세운 캄코뱅크(최초 자본금 1300만 달러, 2015년 말 기준 총자산 1268만 달러, 총부채 282만 달러)가 있으며, 모회사의 부실로 현재 특수은행으로 분류되어 매물로 나와 있다. 이외에도 동양증권, 부영크메르, 현대스위스저축은행의 프놈펜상업은행, 토마토 특수은행 등이 있다. 2016년 9월 국민은행은 디지털뱅크 '리브 KB캄보디아'도 설립했다. 호주 계 ANZ와 말레이시아 계 May Bank, CIMB 및 베트남 등 아세안 국가 은행들이 주로 진출하고 있다. 은행 설립 최저 자본금은 40백만 달러 상당이다.

무엇을 지키고 무엇을 버릴지 정하라, 현명하게 그러나 열정적으로.
_ 스타벅스 창업자 하워드 슐츠

열매를 얻으려면 나무를 키워야 하고, 자식을 가지려면 배워야 한다.
_ 라오스 속담

제9장

라오스
LAOS

미지의 농업국으로 에코 투어와 힐링 여행지로 각광, 아세안 최
빈국, 인도차이나 반도 정중앙에 자리하면서 아세안의 핀란드 화
(化) 노려

역사와 문화

　라오스를 한마디로 표현하면 힐링(치유)이다. 중국, 태국, 베트남, 캄보디아로 둘러싸인 내륙의 농업 국가이며, 전체 인구의 90%가 불교를 믿는 대표적인 불교 국가다. 태국어와 유사한 라오어를 사용한다. 국토의 70%가 산지로서 주요 수출은 광물, 공산품, 전력, 농산물, 목재 등이다. 티베트에서 발원하여 중국 윈난 성을 거쳐 남동쪽으로 흐르는 메콩 강(어머니의 강)을 낀 풍부한 수력자원을 바탕으로 전력을 생산하여 싱가포르 등지로 수출까지 한다. 인구 700만에 노동 인구 300만 여 명, 수도는 비엔티엔(VIENTIANE)으로, 라오인민혁명당이 집권 중이고, 대통령은 분남 보라치트다.

　2016년 9월 초 아세안정상회의가 수도 비엔티엔에서 열렸으며, 박근혜 대통령을 비롯하여 시진핑 중국 국가주석 그리고 B. 오바마 미국 대통령이 사상 처음으로 라오스를 방문했다. 중국이 300억 달러 이상을 투자하고 있는 가운데 미국도 적극적인 투자 의사를 타진하고 있다. 중국 일방도의 정책에서 미국 쪽으로도 눈을 돌리면서 아세안의 핀란드 화[2]를 노리고 있다.

---

2 핀란드 화(Finlandization) : 1960년대 독일에서 생겨난 말, 냉전시대의 소련과 핀란드를 빗댄 것으로서 '약소국이 자주독립을 유지하면서도 대외 정책에 따라 강대국 영향력 아래 있음'을 일컫는 말.

라오스 경제, 현재와 미래

2006~2010년 제6차 국가사회 경제개발 계획에 따른 연평균 7.9%
성장, 2015년 CPI 6.5%, GDP 177억 달러, 1인당 국민소득 1646달러,
연평균 GDP 성장률이 7%가 넘는 고성장 국가 중의 하나다. 2017년
은 7.6% 고성장이 예상된다. 외국인 직접투자가 200억 달러로, 한국
은 1995년 수교 이후 3억 달러의 공적원조(ODA), 10억 달러 해외 직
접투자로 중국(51억 달러), 베트남(49억 달러), 태국(43억 달러)에 이은 4위
투자 국가다. 라오스의 주요 교역 상대국은 국경을 맞대고 있는 태
국을 비롯하여 베트남, 중국, 한국, 일본, 독일, 영국, 벨기에, 프랑스
등이다. 월 최저 임금이 110달러 수준으로, 인건비 상승 속도가 매
우 빠르다.

분야별 GDP는 농림 수산업 23%, 공업 41%, 서비스업 36% 등이
다. 공업 중에서도 전력생산 등 광업이 전체 수출의 48%(GDP의 11%)
를 차지한다. 최근 관광업이 전기를 맞으면서 한국인 방문객만 연
간 10만 명을 넘고 있다. 전통적인 농업 국가인 라오스는 국경을 맞
대고 있는 중국, 태국, 베트남, 캄보디아 등의 틈바구니에서 돌파구
를 찾고 있다. 지정학적인 약점이라면 내륙에 위치해 있으면서 바다
를 낀 다른 인도차이나 반도 국가들에 비해 제조 수출국의 불리함
이 있으나, 오히려 인도차이나 반도 지역 중심지라는 개념이 싹트고
있다. 수력발전과 광산개발로 경제성장 잠재력이 있으며, 향후 철도,
도로 등 내륙 운송로가 개발된다면 입지적인 이점도 충분한 만큼,
아세안에서 경쟁력을 무시 못 할 국가 중의 하나다. 교육 및 건강 분
야 투자는 5년간 법인세 면제 혜택도 있다. 1997년 아세안에, 그리

고 2013년 WTO에 가입했다.

라오스는 메콩이라는 긴 강(전체의 35%가 라오스 통과)을 끼고 있으며, 산지가 70%에 이르고, 47개 종족이 있으며, 바다가 없다. 수자원이 풍부해 수력발전이 성장의 원동력이며, 광물자원도 어마어마하다. 유네스코 세계문화유산인 루앙 프라방(Luang Prabang)은 최근 우리 국민들에게 에코투어, 힐링 여행지로 각광을 받고 있다. 메콩 강 줄기 따라 절벽에 있는 동굴 속 4000여 개의 크고 작은 불상들이 모셔져 있는 빡우 동굴이 특히 인기다. 방비엥 열기구 관광도 유명하다. 연간 라오스를 찾는 해외 관광객만 500만 명이 넘는다.

구분	내용	비고
수도	VIENTIANE	Luang Prabang
인구	7백만 명	노동인구 3백만 명
면적	23만 7,000㎢	중국, 태국, 베트남, 캄보디아 틈바구니
GDP	177억 달러	농림수산업 23, 공업 41, 서비스업 36%
1인당 GNI	1,646달러	아세안 최빈국
통화 / 환율	LAK / 9,000	USD/LAK 환율

유망 투자산업 및 투자 유의사항

태국과 베트남 그리고 중국과 국경을 맞댄 은둔자 같은 내륙 국가다. 인구가 싱가포르 수준의 7백만 명인 소국으로, 산업 기반도 미약한 농업 국가이다. 그나마 루앙프라방과 방비엥이라는 여행지로 유명하다. 베트남, 태국과의 교류가 빈번하다. 우리나라 대표 기업인 코라오 그룹이 다방면에서 활발한 사업을 펼치고 있으며, 할부금융 중심 은행업도 하고 있다. 베트남에서 일부 외국계 기업들이 저임금을 찾아서 라오스로 옮겨가고 있다. 국가 재정이 미약하여 사회적인 인프라가 열악하고, 항구가 없어 수출 물류 어려움이 있으며, 고급 인재 부족으로 아직까지는 외국인 직접투자도 미미한 실정이다. 유망 산업으로는 공항 건설 등 SOC 사업을 비롯하여 제조, 무역, 통신, 교육, 프랜차이즈, 이·미용 서비스업, 건강 관련 사업 등이 손꼽힌다. 사회주의 정치색이 강한 정권이 집권하고 있다. 캄보디아와 마찬가지로 인접국인 베트남의 투자가 가장 활발하다. 중국도 국경을 맞대고 있으면서 라오스 투자에 관심이 많다.

우리나라와의 관계

북한과는 1974년 9월, 한국과는 1974년 6월 수교했으나, 1975년 7월 라오스의 일방적인 단교 선언, 그리고 1995년 9월 재수교의 역사를 지니고 있다. 라오스, 캄보디아, 미얀마 등 인도차이나 반도를 중심으로 한 코라오 그룹(오세영 회장, 코라오홀딩스, 베트남 진출 후 라오스, 캄보디아, 미얀마 등지로 사업 확장)을 비롯한 500여 개의 우리나라 기업이 진출해 있다. 3억 달러 상당 대외원조를 하고 있고, 라오스 정부는 한국 기업들이 광업, 수력발전, 도로건설, 관광 등 인프라에 투자하기를 희망하고 있다. 상장 회사들에 대한 소유 지분 한도를 20%까지 허용하고 있다.

2013년 11월 21일 춤말리 사야손 대통령이 국가 수반으로서는 최초로 우리나라를 공식 방문했다. 2016년 9월 아세안+한·중·일·미 정상회의가 라오스 수도 비엔티엔에서 열렸으며 박근혜 대통령도 참석했다. 그 자리에서 한국 서부 발전의 참여로 16억 달러 수력 발전소를 수주하기도 했다.

금융산업

한국거래소(KRX, 49% 지분 보유)는 2011년 1월 라오스중앙은행(Bank of The Lao P.D.R)과 함께 라오스증권거래소를 개설했다. 우리나라 기업인 코라오 그룹의 자동차 할부 금융사인 인도차이나은행과 부영은행 등이 있으나, 공식적인 우리 국적 은행 진출은 아직 없다. 2016년 12월 DGB 금융 그룹의 DGB캐피탈(DLLC)이 자동차 할부 금융업무를 시작했다. 인도차이나은행은 코라오홀딩스 오세영 회장이 지분 88%를 갖고 있는 은행으로, 총자산 5.2억 달러 여·수신 각각 4.1억 달러와 3.7억 달러로, 라오스 5위 규모를 자랑한다. 금융산업이 아직은 미미하나 장기적인 관점에서 진출을 서두르고 선점할 필요가 있다. 인근 국가인 중국, 베트남, 태국 등을 철저히 벤치마킹하고 있다.

당신이 고객에게 건네야 하는 건 상품이 아니다, 라이프스타일이다.
_ 홀푸즈 마켓 창업자 존 맥키

백만장자가 되려면 뛰어난 회계사를 두고,
억만장자가 되려면 풍수지리 대가를 둬라.
_ 싱가포르 속담

제10장

싱가포르

SINGAPORE

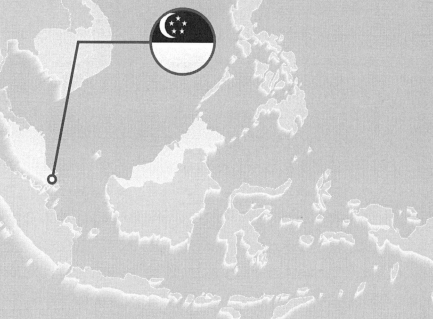

중계무역을 바탕으로 한 아시아의 대표적인 국제금융 허브, 글로벌 기업들의 아시아 포스트, 글로벌 비즈니스 경쟁력 세계 최고, 도시국가의 전형

역사와 문화

정식 국명은 싱가포르공화국(Republic of Singapore)으로, 국토 면적은 서울(605㎢)보다 조금 큰 646㎢다. 전체 인구 600만 명, 그 중에서 40%는 외국인이며, 싱가포르 섬을 중심으로 부속 도서와 크리스마스 제도로 구성되어 있다. 남중국해와 인도양을 연결하는 말라카 해협을 끼고 있으며, 해안선의 길이는 820㎞다. 종족은 중국계 76%, 말레이계 14%, 인도계 8% 등이다. 싱가포르는 13세기 싱가푸라(사자의 도시) 섬 발견, 1819년 영국의 동인도회사 설립, 1826년 동인도회사 영국의 '해협식민지'로 편입, 1867년 해협식민지 영국 식민청으로 이관, 1942~1945년 일본 제국주의의 식민지배, 1946년 영국 식민지로 환원, 1959년 싱가포르 자치정부 구성, 1963년 말레이시아 연방에 편입, 1965년 분리 독립 및 영연방 가입의 역사를 지니고 있다. 말레이시아, 싱가포르, 인도네시아 세 나라 사이 900㎞ 말라카 해협을 통하여 전 세계 물동량의 50%가 통과하고 있는 전략 요충지를 끼고 있다. 싱가포르 평균 임금이 300만 원인 데 반해 말레이시아는 70여만 원에 불과해, 요즘도 하루 70여만 명이 말레이시아에서 싱가포르로 출퇴근하고 있는 실정이다.

전체 인구의 39%가 외국인이며, 10%는 영주권자로서 국제화된 도시이고, 세계적인 중계무역과 국제금융 중심지다. 싱가포르는 금융이 GDP에서 차지하는 비중이 13%나 되며, 런던, 뉴욕, 프랑크푸르트, 도쿄, 상하이, 홍콩과 함께 세계적인 국제금융 중심도시다. 서비스업뿐만 아니라 전자, 화학 등 제조업 경쟁력도 뛰어나다. 세계 최고의 대우를 받는 엘리트 공무원과 부패 제로 국가로, 청렴성과 공정성을 인정받는 나라다. 선진국에선 보기 드물게 매로 형벌을 다스리는 태형이 여전히 존재하고, 일당 장기독재의 길을 걷고 있는 나라이기도 하다. 토지 국유화로 국민 86%에게 공공주택을 제공한다. 합계 출산율은 0.8명으로 저 출산국인 우리나라의 1.21명에도 훨씬 못 미친다. 언어는 헌법상 말레이어가 국어이지만, 중국어, 영어, 타밀어 등도 공통적으로 자연스럽게 사용되고 있다. 종교는 불교 53%, 이슬람교 15%, 기독교 13%, 힌두교 4% 등이다.

정치 형태는 의원내각제의 공화제이며, 의회는 임기 5년의 단원제로서, 주요 정당은 집권 인민행동당(PAP), 노동당(WP), 민주당(SDP) 등이다. 미국과 중국 사이에서 실리 외교로 유명하다. 전 세계적으로 존경의 대상이자 싱가포르 국부로 추앙받는 리콴유 전 총리(1923~2015)는 2015년 3월 92세로 타계했는데, 1인당 GDP를 400달러에서 56,000달러, 세계 8위 경제부국으로 올려놓았다는 평가를 받고 있는 인물이다. 우리에게도 익숙한 인물이며, 한국을 수차례 방문하고, 좋은 이미지를 가지고 있었다.

싱가포르 경제, 현재와 미래

2016년 기준 GDP 3071억 달러(1인당 GNI 56,287달러. 세계 8위)로 경제 규모 세계 35위다. 세계 최대의 중계무역항, 다국적 기업만 7000여 개, 카지노 관광 의료산업 대국이며, 도쿄, 홍콩, 상하이, 두바이 등과 함께 대표적인 아시아의 국제금융 허브다. 안전하고 편리한 관광 인프라도 잘 갖춰져 있어, 연간 1350만 명이 방문하고 135억 달러를 쓰고 가는 세계 7대 관광도시이기도 하다. 오락, 음식, 쇼핑, 관광 등 즐길 거리가 엄청나다. 부존자원이 없어 국제무역과 해외투자에 크게 의존하는 개방경제 체제, 아시아에서 일본을 능가하는 경제 부국이기도 하다.

아세안 국가들이 지금은 낮은 인건비와 저렴한 지대, 그리고 풍부한 해외 투자자금을 바탕으로 고성장을 거듭하고 있으나, 국가 간 기술 격차가 줄어들어 앞으로는 4차 산업혁명에도 선진국들과 어깨를 나란히 할 것으로 전망된다. 그리고 그 중심에는 싱가포르가 있다. 인류 최고의 발명품이라는 도시, 이제는 AI 기반의 스스로 진화하는 스마트 시티 메커니즘으로 변모하고 있다. 싱가포르는 스마티 시티에 가장 근접하고, 3D프린팅, 스마트 팩토리, 스마트 팜 등 4차 산업의 최적화 입지다. 세계 인종의 70%가 거주하게 될 도시, 싱가포르를 보면 그 답을 알 수 있다.

싱가포르의 경쟁력은 세계 공용어인 영어 사용, 깨끗하고 안정적인 주거환경, 그리고 개방적인 문화를 꼽는다. 높은 교육열과 경쟁력 있는 고등교육 기관도 국가 발전의 원동력이다. 아시아 톱 10 대학에 싱가포르국립대가 거의 1등(베이징대-칭화대-난양공대-홍콩대-홍콩과 기대-도쿄대-카이스트-서울대-포스텍 순, 2017년 3월. The Asia University Rankings)을 꿰차고 있다. 〈Forbes Asia, 2017〉 선정 싱가포르 최고 부호는 부동산 사업가인 로버트 & 필립 낙(Robert & Philip Ng)으로 87억 달러에 달한다. 정치·경제·사회 등 거의 모든 분야에서 전 세계가 인정하는 경쟁력 있는 나라 1위 강소국가 싱가포르다.

구분	내용	비고
수도	SINGAPORE	도시국가 (서울보다 약간 큼)
인구	600만 명	40%는 외국인
면적	0.7천㎢	말레이 반도 남단
GDP	3,071억 달러	중계무역, 국제금융(13%), 비즈니스 천국
1인당 GNI	56,287달러	아시아 최고 소득, 전 국민 주택 보급
통화 / 환율	SGD / 1.3800	USD/SGD 환율

유망 투자산업 및 투자 유의사항

도시국가답지 않게 제조, 서비스, 금융, 인프라, 근면 성실한 국민성 등 어느 하나 부족하지 않은 나라가 싱가포르다. 자국 인구 600만 명 중에서 40%는 외국인으로, 글로벌의 대명사다. 다국적 기업들의 아시아 헤드들이 주로 거주하며, 글로벌 금융기관들 대부분이 진출하고 있고, 완벽한 자율성을 부여하여 비즈니스에 장벽이 거의 없다. 작은 나라 소비시장의 약점을 물류와 네트워크로 극복하여 해외시장으로 진출하고 있다. 아세안 10개 국가들 중에서도 가장 선진국으로, 비즈니스 허브 역할을 톡톡히 해내고 있다. 아시아에선 도쿄와 함께 대표적인 국제금융시장으로, 아시아 국가들의 주식, 채권, 외환, 원자재 상품, 심지어 부동산까지 싱가포르를 중심으로 거래가 이루어진다. 제2차 세계대전 후 중립국 지위를 활용하여 전 세계 거액 자금을 유치, 운용한 스위스의 수준을 능가하는 금융 자율성을 부여하여 아세안 부호들의 자금 투자처 역할도 해내고 있다.

말라카 해협을 끼고 말레이시아 끄트머리에 붙어 있는 해상물류의 중심지이면서, 세계적인 허브 공항이 싱가포르 공항이다. 화교 중심의 중국 자본이 근간을 이루며, 아시아를 비롯한 전 세계 모든 국가들이 흠모하는 나라다. 교육 및 전반적인 생활수준이 전 세계 어딜 내놓아도 손색이 없을 정도다. 우리나라 초우량 기업들도 많이 진출해 있다. 한류 열풍은 여기서도 통하고, 우리 상품이나 문화에 대체로 우호적인 분위기다. 사회주의적인 요소가 다분한 확고한 민주주의 정치 선진국이며, 치안도 세계 최고 수준으로 안전한 나라의 대명사다. 말레이시아와 마찬가지로 서방이나 중국 등 어느 한쪽에 치우치지 않는 중립외교로 완벽한 독자적인 시스템을 구축하고 있다. 생활여건이 좋은 만큼 외국인에겐 거주비용이 많이 드는 게 흠이라면 흠이다.

우리나라와의 관계

우리나라와는 1970년 통상대표부가 1972년 총영사관으로 승격, 1975년 8월 8일 대사관을 개설하면서 정식 외교관계가 수립되었다.

싱가포르는 동남아 지역에서 말레이시아 다음으로 큰 우리나라의 해외 건설시장이다. 1000여 개의 우리나라 기업과 30,000여 명의 교민이 현지 진출해 있고, IT 등 전자 제품, 석유화학 제품, 선박 등을 수출하고 있다. 북한은 1968년 1월에 설치한 통상대표부가 1969년 12월 총영사관으로 승격, 1975년 11월 8일 정식으로 외교관계가 수립되었다. 2015년 3월 타개한 리콴유 총리는 싱가포르 국부로 추앙받고 있으며, 우리나라를 아홉 차례나 방문하며 양국 간의 돈독한 관계를 가지고 있던 대표적인 지한파였다. 하지만 2017년 불거진 현직 총리인 리셴룽 등 아들 삼형제 간의 이권다툼 성격의 권력투쟁으로 빛이 바래고 있다.

금융산업

자타가 인정하는 국제금융시장 중심지답게 대부분의 글로벌 금융 회사들이 싱가포르에 진출하고 있다. 아시아 진출의 교두보가 되면서 리저널(지역) 담당 헤드들이 주재하는 대표적인 나라이기도 하다. 아시아 최대인 싱가포르 국유은행인 DBS(총자산 3230억 달러, 매출 100억 달러, 시가총액 300억 달러)를 비롯하여 화교계 UOB와 OCBC, 그리고 ANZ, CIMB 등 거의 모든 글로벌 은행들이 소재하고, 역내 아세안 국가들의 은행 진출도 활발하다. 우리, KEB하나, 외환 등 우리나라 은행들도 많이 진출하고 있다. 현지 진입은 자유로우나 경쟁이 심하고, 기초 생활비 등이 만만치 않아 수익은 비교적 낮은 편이다.

【TIP 3】국제통화 제도, 우리나라 환율제도, 통화 전쟁 그리고 유럽 발 위기 극복 시나리오

"브라질에서의 나비의 날갯짓이 미국 텍사스에 토네이도를 발생시킬 수도 있다." 또 "중국 베이징에서 나비의 날갯짓 같은 작은 변화가 대기에 영향을 주고, 또 이 영향이 시간이 지날수록 증폭되어, 긴 시간이 흐른 후 미국 뉴욕을 강타하는 허리케인과 같은 엄청난 결과를 가져온다."

즉 사소한 현상이 엄청난 결과로 나타날 수 있다는 미국 MIT 공대의 기상학자 로렌즈 교수(E. Lorentz, 1917~2007)의 나비효과(Butterfly Effect)를 설명하는 이론들이다. 이는 겉으로 보기에는 불안정하고 불규칙적으로 보이면서도 나름대로 규칙성을 띠고 있다는 카오스 이론(Chaos Theory) 물리학의 토대가 되었다.

글로벌화 되어가는 국제금융시장도 이와 같다. 전 세계 경제를 위기로 몰아가는 유럽 발 악재도 위기의 진원지는 그리스를 비롯한 유럽인데, 그 고통은 전 세계가 짊어지고, 그 강도는 이머징 국가로 갈수록 더하다. 특히 해외 악재가 불거질 때마다 국민들을 어리둥절하게 하는 우리나라 주식, 외환, 채권 등 금융시장은 타의 추종을 불허할 정도의 큰 변동성을 나타내곤 한다. 소규모 개방경제의 취약성, 80%에 육박하는 과도한 무역 의존도, 비교적 잘 발달된 금융 상품 및 금융 시스템, 충분한 외환보유고, 풍부한 유동성, 외국인이 좌지우지하는 시장 심리, 언론 매체들의 선정적인 보도, 화끈한 국민성 등, 이유를 들자면 10가지도 넘는다.

1972년과 1979년 두 차례 석유파동, 1980년대 '더블 딥'으로 일컬어지는 세계 경제 침체기와 남미 외채 위기, 1994년 멕시코 위기,

1997년 동아시아 외환위기, 2009년 유럽 재정 위기 등 세계 경제는 위기의 연속이다. 그리고 그 위기 극복을 위한 국제금융시장이 지금과 같은 메커니즘을 갖게 된 배경에는 국제통화 제도가 가장 큰 영향을 미쳤다. 우리 금융시장도 결코 예외가 아니다. 국제통화 제도, 우리나라 환율제도, 통화 전쟁의 역사, 그리고 지금의 국제금융시장 위기 돌파 시나리오에 대해서 살펴보자.

① 통화 전쟁(Currency Wars)의 역사

환율 전쟁의 역사는 IMF 출범의 단초가 되는 1930년 대공황으로 인한 미국, 영국, 프랑스의 금본위 제도 포기로 거슬러 올라간다. 다음은 1985년 미국, 영국, 독일, 프랑스, 일본 등 5개국의 플라자 합의에 따른 일본 엔화와 독일 마르크 절상으로 이어졌고, 일본 엔화는 250엔 대에서 120엔 대 초강세로 '잃어버린 10년'의 원인이 되었다. 1995년에는 역 플라자 합의로 인해 G7을 중심으로 엔저 정책을 이끌어내면서 달러 강세로 금융시장이 안정되었으며, 1997년 동아시아를 중심으로 IMF 외환위기를 맞아 원화 등 아시아 통화들이 대폭 절하되었다. 또 2008년 글로벌 금융위기로 미국 달러화가 직격탄을 맞아 글로벌 달러 약세 현상이 이어졌으나, 2011년 유럽 악재와 대안 부재로 달러 강세 현상이 나타났다.

아직은 미국 정부 정책에 대한 신뢰, 미 국채의 유동성, 달러화의 국제무역 주요 가치평가 기준, 세계 최강의 군사력, 대안 통화 불확실성 등으로, 달러화는 당분간 기축통화로서의 기능을 이어갈 전망이다. 영국도 제2차 세계 대전 직후 국가 부채가 GDP의 250%가 넘는 사실상의 부도 상태였다. 하지만 대영제국과 영연방 국가들이 파운드화 보유 비율을 줄이지 않고 기축통화로서 기능을 유지했던 역사도 있다.

② 통화 전쟁의 배경

주요국들이 자국 통화 약세를 통하여 수출 경쟁력을 강화하고, 제조업 경기 활성화를 통한 경기부양 및 고용을 늘리려는 환율 전쟁이 불붙고 있다. 이른바 다른 나라의 희생을 기반으로 이익을 얻는 '근린 궁핍화 정책'(beggar-thy-neighbor policy)으로 '제로섬 게임'을 펼치고 있는 것이다. 일본 정부가 외환시장에 직접 개입하면서 불거진 환율 전쟁이 미국, 중국, 브라질, 유럽 등으로 번져가고 있다. 한편, 일본 정부는 우리나라 외환시장 개입을 노골적으로 문제 삼고 나섰다. G20 정상 서울회의를 앞둔 2010년 10월 13일 노다 요시히코 일본 재무상은 의회 연설에서 "한국이 환시 개입 때문에 G20 리더십이 문제될 것이며, G20에서 환율 문제가 주요 의제가 될 것"이라는 점을 밝히기도 했다.

1995년과 2003년에 이어 2010년 9월, 그리고 2012년 8월 일본 정부는 달러·엔 환율이 75엔 대 초강세를 나타내자, 그동안 구두 개입에서 실질적인 개입을 통한 엔화 가치 저지에 나섰다. 그러자 유럽이 발끈하고, 중국도 이를 빌미로 위안화 절상을 막는 조치를 취했다. 그러자 이번에는 미국이 강력하게 중국 위안화 절상을 요구하며 반덤핑 관세 부과 등 보복 조치에 나서는 양상이다. 우리나라도 예외가 아니어서 일본의 시장 개입은 우리에게도 일말의 모멘텀을 제공하는 것 아닌가 하는 기대를 갖기도 했다. 또 유럽 악재로 국제금융시장이 불안해지면 원·달러 환율이 2주 사이에 1050원 대에서

1200원을 넘어서자 외환시장에 지속적인 시그널을 보냈다.

2007년부터 불거지기 시작한 미국 발 서브프라임 모기지 사태가 2008년 158년 역사의 세계 4위 투자은행인 리먼 브러더스 파산을 계기로 전 세계를 금융위기로 몰아넣고, 사태의 진원지 미국의 헤게모니가 급속히 위축되면서, 주요국들이 달러화 가치에 의문을 품기 시작하여 글로벌 달러 약세를 초래했다. 2009년에는 소위 PIGS로 불리는 포르투갈, 아일랜드, 그리스, 스페인의 재정수지 적자에 따른 유럽 발 금융위기 재연 조짐에 유로화가 1.1870대로 폭락, 5년여 만에 최저치로 밀리면서, EU 붕괴론까지 나오는 상황을 맞기도 했다. 그 여파는 현재 진행형이다.

막강한 경제력과 군사력을 보유한 미국의 입지가 예전 같지 않은 상태에서 세계 2위 경제대국으로 자리매김한 중국의 위상이 날로 커지는 가운데, 미국 달러에 이어 중국 위안화가 수퍼 커런시(Super Currency)로 등장하고, 주요국들이 위안화 절상을 강력히 촉구하면서 강대국들 간 통화 전쟁의 불씨가 살아나고 있다.

한편, 산유국들의 주축인 석유수출국기구(OPEC) 국가들도 수년 전부터 이미 달러화 가치를 평가 절하하면서, 원유 결제통화를 유로화 등으로 대체하자는 목소리가 더 높은 상황이다. 이런 상황에서 3조 달러가 넘는 세계 제1의 외환보유 국가이며 미 국채의 최대 수요자인 중국이 반기를 들고 나서면서, 달러화는 기축통화(Key Currency)로서의 가치에도 상당한 이미지 손상이 불가피하다. B. 오바마 이후 D. 트럼프 미 행정부도 강한 달러 정책 고수를 외치고 있으나, 대부분의 국가들은 립 서비스 정도로 일축하고 있다.

미 연준(FRB)이 2009년 금융기관 정상화에 8000억 달러를 쏟아 붓

고도 그 부실의 끝을 알 수 없는 상황에서, 두 차례에 걸친 양적완화(Quantitative Easing 1 & 2) 정책으로 수조 달러 국채 매입을 통해 시장 유동성을 공급하면서, 과도한 통화 증발에 따른 달러 가치 하락이 불가피해 보인다. 여기다 매년 GDP의 10%가 넘는 재정수지와 경상수지 쌍둥이 적자 문제는 미국 정부의 존립 자체가 의심스러울 만큼 누적 규모가 크며, 해결의 실마리가 안 보이는 지경이다. 사실 여타 국가 같았으면 벌써 디폴트나 모라토리움 상황이다. 미국 정부의 채무도 2010년 말 기준 14조 달러다.

세계 경제의 화두는 단연코 아베노믹스(Abenomics, 2012년 12월 16일 집권한 일본 자민당 아베 정권의 경제정책, 잃어버린 20년으로 대변되는 장기불황과 디플레이션 타개책으로 금융·재정·성장 등 이른바 세 개의 화살 부문 경제회생 정책)로 불리는 일본 발 양적완화 정책(2014년 말까지 270조 엔 통화 공급, 2년 내 2% 물가상승률, 국채 매입 2배 등)에 따른 달러·엔 환율 급등과 일본 경제 회복, 그에 따른 상대적인 피해를 보고 있는 한국, 중국 등 주변국들의 불만이다.

③ 최근 국제금융시장 동향

글로벌 주식시장은 다우지수 2만 선, 나스닥도 6000선, S&P500 2400선을 돌파하며 사상 최고치 행진이다. 유럽과 아시아 등 전반적인 주식시장 호조세다. 외환시장은 글로벌 달러 약세 속에 달러 인덱스(DXY : 세계 주요 6개국 통화 EUR, GBP, JPY, CAD, SEK, CHF에 대한 USD의 평균 가치로 1973년 3월 100을 기준)는 100선 언저리에서 거래 중이다. 영국의 브렉시트로 파운드화 약세, 프랑스와 독일 총선 앞두고 유로화는 강세 행진, 엔화는 110엔 선 위주로 오르내리고 있다. 채권시장은 미 연준의 연방기금 금리 상승에 발맞춰 오름세 유지하고 있다. 원자재 상품시장은 국제유가 50달러 대 하락 돌파, 금 값은 1250달러 대 상승세다. 2016년 말부터 이어져 온 오랫동안의 대통령 부재를 딛고 우리나라 금융시장에서 원·달러 환율은 1130원 언저리, 원·엔 1000원 대다. 코스피 지수도 2230선으로 2011년 5월 2일 2228.96 사상 최고치를 가볍게 넘어서고 있으며, 금리도 가계부채 급증에 대한 우려 등으로 바닥을 다지고 반등 중이다.

④ 국제통화 제도 변천사

1252년 피렌체에서 역사상 처음으로 제조돼 화폐로 등장하고 유럽의 기축통화(Key Currency) 역할을 한 금화, 1816년부터 1914년까지 이어진 영국의 금본위 제도, 1929년 대공황을 거치면서 경쟁적으로 자국 통화의 평가절하를 시도했던 환율 전쟁, 1944년 브레튼 우즈 체제가 탄생되면서 우리에게도 익숙한 국제통화기금(IMF)이 만들어지고, 미국이 제2차 세계대전을 승리로 이끈 후 미국의 달러화가 기축통화로 자리매김했다. 1976년 자메이카 킹스턴에서는 변동환율 제도(킹스턴 체제)를 인정하고, 이때 만들어진 특별 인출권(SDR : Special Drawing Rights, USD/SDR 1.4500, 잔액 214억 SDR)이 오늘에 이르고 있으며, IMF 관리하에 있고, 기축통화로서 현재 달러화 대안으로 제시되기도 했다.

1985년에는 플라자 합의로 대대적인 달러화 평가절하를 단행했고, 1990년대 러시아를 비롯한 동구권 공산 세력이 몰락하면서 강력한 군사력을 바탕으로 유일무이한 수퍼 파워를 자랑하고 있다. 그러나 달러화의 위상도 2008년 미국 발 서브프라임 모기지 사태와 글로벌 금융위기 주범 인식, 그리고 중국이라는 공룡이 등장하면서 흔들리고 있다. 아직은 미국을 대체할 만한 나라가 없고, 미국도 그 지위를 쉬이 놓지 않으면서, 역설적이면서도 현실적으로는 글로벌 위기 시마다 미국 달러가 강세를 나타내고 있다. 미국 및 유럽 발 재정수지 적자로 불거진 글로벌 신용위기 상황에서 달러화는 더욱 빛을 발하고 있다.

〈국제통화 제도 변천사 및 국제금융시장 위기 역사〉

- 1530~1618년 스페인 레알화가 기축통화
- 1648~1701년 네덜란드 길드화로 대체
- 1714~1803년 프랑스 프랑화 기축통화 역할
- 1815~1914년 영국 파운드화 세기
- 1945~현재 미국 달러화 기축통화
- 1636년 네덜란드 튤립 알뿌리 거품 붕괴
- 1720년 영국 South Sea Company 및 프랑스 Mississippi Company 몰락
- 1907~1908년 미국 니커보크 트러스트 예금인출 사태(JP Morgan 등장)
- 1913년 미국연방준비제도이사회(FRB) 설립
- 1914~1918, 1939~1945년 제1. 2차 세계대전
- 1929~1932년 미국 대공황(The Great Depression), 1929년 10월 24일 검은 목요일 미 증시 20% 이상 폭락
- 1937년 대공황 이후 미 의회 요청으로 S. 쿠즈네츠에 의해서 만들어진 '경제학 최고의 발명품' GDP

- 1944년 브레턴우즈 체제 출범(U$35 / 금1트로이온스(31.1g) 고정, IMF WB IBRD 등 설립)
- 1947년~1958년 전후 유럽 복구를 위한 미국의 마셜플랜
- 1950~1967년 미국 국제수지 불균형 심화
- 1967년 영국 파운드화 평가절하 및 고정환율 포기
- 1970년대 멕시코 등 중남미 사태 주가폭락 및 환율급등
- 1971년 주요 10개국 스미소니언 협정, 브레턴우즈 체제 종언, 미국 달러 평가절하
- 1973~1974년 이스라엘·아랍 전쟁, 제1차 오일 쇼크(국제유가 $3→$12/BBL로 폭등)
- 1974년 20개국 변동환율제도 공식 채택
- 1979년 이란혁명, 제2차 오일 쇼크(국제유가 $12→$24/BBL로 급등)
- 1985~1989년 일본 부동산 및 주식시장 버블 붕괴
- 1985년 미국 무역수지 적자 심화, 플라자 합의 일본 엔화 평가절상(250→120)
- 1987년 블랙 먼데이 주가 이틀 사이 27% 폭락
- 1989년 미국의 Saving & Loan 사태
- 1990년 일본의 부동산 버블 붕괴
- 1995년 세계무역기구(WTO) 출범
- 1997년 동아시아 외환위기(한국은 IMF로부터 210억 달러, 인도네시아 100억 달러 지원)
- 1998년 LTCM 사태
- 2000년 IT버블 붕괴
- 2008년 미국 발 서브프라임 모기지 사태, 리먼 브러더스 파산, 글로

벌 금융위기

- 2010년 유럽(PIGS / 포르투갈, 아일랜드, 그리스, 스페인) 발 재정수지 적자 문제 부각

- 2011년 미국 및 남부 유럽 발 재정수지 적자 문제에 따른 글로벌 신용위기

- 2012년 그리스 디폴트 가능성 및 EU 탈퇴 시사에 따른 글로벌 금융시장 패닉

- 2013년 FED 양적완화 정책(QE) 축소 시행, 2014년 J. 옐런 FRB 의장 취임

- 2014년 FED 양적완화 정책 중단 조치

- 2016년 영국의 BREXIT, 미 연준의 금리인상 가능성과 미국의 대통령 선거 및 정권 교체

- 2017년 미국 금리인상, 그리스(GREXIT), 이태리(ITALEXIT), 프랑스(FREXIT) EU 이탈 조짐

기업을 한다는 건 자신의 철학을 삶으로 꽃피우는 것이다.
_ 애플 창업자 스티브 잡스

풍족하면 먼 친척도 모여들고, 가난하면 형제도 흩어진다.
_ 브루나이 속담

제11장

브루나이

BRUNEI

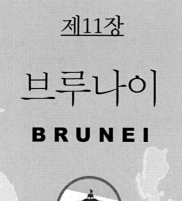

인구 40만의 강소국으로 석유와 천연가스 등 자원부국, 대부분의
공공 서비스가 무료인 나라

역사와 문화 그리고 경제 현황

이슬람 종교를 믿는 산유국으로 세금이 없고, 병원비 걱정이 없는 나라, 동남아시아 유일의 이슬람 왕국 브루나이다. 정식 국명은 브루나이다루살람(Negara Brunei Darussalam)으로, 보르네오 섬 북서 해안에 위치해 있다. 국토 면적은 5770㎢로 경기도만 한 나라로, 인구는 40여만 명의 아세안 최소국, 수도는 반다르 스리 베가완(Bandar Seri Begawan)이다. 국왕은 220억 달러 개인 재산을 가진 볼키아 술탄이며, 1984년 1월 1일 영국으로부터 독립했다. 종족은 말레이인 67%, 중국계 15%, 토착 원주민 6% 등이다.

언어는 말레이어와 영어, 중국어를 사용하고, 종교는 국교인 이슬람교 67%, 불교 12%, 기독교 10%, 토착 종교 10%다. 고온 다습한 열대성 기후, 석유와 천연가스가 수출의 90%를 차지하는 자원부국이다. GDP 174억 달러, 1인당 국민소득은 42,239달러의 부자나라다. 소득자 중 80%가 공무원이며, 일부 왕족을 제외하면 대부분의 국민들은 평범하게 살고 있다. 주택과 대학까지 교육, 의료 등의 공공 서비스가 대부분 무료다. 군주제이며, 의회는 단원제의 29석이다. 주요 정당은 브루나이국민연합당, 국가발전당, 국가개발당 등이 있다. 해외투자에 있어선 작은 시장 규모와 높은 인건비가 걸림돌이다.

구분	내용	비고
수도	BEGAWAN	정식국명 : Negara Brunei Darussalam
인구	40만 명	소득자 중 80%가 공무원
면적	600㎢	아세안 최소국
GDP	174억 달러	석유와 천연가스가 수출의 90%
1인당 GNI	42,239달러	볼키아 술탄 개인재산 220억 달러
통화 / 환율	BND / 1.3790	USD/BND 환율

유망 투자산업 및 투자 유의사항

인구 40만의 아세안 최소국 브루나이다. 거의 모든 생필품은 수입에 의존한다. 경제정책도 싱가포르, 말레이시아 등으로부터 조언을 받아 실행한다. 변변한 생산시설, 소비인구가 없어 해외투자는 극히 미미한 상황이다. 휴양을 겸한 관광이 주를 이루며, 부존자원인 석유와 천연가스 채굴사업이 비즈니스의 근간이다. 브루나이 사람들이 가장 아끼는 '키아롱 모스크'라 불리는 25톤의 황금 사원은 특히 유명한 관광지다. 5000여 명이 한꺼번에 기도드릴 수 있는 공간이다.

우리나라와의 관계

우리나라는 1984년 브루나이의 완전 독립과 동시에 양국 간 외교관계 수립, 총영사관을 대사관으로 승격시켰다. 서울 종로에 브루나이다루살람 대사관이 있다. 1967년 첫 교역으로 1960년대 후반부터 우리나라 교민들이 이주를 시작하여, 2000년 11월 투자보장 협정을 체결했다. 100여 개 우리 기업들이 진출해 있으며, 주력 수출 품목은 전자제품, 섬유류, 철강 등이며, 수입은 원유와 천연가스 등이다. 박근혜 대통령이 2013년 10월 10일 아세안+한·중·일 정상회의차 방문했다.

금융산업

싱가포르통화청(MAS)과 유사한 기능의 브루나이통화청(BMAS)이 중앙은행 역할을 하고 있다. 우리나라 금융기관들의 현지 진출 기록은 아직 없다.

[TIP 4] 해외 직접투자 등 기업의 해외진출 시 유의할 점 5가지 - 글로벌 기업들의 해외투자 전략

인구 5천만, GDP 1조 달러가 넘는 경제 규모 세계 11위, IT, 자동차, 조선, 철강, 화학, 플랜트 등에서 괄목할 만한 성장을 이뤄낸 우리나라가 선진국 대열에 합류하기 위해선 해외진출이 필수다. 해외

진출의 선봉은 당연히 기업일 수밖에 없다. 기업을 경영하는 데 고려해야 할 요소들은 입지, 노동, 환경, 물류, 행정, 조세, 재무 등 수없이 많다. 특히 자국이 아닌 해외투자 등 기업의 해외진출 시 경영은 자국과는 전혀 다른 환경, 다른 제도하에서 이뤄지는 만큼, 따져봐야 할 부분이 더욱 늘어나게 된다. 지금까지는 환율, 주가, 금리, 원자재 가격 등 전반적인 국제금융시장 등 거시경제 분야에 대해서 살펴봤는데, 이젠 눈을 기업 내부로 돌려, 그 중에서 해외투자 등 기업의 해외진출 시 유의할 점에 대해서 알아보자. 유의사항은 크게 다섯 가지로, 투자국의 전략, 진출국에 대한 충분한 이해, 인적·물적 네트워크, 중·장기 목표 및 비전, 그리고 리스크 관리를 꼽을 수 있다. 하나하나 살펴보면 다음과 같다.

1. 투자국의 전략 - 홀일참장일지(吃一塹長一智, 한 번 손해 볼 때마다 지혜가 하나씩 는다)

먼저 해외진출을 하고자 하는 기업의 투자전략을 들 수 있다. 투자목적이 새로운 사업인지, 사업 확장을 위한 것인지, 아니면 비용절감을 위한 공장 이전인지를 명확히 할 필요가 있다. 투자목적이 정해지면 다음은 자금조달을 어떻게 할 것인지가 관건이다. 본국(또는 본사)의 사업자금으로 충당할지, 국내 또는 현지 차입을 통해서 할 것인지, 통화는 원화로 할지 아니면 현지통화로 할지 등, 파이낸싱 부문과 함께 철저한 수익 및 비용 분석을 통한 사업성 판단도 중요한 요소다.

2. 진출국에 대한 이해 - 지피지기 백전불태(知彼知己 白戰不殆, 적을 알고 나를 알면 위태롭지 않다)

해외투자는 진출국의 정치, 경제, 사회, 문화, 역사, 생활 전반 등에 대한 완벽한 이해가 수반되어야 한다. 특히 우리가 주로 진출하고 있는 베트남은 우리나라와는 기본적으로 체제가 다른 만큼 더 많은 연구와 철저한 분석이 요구된다. 이해 부족에 따른, 아니면 서로 간의 차이를 인정하지 못하거나 않음으로써 생길 수 있는 문제들에 대한 철저한 대비가 필요하다. 투자국과 진출국 모두의 행정, 노동, 환경, 조세, 통관 절차, 법률, 규정, 지침 등에 대한 철저한 이해도 필수다.

3. 네트워크 형성 - 양재불양로 차재불차로(讓財不讓路 借財不借路, 재물은 빌려줘도 길은 알려주지 않는다)

사람 사는 곳은 어디든지 마찬가지겠지만, 인적 및 물적 네트워크 형성도 해외 진출하는 데 있어 중요한 요소다. 다양한 인적 네트워크 구성은 안 되는 일도 되게 할 수 있고, 처리 시간도 단축시킬 수 있으며, 무엇보다 판로 확장에 도움이 된다. '인생도처유상수(人生到處 有上手)'라는 말이 있듯이 현지에는 다양한 사람들이 존재하나, 중요한 것은 현지 사정에 정통하고, 다양한 경험과 지식으로 무장하고, 열정적인 인적 구성이 필수 불가결하다. 그리고 물적 네트워크 형성은 원활한 자재 조달 및 공급과 여러 가지 비용 감축에 상당한 기여를 하여 결과적으로 수익과 직결된다.

4. 중·장기 목표 및 비전 설정 - 방장선조대어(放長線釣大魚, 낚시 줄을 길게 늘어놓아야 큰 물고기를 낚을 수 있다)

우리의 삶도 마찬가지지만, 사업도 분명한 비전과 목표가 있어야 함은 물론이다. 목표는 구체적으로 달성 가능한 단기, 중기, 장기 목표를 세우고, 비전도 임직원을 포함한 모든 구성원들이 공감할 수 있고, 객관적으로 수치화하여 평가 및 측정 가능하고, 실현 가능하며, 현실적으로 구체화할 수 있어야 한다.

5. 리스크 관리

해외투자는 국내투자와는 달리 이질적인 제도, 문화, 관습 차이 등으로 다양한 리스크에 노출된다. 따라서 리스크 관리에도 상당한 주의가 요구된다. 리스크는 크게 신용 리스크, 유동성 리스크, 운영 리스크, 법률 리스크, 시장 리스크 등 다섯 가지로 나눠볼 수 있다.

"Risk comes from not knowing what you are doing." 리스크는 '내가 뭘 해야 할지를 모르는 경우로부터 오는 것'으로, 5대 리스크를 간단히 정리하면 다음과 같다.

신용 리스크는 대여금이나 물품 판매대금을 적기에 전액 회수하지 못할 위험을 말하며, 유동성 리스크는 일시적인 운영자금 부족 등에 노출되는 경우, 운영 리스크는 운영상의 과오나 실수 등으로 발생하는 위험, 법률 리스크는 국가 간의 법률이나 제도의 상이 또는 급작스런 변경 등으로 발생할 수 있는 위험이며, 시장 리스크는 금리나 주가, 환율, 원자재 상품가격 등 금융시장 변동에 따른 이들 가치의 오르내림으로 인해 발생하는 리스크를 말한다.

시장 리스크 중에서 기업이나 가계에 직접적인 영향을 미치고, 해외투자 시 관건이 되는 환 리스크에 대해서 좀 더 알아보자.

환 리스크는 외화로 투입된 자본금, 외화자산(수출대금, 외화예금 등), 외화부채(외화대출, 외화지급 보증 등)를 보유하고 있거나 보유할 예정인 경우, 환율 변동으로 인해 이들 자산이나 부채의 가치가 증감하는 경우를 일컫는다. 한편, 환 리스크 관리는 리스크 헤지 수단이라 할 선물환, 스왑, 옵션 등 파생상품을 이용하여 적절히 관리할 수 있다.

이외에도 건강, 열정, 현지언어 숙달, 국제금융시장에 대한 깊이 있는 이해도 필수적이다.

외국인 직접투자[FDI] 투자손익 분석[USD, VND 환율 움직임에 따른 투자손익]						
투자금액	투자 당시 환율		철수 당시 환율		투자손익	
USD	USD/KRW	USD/VND	USD/KRW	USD/VND	USD	KRW
1,000,000	1,200	20,000	1,000	30,000	-666,666	-800,000,000
1,000,000	1,200	20,000	1,400	10,000	666,666	800,000,000

'기업의 목적은 성장과 이윤추구 그리고 계속 기업에 있으며, 궁극적으로는 어떤 형태로든 인류에 이바지하는 것'으로 정의할 수 있다. 이를 가장 잘 실천하는 기업의 형태가 글로벌 기업이며, 기업의 글로벌화는 해외진출로부터 시작되고, 해외투자는 위의 다섯 가지 요소가 승패를 좌우하는 관건이 된다.

- 키코(Knock-In & Knock-Out / KIKO) : 낙인(Knock-In, 정해진 환율을 건드리면 효력이 발생)이나 낙아웃(Knock-Out, 정해진 환율을 건드리면 효력이 소멸) 옵션을 이용하여 만들어진 합성 파생상품이다. 일정 레인지를 벗어나 환율이 과도하게 오르거나 내리면 손해를 보는 구조

로, 2008년 금융기관 및 기업들의 과도한 레버리지가 사회 문제가 되었다.

- 서브프라임 모기지(Sub-prime Mortgage) : 미국의 주택담보 대출은 Prime-Alternative A-Subprime 세 등급으로 이뤄진다. 서브프라임 모기지는 저 신용자를 대상으로 금리가 2~4% 높은 모기지 대출을 말하고, 이 대출을 바탕으로 만들어진 각종 파생상품이 주택가격 급락으로 동반 폭락하면서 2008년 글로벌 금융 위기의 빌미가 되었다. 세계 4위-158년 역사의 투자은행 리먼 브러더스가 파산했다.

제3부

아세안의 연결고리,
미국, 영국, EU, 인도, 중국,
일본, 그리고 이머징 마켓

제12장

아세안에 절대적인 영향력을 행사하는 미국, 영국, EU, 인도, 중국, 일본 및 이머징 마켓

1. 미국(U.S.A)

이민자들의 나라, 유일무이한 세계 최강대국으로 민주주의 시스템, 과학, 기술, 우주항공, 산업, 군사, 금융, 스포츠 등 거의 모든 분야에서 압도적인 세계 1위 초강대국 지위 유지.

미국, 우리 인간들의 삶과 관련된 거의 모든 분야에서 압도적인 두각을 나타내는 자타가 공인하는 유일무이한 세계 최강대국이다. 자체적인 붕괴만 없다면 외부세력의 불가침 지역으로 손꼽히는 나라다. 그러나 전 세계적인 질시의 대상이면서 각종 테러에 노출되어 있고, 인종 문제, 총기 문제, 국가부채 문제, 빈부격차, 계층 간 갈등, 진보와 보수의 충돌 등 이루 말할 수 없는 문제들도 내포하고 있다. 미국을 둘러싼 내용이다.

세계 최강대국 미국

1776년 7월 4일 영국의 식민지에서 독립하여 240년의 역사를 가진 미합중국(The United States of America), 워싱턴 D.C.(Washington, District of Columbia)가 수도다. 인구 3억 3천만 명에 국토면적이 982만 6,630㎢로 러시아 캐나다에 이어서 세계 3위다. 미국은 이민자들의 나라로 1620년 종교의 자유를 찾아 메이플라워호에 몸을 싣고 영국을 떠난 청교도들이 뉴잉글랜드에 자리 잡으면서 이민의 역사가 시작되었다. 1800년대 멕시코계가 들어오면서 이민자가 3만 명으로 늘고, 1840년대는 아일랜드에 감자 기근이 들면서 연평균 25만 명이 미국 동부로 대거 들어와 인구가 급증했다. 1860년대엔 중국인들까지, 그리고 1880년대엔 동유럽 이민자들이 가세했다. 1900년대 들어서는 전 세계 사람들이 미국으로 몰려들면서 인구의 용광로가 되었고, 오늘날 미국의 원동력이 되었다.

자유를 최고의 가치로 여기는 미국에서 종교는 완전 자유로, 개신교(51%)와 가톨릭(24%)이 주를 이루고 있다. 민주주의와 대통령제를 비롯한 각종 정치제도의 발상지로 알려진 미국, 연방 공화국으로 유일하게 성공적인 체제로 자리 잡은 대통령 중심 제도를 갖고 있다. 의회는 상·하 양원제로 구성, 임기 6년의 상원 100석, 임기 2년의 하원 435석, 주요 정당은 공화당(Republican Party)과 민주당(Democratic Party)이 있다. 150만 명의 군사력을 보유하고 있고, 연간 국방비는 6030억 달러(GDP의 3.1%)로 전 세계 군사비를 합친 규모다. 미국인구통계국에 따르면, 인구는 중국(14억)과 인도(13억) 다음 세 번째로, 3억 3000만 명이다. 인종의 용광로답게 백인 63.7%, 히스패닉 16.3%, 흑인 12.6%, 아시아계 4.8%, 기타 2.6%다. 정치, 경제, 사회, 문화, 과학, 우주항공, 군사, 금융, 스포츠 등 어느 것 하나 놓치지 않는 유일무이한 전 방위 세계 최강대국이다.

세계 경제 리더

미국-중국 간 G2 파워게임 양상 속에 미국의 국력이 예전만 못하다는 말이 심심찮게 나오는 가운데, 중국이 구매력 기준으로 미국을 제쳤다는 시각도 일부 있다. 하지만 미국의 경제력, 달러화의 위상, 그리고 군사력은 타의 추종을 불허한다. 그 나라의 국력은 경제력으로 나타나며, 그 가치는 돈으로 환산되어, 결과적으로는 기축통화(基軸通貨, Key Currency)의 지위 여부에 달려 있다. 미국 달러화는 자타가 인정하는 확실한 기축통화로서 기능하고 있는 유일한 세계 화폐이기도 하다.

세계 2위 경제대국의 지위를 중국에 내어준 일본은 이른바 아베노믹스(Abenomics), 즉 2012년 12월 16일 집권 일본 자민당 아베 정권의 경제정책으로, 잃어버린 20년으로 대변되는 장기불황과 디플레이션 타개책으로 금융, 재정, 성장 등 이른바 세 개의 화살 부문의 경제회생 정책으로 일컬어지는 아베 정부의 인위적인 고환율 정책이 전 세계로부터 뭇매를 맞고 있다. 그러나 그 여파는 우리나라가 고스란히 뒤집어쓰는 양상이다. 수출경기 둔화와 함께 전반적으로 우리 경제의 발목을 잡고 있다.

기축통화의 지위를 유지하고 있는 미국 달러화, 세계 2위 경제 대국으로 자리매김한 중국의 위상이 날로 커지는 가운데, 미 달러에 이어 중국 위안화(CNY)도 수퍼 커런시(Super Currency)로 등장하고 있다. 달러 강세로 금을 비롯한 원자재 가격이 하락하면서 국제유가도 덩달아 약세를 면치 못하게 되면서, 산유국 주축인 석유수출국기구(OPEC)으로부터 불만의 목소리도 터져나오고 있다. 한편으로는 일방적인 미국 달러화 정책(Dollarization)에 반기를 든 국가들이 국제통화기금(IMF) 발행 특별 인출권(SDR)을 대안으로 하는 기축통화 다변화 등 다양한 의견들도 속속 나오고 있다.

미국은 세계 최대 무역대국이기도 하다. 'WTO 무역통계 및 전망'

자료에 따르면, 2016년 미국의 상품 수출입 총액은 3조 7060억 달러(수출 1조 4550억 달러, 수입 2조 2510억 달러)로 세계 1위다. 중국은 3조 6850억 달러(수출 2조 980억 달러, 수입 1조 5870억 달러)로 2위로 밀려났다. 미국의 주요국 교역액 비중을 보면, 중국과는 16%로 5785억 달러를 교역하고, 캐나다 15%에 5448억 달러, 멕시코 14%의 5251억 달러, 일본 1954억 달러로 5%, 독일 1635억 달러로 5%, 한국 1121억 달러로 3%, 영국 1097억 달러 3%, 프랑스 777억 달러 2%, 인도 676억 달러, 대만 653억 달러 순이다. 미국의 국방예산은 2018 회계연도(2017년 10월~2018년 9월) 기준 6030억 달러. 중국은 1조 위안이며, 일본은 5조 1251억 엔이다.

미국과 중국 G2 간의 파워게임

미국은 아직 전 세계 모든 면에서 유일무이한 파워를 갖고 있다. 이런 미국의 힘은 마틴 펠드스타인 하버드대 석좌교수의 논문 <미국은 왜 다른 나라보다 부유한가>에서 알 수 있다. 펠드스타인 교수가 꼽은 10가지를 간추려보면 다음과 같다. 기업가 정신, 금융 시스템, 세계 최고의 대학, 유연한 노동시장, 인구증가, 장시간 고강도 노동 문화, 풍부한 에너지, 유리한 규제환경, 작은 정부, 주 정부 간 경쟁하게 하는 분권정치 등이다.

미국 중심의 민주주의와 러시아를 정점으로 하던 공산주의의 냉전체제가 막을 내리고 바야흐로 국제정세는 미국과 중국 간의 G2 파워게임 양상으로 치닫고 있다. 중남미, 유럽, 아프리카, 중동, 동아시아 그리고 북한 등 거의 전 세계를 두고 패권 경쟁에 열을 올리고 있다. 분야도 다양하게 무역, 금융, 환율, 국제기구, 인권, 이민, 기후 협약, 핵, 재래식 무기 등 전 방위다. 특히 국제기구 관련 주도권 잡기에 열을 올리고 있는데, 그 중심에 기존 IMF(국제통화기금), OECD(경제협력개발기구), WB(세계은행) 등에 이어 TPP와 RCEP 등이 있다.

〈환태평양경제동반협력체(TPP) : 아시아·태평양 지역 관세 철폐와 경제 통합〉

구분	내용	비고
주도국	미국	· 미국, 캐나다, 멕시코, 페루, 칠레, 일본, 베트남, 싱가포르, 말레이시아, 호주, 뉴질랜드 등 12개국(한국 가입 선언) · 2015년 10월 15일 아틀란터 타결
인구	8억 명	
세계 GDP 비중	28조 달러(40%)	
역내 무역 비중	10조 달러(29%)	

〈역내포괄적경제동반자협정(RCEP) : 아시아·태평양 지역 자유무역협정 (FTA) 목표〉

구분	내용	비고
주도국	중국	· 아세안 10개국+한·중·일, 호주, 인도, 뉴질랜드 등 16개국 · 2016년 현재 시행 중
인구	34억 명	
세계 GDP 비중	21조 달러(29%)	
역내 무역 비중	10조 달러(29%)	

미국 경제 딜레마와 최근 경제 관련 이슈

19조 달러에 육박하는 GDP로 전 세계 경제의 1/4을 차지하는 경제대국, 1인당 국민소득(GNI) 55,000달러 부국, 2016년 GDP 성장률 1.6% 성장, 연방정부 예산 4조 달러, 무역 규모 약 4조 달러(수출 1.6조 달러, 수입 2.4조 달러)다. 연도별 경제성장률은 2005년 6.7%-2006년 5.8%-2007년 4.5%-2008년 1.7%-2009년은 마이너스 2.0%-2010년 3.8%-2011년 3.7%-2012년 4.1%-2013년 3.3%-2014년 4.2%-2015년 3.7%-2016년 1.6%-그리고 2017년 2.5% 이상이 전망된다.

세계 주요증시 시가총액도 2017년 5월말 기준 미국은 20.4조 달러[28.4%]로 압도적인 1위다. 중국 7.4조 달러[10.5%], 일본 5.4조 달러 [7.5%], 유로넥스트 6.6조 달러[5.6%], 홍콩 캐나다 독일 인도 스위스 그리고 한국 1.5조 달러[2.2%] 순이다.

5000억 달러에 이르는 경상수지 적자(2005년 7454억 달러, 2010년 4419억 달러, 2015년 4629억 달러) 및 7000억 달러 상당의 재정수지 적자 등, 1.2조 달러에 육박하는 쌍둥이 적자와 함께 17조 달러가량인 국가부채는 미국 경제뿐만 아니라 세계 경제성장의 가장 큰 걸림돌이다. 미국의 공공 부채는 2008~2016년 동안 9.6조 달러가 늘어나 하루에 이자만 33억 달러다. 가계부채(주택담보, 학자금, 자동차, 신용카드 대출 등)도 급증해 2017년 3월 말 기준 12조 7300억 달러다. 또 미국 안보에 있어서 최대의 유일한 위협은 부채라고 한다. 7500여 개의 핵탄두와 15000대의 전투기, 10대의 니미츠 급 항공모함이 있지만, 방위비 지출은 눈덩이처럼 불어나고 있다. 건강보험 지출도 막대해 2000년 5천억 달러에서 2016년 1.5조 달러로 급증하고 있다. 연금 지급도 한

해에 1.4조 달러다. 트럼프 행정부가 내건 경제성장률은 연 4%이나 1%대 성장률이 고착화되고, 국가부채는 2018~2027년 2.5조 달러로 급증할 전망이다.

미국 연방준비제도이사회(FRB)의 양적완화(Quantitative Easing) 조치로 QE1(2008년 12월~2009년 12월 1.75조 달러), QE2(2010년 7월~2011년 6월 0.6조 달러), QE3(2012년 10월~2015년 10월 0.65조 달러) 등으로, 미국 달러가 무한정 국제금융시장에 공급되면서 기축통화 지위 약화에 따른 글로벌 달러 약세 우려도 있다. 이로 말미암아 트레핀의 딜레마(Triffin's Dilemma : 기축통화 지위 유지를 위한 유동성 공급과 그에 따른 달러 가치 하락의 역설)에 빠져들 가능성도 있다.

미국을 둘러싼 최근 경제 이슈는 2017년 1월 20일 취임한 트럼프 행정부의 보호무역주의, 환율 전쟁, 브렉시트, 고용, 세금, 금리인상, 헬스케어, 이민정책, 북한 문제 등에 맞춰져 있다. 그러나 본질적으로는 미국의 세금정책으로, 두 차례의 사례가 이를 대변한다. 2010년 말 미국 연방정부 부채가 14.30조 달러로 법정 한도 14.46조 달러(2012년 말 16.4조 달러)에 달하자, B. 오바마 행정부가 의회에 2조 달러 부채한도 연기 및 2.4조 달러 부채한도 증액을 요구했다. 그러나 의회가 승인을 미뤄 그 해 8월 2일 데드라인을 넘기면서 디폴트 위기로 몰렸다.

2011년 8월 2일 미국의 정부부채 한도시한(Debt Ceiling)을 앞두고 정치권이 분열된 가운데 디폴트 가능성이 커지는 상황에서 가까스로 시한은 지켰다. 하지만 미국에 대한 의구심이 커지면서 1860년 만들어진 국제신용평가사인 Standard & Poor's는 1941년 이후 줄곧 지켜져온 미국의 국가신용 등급을 2011년 8월 첫 주말을 틈타 최고 등급 AAA에서 AA+로 전격적으로 한 단계 강등했다. AAA 최고 등급은 독일, 캐나다, 호주, 싱가포르 등 4개국으로 줄었다. 이 여파로 뉴욕 증시가 5% 넘게 폭락하면서 8월 2일부터 6거래일 동안 우리 코스피 지수는 2172.31에서 무려 370.89 포인트 폭락한 1801.35, 코스닥 지수는 544.39에서 111.51 포인트 급락 432.88까지 밀렸다. 원·달러 환율은 1050원 대에서 1100원 대 가까이 순간 급등하고, 주요국 증시도 일제히 10% 이상 폭락했다.

환율 전쟁과 관련해서도 미국은 헤게모니를 쥐고 있다. 미 재무부는 매년 4월과 10월 의회 앞 리포트를 통하여 '환율 조작국'을 지정한다. 대미 무역수지 200억 달러 이상, 경상수지흑자 GDP의 3% 이상, 일방적인 시장개입 등 세 가지 조건 중에서 두 가지 이상 해당되면 조작국으로 지정하고, 45%의 벌칙성 관세를 매긴다. 대미 흑자 기준 중국(3470억 달러, 경상수지흑자 비율 1.8%), 일본(689억 달러, 경상수지흑자 비율 3.8%), 독일(649억 달러, 경상수지흑자 비율 8.3%), 한국(277억 달러, 경상수지흑자 비율 7.0%), 스위스(137억 달러, 경상수지흑자 비율 10.7%), 대만(133억 달러, 경상수지흑자 비율 13.4%)가 대상이며, 한국은 두 개나 된다. 하지만 2017년 4월 미국 트럼프 행정부는 북한을 압박하기 위한 카드로 중국 등 6개국 모두 '관찰 대상국'으로만 지정했다.

2012년 말을 앞두고 세계 경제는 또다시 미국의 재정 절벽(Fiscal Cliff : 재정을 통한 경기부양 한계-재정 감축-유동성 위기-경제침체)에 봉착하며 주요국 주식, 외환, 채권, 원자재 상품, 부동산시장을 뒤흔들었다. 미 의회예산국은 정부가 '재정 절벽'을 피하지 못하면 세계 경제불황이 이어지고, 다음해 1월 1일부터 6700억 달러 규모의 지출 축소와 세수 증대가 현실화하면, 이듬해 실업률이 9.1%까지 오를 것이라고 추

정했다. 부시 행정부가 부유층에 제공한 감세 혜택이 폐지되면 GDP
의 1.4%, 일자리 180만 개가 감소할 것으로 내다봤다. 미 행정부는
예산통제법에 따라 다음 정부 지출을 1370억 달러 줄여야 하며, 오
바마 대통령은 하원을 장악한 공화당과 협상해 연말까지 대책을 마
련해야 했다. 그러나 존 베이너 하원의장(공화당)은 오바마가 추진하
던 연소득 25만 달러 이상 가구에 대한 소득세율 인상안을 받아들
일 수 없다며 강경한 입장을 보였다.

참고로, 미국 정부가 가장 우려하는 것 중의 하나가 연방제도의
붕괴와 소득격차에 따른 계층 간 갈등, 그리고 안전과 안보 문제다.
D. 트럼프가 대통령에 취임하면서 진보-보수, 민주-공화, 부자-빈자,
미국-타국 등 여러 계층 간의 분화와 갈등이 고조되는 양상이다. 갈
등의 원인이 되고 있는 연평균 수입(소득)을 보면, 전체 평균 5만 7천
달러 상당이나, 아시안이 7만 7천 달러, 백인 6만 달러, 히스패닉 4
만 5천 달러, 흑인은 3만 7천 달러에 그치고 있다.

트럼프 행정부의 대외정책과 국제금융시장에서의 미국의 역할

'Make America Great Again' 'America First' 구호 등으로 미국
우선주의를 분명히 한 2016년 대통령 선거에서 완패 예상을 깬 D.
트럼프의 당선으로 국제금융시장은 여지없이 흔들렸다. 일본 엔화
는 순식간에 105엔 대에서 102엔 대로, 니께이 지수는 6% 가까이
폭락했으며, 유로화는 1.1000대로 급등하고, 금 값도 온스당 1300
달러 선을 가볍게 넘어섰고, 국제유가도 강세였다. 우리나라는 이보

다 더해 코스피 지수는 장중 90포인트 가까이 폭락하면서 2000선이 무너지고, 코스닥은 10% 가까운 46포인트 폭락, 원·달러 환율도 15원 이상 급등하면서 1130원 대에서 순식간에 1160원 대까지 급등했다. 10년 만기 국고채 금리도 장중 20bp 급등, 1.65대에서 1.83대 거래됐다.

2017년 1월 20일 제45대 미국 대통령으로 취임한 트럼프 대통령(Donald John Trump)은 1946년 6월 14일 뉴욕 퀸즈에서 독일 이민자 가정에서 3남 2녀 중 넷째로 태어났다. 뉴욕사관학교와 포드햄대학교 그리고 펜실베니아 와튼 스쿨을 졸업하고, 부동산 사업가인 아버지로부터 사업을 이어받아 뉴욕 5번가 68층짜리 트럼프타워를 비롯해 골프장 등 부동산 사업으로 45억 달러 상당을 벌어들였다. 2004년 NBC 리얼리티 쇼 〈The Apprentice(견습생)〉에 출연하면서 "You are Fired!(당신 해고야!)"로 유명세를 탔다. 대통령 영부인과 국무부 장관을 지낸 막강 힐러리 클린턴 민주당 후보를 꺾고, 공화당 후보로 대통령에 당선됐다. 모든 면에서 미국을 위한, 미국인을 위한 정책에 최고 우선권을 두고 있다.

주요 정책을 보면, 연 4% 경제성장, 일자리 2500만 개 창출, 법인세 및 소득세 인하, 인프라 투자확대, 보호무역주의로 대표되는 TPP 탈퇴와 NAFTA 재협상 그리고 국경세 도입, 오바마 케어 폐지, 각종 규제개혁, 멕스코 국경 장벽설치 및 불법 이민자 추방, 전통 에너지 산업 부활과 셰일가스 생산 증대, 시케스터(자동예산 삭감조치) 폐지로 국방력 강화, 동맹국에 대한 방위비 분담 증가 등이다. 트럼프 행정부가 과연 어떤 선택을 할지가 관심사인 가운데, 미국은 지금까지의 대외정책은 '아시아로의 중심축 이동(Pivot to Asia)', 즉 '아시아 회귀'로 미국의 강력한 경쟁자로 급부상하고 있는 중국(중국몽(中國夢), 중국의 꿈) 견제, 북한 핵 문제, 중동 IS 문제에 집중했다. 오바마 2기 행정부가 2012년 11월 대선 승리 후 첫 양자 및 다자 외교 무대로 아시아(태국, 미얀마, 캄보디아)를 선택한 것에서도 나타났다. 일본-한국-대만-필리핀-베트남-캄보디아-태국-미얀마-인도 라인을 연결한 중국에 대한 견제 전략으로 볼 수도 있었다.

트럼프 정부의 주요 경제정책으로 보호무역주의가 득세하는 것으로 보이는 가운데, 오바마 행정부의 경제정책은 부자 감세(2009년 하버드대 교수 맨큐(N. G. Mankiw)가 주창한 '1달러 세금 감면이 3달러 GDP증가') 폐지를 통한 재정적자 축소, QE와 저금리 기조를 통한 유동성 강화, 달러화의 기축통화 지위 유지, 중국·일본·한국 등 자국 통화 절상을 통한 대외 균형, 금융시장 규제 강화 등에 초점을 맞췄다. 그러나 하나같이 구조적이고 해결책도 마땅치 않아 상당한 시간과 인내가 필요했다. B. 버냉키(2005~2013년 FRB 의장, 2008년 글로벌 위기 돌파 위한 무제한 유동성 공급으로 달러를 마구 찍어 시장에 풀어 '헬리콥터 벤'으로 불림) 미 연준 의장의 인선에서 미국 외교·경제 정책을 읽을 수 있었다. 그러나 세계는 여전히 경제 대통령으로 일컬어지는 J. 옐런 미 연준 의장을 눈여겨보고 있다. 폴 볼커(1979~1987년 FRB 의장, 미국의 인플레이션을 잡기 위해 연방기금 금리 연 20%까지 올려 14%대에 이르렀던 인플레이션을 4%대까지 떨어뜨리며 레이건 시절 경기 활황 초석), A. 그리스펀(1987~2006년 FRB 의장, 재정흑자, 고성장, 2000년대 닷컴 버블 대처, 미국의 경제 대통령으로 불림)과 같은 리더십과 위기 돌파 능력을 기대하고 있다.

2017년 1월 새로 출범한 트럼프 대통령의 경제정책, 트럼프노믹스(Trumpnomics)가 어떤 형태로 나타날지 전 세계가 주목하는 가운데, 경제팀을 비롯한 주요 인선이 관심사였다. 트럼프 행정부는 출범과 동시에 중국을 환율 조작국(매년 4월과 10월 의회에 제출하는 환율정책 보고서로 대미무역흑자 200억 달러 초과, GDP 대비 경상흑자 3% 초과, 일방향 시장개입 등)으로 지정하고, 45% 벌칙성 관세 부과를 벼르고 있다. 우리나라도 예외가 아니다. 중국과 미국 사이에서 운신의 폭은 점점 좁아지는 양상이며, 선택지가 그리 많아 보이지 않는다. 미국 정부의 환율 조작국 기준은 대미무역흑자 200억 달러 이상(중국 3210, 독일 711, 일본 552, 한국 210억 달러), GDP 대비 3% 이상 경상수지흑자(대만 14.8, 스위스 10, 독일 9.1, 한국 7.9, 일본 3.7, 중국 2.4%), GDP 대비 2% 이상 외환순매수(대만 2.5, 스위스 9.1, 한국 -1.8%) 등이다. 우리나라는 세 개 중 두 개가 해당된다.

한편, 임기 말까지 50% 가까운 높은 지지율을 유지하며 최고의 미국 대통령 중의 한 명으로 기억될 B. 오바마 제44대 미국 대통령(재임 2009~2017년)은 2017년 1월 20일 자리에서 물러났다. 재임 중 2008년 글로벌 금융위기를 슬기롭게 극복하며 임기 첫 해 -2.8%였던 경제성장률은 3.5%까지 뛰었고, 1560만 개의 새로운 일자리를 창출했다. 실업률은 2009년 7.8%에서 3.5%로 낮추었고, 2300만 명에게 헬스 케어 혜택이 돌아가도록 했다. 인종차별과 중동 문제에도 적극 개입하면서 지역 안정에도 많은 기여를 하고, 재임 중 특히 우리나라와 좋은 관계를 유지했다.

아메리칸 파워, 기축통화의 조건

　'국제간의 무역결제나 국제금융시장에서 거래의 기본이 되는 통화인 기축통화(基軸通貨, Key Currency)'의 조건은 크게 세 가지로 정의할 수 있다. 경제 규모, 군사력, 거래 안정성이 일정한 수준에 도달한 나라의 통화가 그 역할을 할 수 있다. 그런 측면에서 미국은 이세 가지 조건을 거의 완벽하게 충족하고 있으며, 현재 달러화가 기축통화로서의 역할을 수행하고 있다. 전 세계 GDP의 25%를 차지하는 19조 달러의 미국 경제는 중국의 거센 추격에도 불구하고, 여전히 세계 경제대국의 지위를 유지하고 있다. 나머지 전 세계 군사비를 합한 규모인 7000억 달러의 군사비로 세계 경찰 역할도 수행하고 있다. 미 연준(Fed)을 중심으로 안정적인 통화정책 수행과 과감한 정책 결정 등을 통해서 세계 경제성장을 견인하고 있다. 미국 정부의 노력으로 달러화의 가치는 27개국 통합의 산물인 유로화나 영국 파운드화, 일본 엔화, 그리고 중국 위안화와 비교가 안 될 정도로 국제 통화로서의 거래 안정성도 유지하고 있다.

　무역 결제통화 비중을 보면, 달러화가 81%를 차지하며 중국 위안화 9% 수준을 압도하고 있다. 주요국 외환보유액 11조 달러의 통화별 비중도 IMF의 2016년 말 기준, 미국 달러가 5.5조 달러에 64%를 차지하고, 유로화 1.6조 달러 20%, 영국 파운드화 4.4%, 일본 엔화 4.2%, 캐나다 달러 2%, 호주 달러 1.8%, 중국 위안화 1% 845억 달러다. 국제금융시장에서 달러인덱스(DXY)라고 불리는 유로화(EUR), 일본 엔화(JPY), 영국 파운드(GBP), 캐나다 달러(CAD), 스웨덴 크로네(SEK), 스위스 프랑(CHF) 등 6개국 통화 기준으로 산정한 USD 지수로 달러화 가치를 산정하고 있다. '팍스 로마나'에서 '팍스 브리타니아'를 거쳐 제2차 세계대전 후 '팍스 아메리카나'를 구가하고 있는 미국이 달러화를 통하여 국제금융시장에서 막대한 영향력을 발휘하고 있다.

세계 경제는 미국을 중심으로 한 북미자유무역협정(NAFTA), 유럽연합(EU), 아시아태평양경제협력체(APEC), 동남아시아국가연합(ASEAN), 걸프협력회의(GCC), 남미공동시장(MERCOSUR), 아프리카연합(AU) 등 7개의 경제블록으로 크게 나뉜다. 국가별로는 GDP 19조 달러의 세계 최강대국 미국, 28개국으로 구성된 미합중국과 맞먹는 GDP 규모의 유럽연합 EU, G2로 확실히 자리매김한 인구 13.5억에 GDP 11조 달러의 중국, 그리고 2011년 경제대국 2위 자리를 중국에 넘겨준 GDP 5조 달러의 일본이 그 중심이다. 위에서 보는 바와 같이 기축통화의 지위는 당분간 미국 달러화 몫이며, SDR을 비롯한 대안통화도 예상할 수 있으나 아직은 미래의 일로 여겨진다. 여타 유로화, 중국 위안화, 영국 파운드화, 일본 엔화도 아직은 달러화에 대적할 만한 통화가 못 된다. 우리 원화는 국제통화에도 아직 못 미쳐 더더욱 요원한 게 현실이다.

한편, 미국의 힘은 UN에서 가장 크게 나타난다. '2017년 UN 분담금 규모 상위 15개국' 내용을 보면, 미국이 6.1억 달러로 22%를 분담하고, 일본(9.7% 2.7억 달러), 중국(8% 2.2억 달러), 독일(6.4% 1.8억 달러), 프랑스(4.9% 1.3억 달러), 영국(4.5% 1.2억 달러), 브라질(3.8% 1.1억 달러), 이탈리아, 러시아, 캐나다, 스페인, 대한민국(2.0% 5660만 달러), 네덜란드, 멕시코, 스위스 순이다.

미국-대한민국 관계

중국, 러시아, 북한, 일본 등 막강한 나라들로 둘러싸여 있는 우리나라의 목숨 줄을 쥐고 있다고 해도 과언이 아닌 미국이다. 연결고리인 한-미 동맹은 경제적 군사적인 것 외에도 역사·문화·정치·사회 모든 면에서 떼려야 뗄 수 없는 관계로 발전했다. 중국이라는 거함을 만나 한반도의 지정학적 중요성은 더욱 높아만 가고 있다. 미국 국익에 부합하기 때문이겠지만, 역대 어느 미국 대통령보다 한국을 중요시하고 배려하는 B. 오바마 대통령에게서 사실상 우리는 많은 것을 얻었다. 그러나 새로 취임한 D. 트럼프 대통령과는 우스갯소리로 아파트 브랜드(트럼프 월드)를 제외하고는 연결고리도 없는 상황에서 철저한 자국 중심 정책을 펼 것으로 보여 관계증진이 만만치 않아 보인다.

우리나라는 GDP 대비 무역 비중이 독일의 86%에 이어 두 번째인 85%로, 경제성장의 절대적인 비중을 차지한다. 멕시코(73%), 프랑스(61%), 영국(57%), 중국(41%), 일본(37%), 미국(28%) 순이다. 한국-미국 간 무역액은 2015년 기준 수출 698억 달러, 수입 440억 달러, 무역수지 258억 달러, 경상수지는 무려 258억 달러 흑자[2016년 311억 달러]로 중국[수출 1371억 달러, 수입 903억 달러, 무역수지 +468억 달러, 2016년 경상수지 흑자 407억 달러]에 이은 제 2위 교역대국이다. 그 다음으로 홍콩이 수출-수입-무역수지 순으로 304-15-289억 달러, 베트남 278-98-180억 달러, 일본 256-459-적자 203억 달러 순이다. 2015년 우리나라 전체 수출 5268억 달러, 수입 4365억 달러, 무역수지 903억 달러 흑자에서 이들이 차지하는 비중을 읽을 수 있다. 친한 파라 할 수 있는 B. 오바마는 교육 문제를 들 때마다 한국의 교육방식에 대해서 언급하고, UN 사무총장, 세계은행(WB) 총재, 주미대사 등을 한국인들로 채우는 등, 우리나라에 대해선 확실히 좋은 감정을 가지고 있었다. 그러나 앞으로는 트럼프 대통령의 방위비 분담 증가, 원화 환율절상, 시장개방, 무역보복 등 전 방위 압박 조치가 우려된다. 전 세계가 우여곡절 끝에 당선된 70세의 노련한 전략가 트럼프 행정부의 대외정책과 경제정책에 큰 관심을 갖고 지켜보고 있다. 세계 경제의 리더로서 글로벌 위기 상황에서의 미국(대통령)의 역할을 다시 한번 기대하고 있다.

세계 경제의 핵으로 떠오른 미 연준의 양적완화(QE) 종료 선언과 국제 금융시장 전망

2008년 글로벌 금융위기 타개책으로 미국 연방준비제도이사회(Fed)가 시행해오던 양적완화(Quantitative Easing) 정책이 2014년 10월 29일 열린 공개시장위원회(FOMC) 정례회의에서 마침내 종료 선언하기에 이르렀다. 2008년 12월부터 세 차례에 걸쳐 미 국채와 주택담보부증권(MBS) 등을 사들이는 방식으로 무려 4조 4천억 달러에 이르는 자금을 쏟아부었다. 미국 GDP의 70%를 차지하는 소비와 달러 약세를 통한 수출경기 부양의 제조업 성장으로 이어지며 미국 경제를 살려내고, 궁극적으로는 세계 경제성장에 디딤돌 역할을 했다는 평가를 받고 있으나, 한편으로는 그 효과에 의문에 던지고 있기도 하다. 미국 연방준비제도이사회(Fed)가 양적완화 중단(Tapering) 조치를 발표하자, 불확실성 해소와 미국 경제의 자신감 등으로 뉴욕증시에서 다우, 나스닥 S&P500 지수 모두 반등하며 사상 최고치 행진으로, 일본을 비롯한 주요국 증시도 동반 상승세를 나타내는 등 금융시장이 안정을 되찾고 있다.

글로벌 달러 강세 예상에 금 값은 1200달러 선이 순식간에 무너졌고, 국제유가를 비롯한 주요 원자재 가격도 급락했다. 자산 포트폴리오가 재편되는 모습이 역력하다. 미국의 2014년 2분기 GDP 성장률도 예상치를 훨씬 웃도는 4.6%를 기록하는 등, QE 효과가 전 방위적으로 나타나고 있다. 또 양적완화 중단조치에도 불구하고 하반기도 3% 이상 성장이 전망되었다. 한편, 세계 경제 회복세에도 불구하고 어려움을 면치 못하고 있는 우리 경제도 일부 숨통이 트일 것으로 기대된다. 하지만, 전반적으로는 4.4조 달러가 넘는 돈을 퍼붓고도 그 효과에 의문을 제기하는 사람들이 있는가 하면, 일시적인 양적완화 조치는 없었어야 할 일시적인 미봉책에 불과하다는 입장도 비등하다. 그동안의 미국의 양적완화 과정, 세계 경제 및 우리 경제에 미친 영향, 그리고 향후 전망 등을 알아보자.

양적완화 과정

2007년 미국 발 서브프라임 모기지 사태-추석을 즈음한 2008년 9월 158년 역사의 세계 4위 투자은행 리먼 브러더스 파산-글로벌 금융위기 발생-미 연준을 비롯한 국제통화기금(IMF), 유럽중앙은행(ECB), 일본은행(BOJ), 영란은행(BOE) 등 전 방위 금융위기 돌파를 위한 양적완화 정책 시행 등이 일련의 과정이다.

전 세계 GDP의 1/4을 차지하는 미국이 연방기금 금리를 4.25%에서 0.25% 사상 최저치로 낮추고, 2009년 3월~2010년 3월 1차 QE 1.75조 달러, 2012년 6월~2012년 12월 2차 QE 2670억 달러, 2013년 1월~2014년 10월 3차 QE로 월 850억 달러 등 총 4.4조 달러의 유동성을 공급했다. 이번 QE 중단에 가장 극적을 효과를 내는 곳은 다름 아닌 일본으로, 미국의 양적완화 중단에도 불구하고 일본 정부는 유동성 공급 지속 의지를 밝히면서 엔화가 7년여 만에 최고치인 115엔 대를 돌파, 초 약세를 나타내고, 자국 기업들의 실적 호조에 니께이 지수는 하루 5% 이상 폭등세를 나타냈다. 2012년 말 취임한 아베 신조(安倍晉三) 일본 총리의 경제정책인 아베노믹스(Abenomics), 즉 '2~3%의 인플레이션 목표, 무제한 금융완화, 마이너스 금리정책'을 통한 일본 경제 회복을 위한 3개의 화살(양적 완화, 재정 지출, 성장 전략)은 계속될 것으로 보이고, 2011년 재정수지 적자 문제로 큰 곤욕을 치르고 있는 유럽도 양적완화 정책을 좀 더 이어갈 전망이다. 2015년 367조 원 규모 예산의 우리나라도 경기부진이 계속되자, 정부 재정지출을 늘려서라도 경기회복에 사활을 걸고 있다.

세계 경제 및 우리 경제에 미친 영향

미국 발 양적완화 중단조치는 유럽과 일본 그리고 슈퍼파워를 자랑하는 중국 등에도 상당한 영향을 미쳐 세계 경제에 적잖은 파장도 예상된다. 가장 직접적으로는 외환시장으로서, 그동안 양적완화로 풀렸던 달러 자금이 환수되는 과정에서 달러 강세 현상이 나타날 수 있다. QE 종료 소식에 달러/엔 환율은 7년래 최고치인 115엔 대에 돌파하고, 유로화도 1.2400대가 무너지는 약세를 나타냈다. 달러 인덱스는 87.30을 넘는 사상 최저치 행진이다. 또한 달러 강세는 그동안 줄기차게 내리던 국제 금 값을 더욱 끌어내려 1200달러 대가 무너졌고, 국제유가도 80달러가 깨졌다.

한편, 이번 조치로 금리는 상승세를 나타내면서 미 국채를 비롯한 주요국 국채 가격이 하락하는 모습이다. 주식시장은 불확실성이 일부 해소되면서 뉴욕증시에서 다우 지수는 17000을 넘어 사상 최고치, 나스닥도 4600선에 다가섰으며, 일본 니케이 지수도 달러·엔 급등에 17000선을 넘나드는 초강세 행진이다. 한편, 베트남을 비롯한 신흥시장은 이번 조치에 따른 효과가 국제 간의 거래가 많지 않고, 금융시장 개방도 더뎌 외풍에 둔감한 상황이다.

이번 조치와 관련하여 우리 금융시장에서 국내 증시는 소폭 오르기는 했으나 정치 불안, 각종 부채 급증, 기업실적 악화, 북한과의 불화 지속, 세대 및 계층 간 갈등 등, 국내 문제에 발목이 잡혀 여전히 전망이 밝지 않은 상황이다. 외환시장에서 원·달러 환율도 시원스런 하락 모습이 나타나지 않고, 오히려 1200원 이상의 연중 최고치로 급등하고 있다. 문제는 우리나라 기준금리가 1.25% 사상 최저치로 밀린 상황에서 미국이 양적완화 중단조치에 이어 금리인상에 나서게 되면 한·미 간의 금리차가 줄면서 외화 자금이 빠져나가고 환율이 급등하면서, 주식시장에도 악영향을 미치고 기존 및 신규 차입 조달금리 인상으로 이어지는 등, 주식·외환·채권 시장에 두루 악재로 작용하는 것이다. 정부도 그 가능성을 면밀하게 분석 중이며, 양호한 펀더멘털, 3670억 달러가 넘는 외환보유고, 700억 달러에 육박하는 거주자 외화예금, 연간 1000억 달러에 이르는 경상수지흑자 기조, 저평가된 주식시장 등을 이유로 금융위기 재발 방어에 자신하고 있다.

국제금융시장 전망

최근 몇 년간의 국제금융시장 주요 이슈는 ① 미국의 양적완화 정책 중단 ② 주요국들의 과도한 가계·기업·정부의 부채 문제 ③ 세계 경제를 견인하고 있는 중국의 긴축 여부 ④ 북한 러시아 중동 지역의 지정학적 리스크 등이었다. 현시점의 국제금융시장 주요 이슈도 '미국의 양적완화 정책 중단에 따른 세계 경제 흐름 변화, 중국 경제성장 지속 여부, 주요국들 간의 환율 전쟁, 북한 핵 문제 및 IS를 비롯한 중동지역 분쟁, 고령화 사회 문제, 그리고 한국, 중국, 일본, 대만, 베트남, 필리핀을 둘러싼 동아시아 국가들의 영토분쟁' 등이 될 전망이다.

이 중에서 미국 발 양적완화 정책은 중단하지만, 제로금리 수준의 초저금리 기조는 미국의 실업률이 5%(2017년 4월 현재 4.4%, 2007년 이래 최저치, 처음 타깃은 4%) 이하에 다다를 때까지 유지될 것으로 보인다. 경기 사이클 상 2007년 이후 내리 7년간 경기침체를 겪고 있는 세계 경제는 바닥을 다지고 회복 단계에 접어들 것으로 보인다. 미국 경제는 고용 및 주택경기 지표가 나아지면서 소비를 이끌고, 이는 세계 수출시장 회복으로 연결되며, 유럽도 재정수지 적자 문제 해결의 가닥을 잡아가고, 세계 경제성장을 주도하고 있는 GDP 19조 달러의 미국을 넘어서는 '아세안 10개국+한·중·일' 경제도 비교적 건실하며, 중동이나 북한 관련 지정학적 리스크도 통제 범위 내에 드는 등, 전망이 그리 어둡지는 않다.

하지만 1997년 동아시아 외환위기, 2008년 글로벌 금융위기, 그리고 2011년 유럽 발 재정수지 적자 문제에 따른 글로벌 신용위기 등…; 세계 경제위기 사이클은 점점 짧아지고 그 파장은 더욱 커지고 있으며, 주요국가 및 국제기구들이 나서고 있으나 해법도 점점 어려워지는 양상이다. 과거 경제위기 사이클은 10년, 파장은 길어야 2~3년이었다. 그러나 최근 들어서는 세계 경제침체의 골이 깊고 넓어 사실상 언제 끝날지도 모르는 상황으로, '최소 5년, 길면 10년, 아니면 영원히 옛날 같은 고성장 시대는 끝났다'는 극단적인 표현도 나온다. 그러나 '경제는 심리'라는 말이 있다. 비관 일색인 지금이 투자 적기가 될 수도 있다. 인간의 역사와 마찬가지로 세계 경제도 도전과 응전의 역사다. 늘 하는 말이지만, '위기(危機)의 또 다른 이름은 언제나 기회(機會)였다.' "When the wind of change blows, some people build walls and others build windmills."라는 중국 속담이 있듯이, '변화의 물결에 따라 적극적인 방법을 모색하는 지혜가 필요한 시점'이다.

[TIP 5] 우리나라 환율제도와 환율변동

　1945년 고정환율제도를 시작으로 1949년 복수 환율, 1964년 단일 변동환율, 1980년 복수통화바스켓환율, 1990년 시장평균환율, 그리고 1997년 자유변동환율제도를 채택한 우리나라는 소규모 개방경제하에서 환율변동에 따라서 커다란 위기를 맞기도 하고, 환율 덕분에 경제가 회생되기도 하는 등, 환율정책의 중요성이 그 어느 나라보다 중요한 국가정책 목표다.

　1950~1970년대 500원 안팎에서 정부에 의해 정해졌던 원·달러 환율은 1980년대 800원을 중심으로 안정적인 흐름을 이어오다, 1997

년 외환위기를 맞아 2000원에 육박하는 폭등세를 나타냈다. 2007년에는 다시 900원을 하향 돌파하더니, 2008년 글로벌 금융위기로 1500원을 넘어서고, 1000원대 다시 안정화되는듯하던 환율은 2011년 9월 3년 만에 다시 맞은 글로벌 신용위기로 1200원을 넘어서기도 했다. 지금은 많이 안정되어 환율변동 폭이 줄어들고, 원화도 국제화의 길로 조금씩 나아가고 있다. 아직은 외부 요인, 즉 미국의 환율 조작국 지정 문제 등으로 운신의 폭이 줄어들고 있으나, 미국 달러, 유로, 중국 위안, 일본 엔, 영국 파운드, 스위스 프랑, 호주 달러 등과 어깨를 나란히 할 날을 기대해본다.

1997년 외환위기를 맞아 IMF 요구를 받아들여 자유변동환율제도를 채택한 우리나라는 소규모 개방경제하에서 환율변동에 따라서 커다란 위기를 맞기도 하고, 환율 덕분에 경제가 회생되기도 하는 등 환율정책의 중요성이 그 어느 나라보다 중요한 국가정책 목표가 되었다. 미국, 중국, 일본, 유럽, 브라질 등 주요 국가들을 둘러싼 환율 전쟁에 우리가 그만큼 관심 갖는 이유이기도 하다.

우리나라 현실

무역 의존도가 80%에 육박하고, 외환보유고 3700억 달러 대부분을 미 국채 등 달러 베이스로 가지고 있는 우리나라로서는 미 달러화 가치 등락에 관심이 클 수밖에 없다. 그러나 한편으로는 이번 통화전쟁의 또 다른 축이면서 우리의 제1 교역 상대국인 중국도 그 존재 가치를 결코 쉬이 볼 수 없는 상황이다. 이미 세계는 통화전쟁에 돌입한 상태이며, 미국과 반 미국 어느 쪽이 헤게모니를 쥐더라도, 우리로서는 상당히 신경 쓰일 수밖에 없다. 고래싸움에 새우 등이

터지지 않으려면 확실한 고래를 선택하든지, 아니면 고래를 피해서 완전히 잠수하든지, 그도 저도 아니면 수많은 새우 중 하나로 존재하면서 살아날 수 있는 확률을 높이든지 할 수밖에 없다. 누구나 우려하던, 눈에 보이지도 않는, 적군과 아군조차 애매한, 참 어려운 통화전쟁이 시작되었다.

환율 전쟁

1997년 외환위기를 맞아 IMF 요구를 들어 자유변동환율제도를 채택한 우리나라는 '소규모 개방경제' 하에서 환율변동에 따라서 커다란 위기를 맞기도 하고, 환율 덕분에 경제가 회생되기도 하는 등, 외환 정책의 중요성이 그 어느 나라보다 큰 국가정책 목표다. 미국 중국 일본 유럽을 둘러싼 환율 전쟁에 우리가 그만큼 관심 갖는 이유이기도 하다. 1963년 미국-영국-프랑스-독일-일본-이탈리아-캐나다-스웨덴-네덜란드-벨기에 등 G10으로 출발, 1997년 미국-영국-프랑스-독일-일본-이탈리아-캐나다-러시아가 중심이 된 G8에서 이제는 2008년 G20으로 발전하여, 'G20 SEOUL SUMMIT 2010'에서 환율 관련 이슈가 본격적으로 부각되었다. 여러 차례 논의를 거쳤지만 정답은 없고, 각국의 이해관계가 얽혀 실마리조차 찾기가 쉽지 않다. 나라의 명운을 좌우하는 전쟁과 마찬가지로 환율전쟁도 힘을 기르지 않으면 답이 없는 게 경제다.

2. 영국

금융과 국제금융시장의 기원, 영국 여왕(Elizabeth II) 탄생 91주년 및 즉위 65주년을 맞은 국제금융의 중심 런던, 브렉시트(Brexit)와 국제금융시장에서의 위상 그리고 대영제국(大英帝國)의 과거, 현재, 미래

'영국' 하면 가장 떠오르는 것들이 해가 지지 않는 나라, 무적함대(Armada), 영어, 셰익스피어, 신사, 런던, 국제금융시장, 축구, 산업혁명…; 이런 단어들이 아닐까? 그러나 지금은 영국의 힘도 많이 약화되고, EU 탈퇴를 위한 브렉시트를 앞두고는 세계적인 논란의 중심에 서 있다.

"A Global Britain."

2017년 1월 17일 영국이 EU 단일시장과 관세동맹 동시 탈퇴를 선언하면서 표명한 구호다. 2016년 6월 23일 브렉시트 국민투표일에 1.4900대이던 영국 파운드화(GBP)는 EU 탈퇴를 선언한 2017년 1월 17일 1.2000대로 폭락했다. 영국 국민들에게 브렉시트 찬·반을 묻는 국민투표 결과 52:48 찬성으로 나타나며 영국은 EU를 떠나기로 결정했다. 투표 결과 영국의 지위 약화와 EU의 균열이 불가피하며 그 파장 또한 만만치 않을 전망이다. 영국의 EU 탈퇴(브렉시트, Brexit, Britain+Exit)를 묻는 2016년 6월 23일 국민투표에서 근소한 차이지만 가결되어 국제금융시장도 크게 술렁거렸다. 약관 43세로 영국 총리가 되면서 자신의 공약으로 내걸었던 브렉시트 국민투표에 발목이 잡힌 D. 캐머런 영국 총리는 책임을 지고 10월 사임했다. 이어서 테리사 메이가 총리로 등극했다. 그러나 메이 총리 또한 브렉시트 탈퇴

를 위한 EU와의 협상력 강화를 위한 2017년 6월 조기총선 결과, 집권 보수당이 과반인 326석에 훨씬 못 미치는 318석에 불과하고 주도권을 262석인 노동당에 빼앗기면서 문제가 더욱 복잡해졌다. 브렉시트를 위한 EU와 협상이 어떻게 전개될지 전 세계인의 관심사가 되고 있다.

민주주의와 자본주의 그리고 사회주의 이념이 태동하고, 국제금융의 중심지며 산업혁명의 발상지, 그리고 온갖 스포츠며 문화 등 현대문명이 처음으로 만들어진 나라가 영국이다. 1882년 우리나라가 영국과 수교를 맺은 지도 어언 130년이 넘었다. 우리나라와의 교역액은 150억 달러가 넘는다. '해가 지지 않는 대영제국', 그러나 우리에게 마냥 좋게만 다가온 나라는 결코 아니었다. 구한말 영국은 중국 및 일본 등과 수교하면서 우리나라를 철저히 이용했고, 1885년에는 무력으로 거문도를 점령하기도 했다. 브렉시트 탈퇴 상황에서 엘리자베스 2세 여왕 탄생 91주년 및 즉위 65주년(2017년 2월 6일) 사파이어 주빌리를 맞은 국제금융시장의 중심 런던, 그리고 영국의 과거와 현재 미래를 조명한다.

탄생 91주년 및 즉위 65주년을 맞은 여왕의 나라 영국

2012년 엘리자베스 2세(Queen Elizabeth II, 1926년 4월 21일생) 영국 여왕의 즉위 60주년 행사 다이아몬드 주빌리(Diamond Jubilee)가 런던에서 성대하게 개최되었다. 그로부터 5년이 지난 2017년 2월 6일 사파이어 주빌리를 맞았다. 지난해 10월 70년간 왕위를 유지한 푸미폰 아둔야넷 태국 국왕의 서거로 세계 최장수 군주라는 타이틀까지 차지했다. 엘리자베스 2세는 Elizabeth Alexandra Mary 왕가의 후손으로 1926년 4월 21일 조지 6세의 장녀로 태어나 후계자 자리를 굳혔다. 1921년 그리스 왕자인 배우자 필립 마운트배튼(에든버러 공)과 결혼하여 아들 찰스 황태자를 비롯한 앤드류와 에드워드 왕자, 앤 공주를 두었으며, 손자 윌리엄과 해리, 증손자 조지 왕자 등이 뒤를 잇고 있다. 1952년 2월 6일 웨스트민스트 대성당에서 대관식을 갖고 영국의 40번째 국왕이 되었으며, 영국 역사에서 가장 오랫동안 왕관을 유지하고 장수를 누리는 왕으로 기록될 전망이다.

아직도 전 세계 14개 지역에 영토를 거느리고 있으며, 캐나다, 호주, 뉴질랜드, 남아공 등 54개 영연방국가들을 대표한다. 재임 기간 윈스턴 처칠을 시작으로 테레사 메이 현 총리까지 13명의 총리가 거쳐갔다. 런던과 뉴욕은 명실상부한 세계 최대 국제금융시장이다. 19세기에는 광대한 식민지를 가진 런던이, 2차 세계대전 이후에는 JP모건과 메릴린치로 대표되는 투자은행을 중심으로 한 월스트리트가 세계 금융의 중심지 역할을 해오고 있다. 그러나 런던을 전략적인 국제금융 거점 도시로 키우면서 영국이 재부상했으나 브렉시트로 이마저 빛이 바래고 있다. 양 도시의 금융산업 종사자만도 런던이 35만 명, 뉴욕이 33만 명이다. 영국은 GDP에서 금융이 차지하는 비중이 20%에 이르는 핵심 산업이다.

대영제국의 영광

축구, 골프, 테니스, 크리켓 등 무수한 스포츠가 영국에서 탄생했으며, 산업혁명도 영국에서 시작되었다. 의회 제도를 최초로 시행하며 근대 민주주의 역사의 효시가 되었고, 자본주의, 사회주의, 공산주의 등 이론적 배경도 영국인들이 제공했다. 17세기 식민지 정책을 통하여 신대륙과 동양으로의 진출은 물론 북아메리카, 서인도제도, 인도 등의 식민지배 체제를 구축했다. 19세기에는 캐나다, 오스트레일리아, 뉴질랜드, 남아프리카공화국 등에 대한 지배 체제를 확립하여 유럽, 아메리카, 아시아, 오세아니아, 아프리카 등 세계 전역에 식민지를 확보해 이른바 '해가 지지 않는 나라'로 일컬어지는 대영제국을 건설했다.

18세기 중엽에 산업혁명을 성공적으로 이룩함으로써 산업자본주의의 기틀을 다진 영국은 국내적으로는 경제, 교육, 군사, 사법 등 제도의 개혁을 통해 근대화를 달성했다. 19세기에 들어서는 제2차 세계대전(1939~1945) 이전까지 '팍스 브리태니카'로 불리며 대영제국의 황금기를 맞았다. 항공모함의 원조라 할 수 있는 HMS 퓨리어스도 영국이 세계 최초로 건조했다. 세계인의 지구촌 축제라 불리는 올림픽도 런던은 1908년, 1944년(제2차 세계대전으로 취소), 1948년, 그리고 2012년 네 차례나 개최했다.

오늘날 살기 좋기로 유명한 영국의 오스트레일리아, 호주의 개발 과정은 이렇다. 15세기 말 대항해 시대 유럽인들은 지구 곳곳을 탐험하고 정복과 무역을 통하여 활동 범위를 넓혀갔다. 1770년 제임스 쿡 선장은 호주를 영국령으로 선포하고, 1787년 5월 700여 명의 죄수와 600여 명의 선원 교도관 일반인을 태운 열한 척의 함대가 호주 뉴사우스웨일스로 보내졌다. 이후 1868년까지 100여 년 동안 16만 명이 넘는 죄수들이 호주로 향했다. 영국에서 파견된 매쿼리 총독과 브리즈번 총독의 통치 시대를 지나면서 식민지도 발전을 거듭, 죄수들이 본국으로 돌아가지 않고 그곳에 눌러 살게 되면서 이민도 크게 늘어 오늘날의 기틀을 잡아갔다. 더불어 7만여 년부터 거주해온 원주민 70여만 명의 희생이 있었음은 물론이다. 광활한 영토와 풍부한 천연자원 그리고 아름답고 안전한 곳으로 전 세계인들의 이민 각광지가 되고 있다.

런던, 세계 최고·최대의 국제금융시장

전반적인 산업에서 미국의 압도적인 우위 속에서도 전통적인 금융 강국인 영국은 주식, 외환, 채권, 원자재, 부동산, 파생상품 등 국제금융시장의 30% 점유율을 기록하며 뉴욕, 프랑크푸르트, 도쿄, 홍콩, 싱가포르, 상하이, 두바이 등을 앞지르고 축적된 자본과 금융기법을 바탕으로 세계 최고, 세계 최대의 국제금융시장 지위를 누리고 있다. SWIFT의 2016년 5월 기준 은행 간 결제통화 비중에서 영국 파운드화(GBP)는 7.87%로 미국 달러화(USD) 41.68%와 유로화(EUR) 31.31%에 이어 세 번째로 비중 있는 통화이다. 일본 엔화(JPY) 3.16%, 캐나다 달러(CAD) 1.91%, 중국 위안화(CNY) 1.90%, 호주 달러(AUD) 1.68%, 스위스 프랑(CHF) 1.41% 등이 그 뒤를 잇고 있다. 런던이 아시아와 전통적인 유럽시장 그리고 미국을 잇는 지리적인 이점이 가장 크게 작용했지만, 산업혁명과 대영제국 시절 쌓아놓은 부와 지식이 상당하고, 다른 나라와의 끊임없는 교류, 그리고 역설적으로 제조업이 미진해 금융을 통한 부의 축적에 매진한 결과다.

국제금융의 중심 런던, 그 속에서도 더 시티(The City)에서 거래되는 외국인 보유 자산만 10조 달러에 육박한다. 영국은 글로벌 무역에서 차지하는 비중도 4%나 된다. 우리나라는 1%가 조금 넘는 수준이다. 영국 국내 산업에서 금융 부문이 차지하는 비율도 주식거래의 53%, 장외 파생상품 43%, 외환거래 34%, 채권거래의 70%를 넘고, 고용도 20% 이상을 금융 분야가 담당하고 있으며, 세수의 상당 부분을 금융산업에 의존하는 등 금융의 영향력도 상당하다. 2007년 미국 발 서브프라임 모기지 사태로 주춤하지만 국제금융시장이 고도로 발전되면서 시장이 확장되고 있으며, 금융기관들의 전통적인 수익 기반이었던 예금과 대출 경쟁에서 벗어나 파생상품시장으로 활로를 넓혀가며 외환, 주식, 채권, 부동산, 원자재 상품 관련 시장이 비약적으로 커지고 있다.

그러나 한편으로는 금융시장이 확대되면서 적지 않은 문제점도 속속 드러나고 있다. 리스크 헤지 수단으로 만들어진 파생상품이 또 다른 리스크를 야기하는 경우도 생겼으며, 불법적인 거래 과정에서 조직에 커다란 손실을 안기기도 했다.

전통적으로 역대 금융 중심지는 15세기 메디치 가문으로 유명한 베네치아와 피렌체, 밀라노 중심의 이탈리아, 17세기는 튤립 선물거래로 명성을 날린 네덜란드 암스테르담, 18세기는 런던, 파리, 프랑크푸르트가 그 뒤를 잇고, 19세기는 로스차일드가로 유명한 영국 런던이 독보적이 되었다. 그리고, 20세기 들어서는 월스트리트로 대표되는 뉴욕이 그 중심이다. 특히 런던 기반의 로스차일드가는 1811년 만들어졌으니 205년이나 됐다.

1, 2차 세계대전과 미국의 대공황을 겪으면서도 지금껏 건재한 성공 비결은, 유럽과 중남미 아프리카, 아시아를 가리지 않는 50여 개국 거점의 글로벌 전략, 금융, 철도, 인수합병 분야 등 다양한 사업 다각화, 전쟁 혁명 등의 정보력을 들 수 있다. 국제금융시장에 있어서 런던의 위상은 상당하지만 월가로 대표되는 뉴욕과 도쿄, 홍콩, 상하이, 싱가포르, 두바이 등이 금융도시로 발전시키기 위한 갖가지 인센티브를 제공하는 등 그 비중을 높여가고 있다. 한국도 이에 적극 동참하는 등 금융산업의 헤게모니 잡기에 주요국들의 경쟁이 치열하다. 한편, 영국이 EU 국가이긴 하나 유로화 통화 동맹에는 가입하지 않아 스위스, 스웨덴, 노르웨이, 덴마크 등과 함께 영국도 자국 통화인 파운드화를 고집함으로써 지금도 여전한 유럽 발 재정수지 적자 문제에서는 비교적 자유로운 상황이다.

대영제국의 쇠퇴

그러나 화려한 대영제국의 영광도 19세기 후반부터 차츰 시들기 시작해서 1900년대 이후에는 캐나다, 인도, 남아공, 호주, 뉴질랜드, 홍콩, 기타 여러 아프리카 국가들을 비롯한 영연방 국가들의 이탈, 독일의 확장 정책과 미국의 영향력 증대, 러시아와 중국의 약진 등 신흥 강대국들의 등장으로 인해 그 영향력을 상실하고, 마침내 제2차 세계대전 이후에는 미국의 '팍스 아메리카나'에 영광의 자리를 내주고 말았다. 이제는 유럽 발 재정수지 적자 문제 등에서 보는 바와 같이 영국을 중심으로 한 서양 문명도 각종 내부 문제 등으로 그 한계를 드러내며 동양, 특히 아시아로 부와 권력이 급속히 이동하고 있다.

영국의 브렉시트 결정 배경 및 향후 전망

브렉시트는 영국이 1973년 유럽경제공동체(EEC)에 가입한 이래 43년 만인 2016년 유럽연합(EU)에서의 탈퇴 여부를 국민투표로 결정했는데, 그 파장이 만만치 않다. 그 단초는 데이비드 캐머런 전 영국 총리가 연임에 도전하며 EU 잔류 여부 찬반투표로 내건 2013년 선거 공약이었다. 영국은 19개국이 가입한 유로화 단일통화를 사용하는 유럽통화동맹(EMU)에는 가입하지 않고, 자체 통화인 파운드화(GBP)를 사용하고 있으나, EU에서 독일, 프랑스와 함께 가장 큰 영향력을 발휘한다.

영국의 EU 탈퇴 배경으로는, 나라 간의 격차가 큰 상황에서 포르투갈, 그리스, 이탈리아, 스페인 등의 남부유럽 국가들의 재정위기에 따른 과도한 분담금(연간 180억 파운드) 문제, 유럽 난민 문제, 이슬람 극단주의자들의 테러 위협, 자국 내 실업 문제, 포퓰리즘, 반 세계화 정서, 과거 대영제국의 자존심 회복 등이 가장 큰 원인이다. 이 투표로 EU(유럽연합)의 균열이 불가피하고, 그리스, 이탈리아, 네덜란드, 스웨덴, 덴마크 등의 동반 탈퇴도 우려되며, 영국계 자금의 급작스런 움직임에 국제금융시장이 큰 혼란에 휩싸이고 있다. 무엇보다 금융시장이 싫어하는 불확실성 증가로 세계 경제침체기간이 좀 더 길어질 수도 있다.

한편, 발 빠른 금융시장은 이번 결정을 앞두고 파운드화가 1.5000 대에서 1.4000대로 폭락하고, 유로화도 1.1000대 동반 약세, 파운드화와 운명을 같이하는 호주 달러, 뉴질랜드 달러, 남아공 랜드화도 동반 약세, 반대로 일본 엔화는 110엔 대에서 99엔 대로 초강세다. 안전자산 선호 심리로 금 값도 온스당 1200달러에서 순식간에 1300달러를 넘어섰다. 주요국 증시 급락에 우리 주식시장도 코스피 2000선에서 순식간에 1900선 초반까지 밀리고, 원·달러 환율은 오르면서 달러·엔이 급락하자 원·엔 환율은 1020원 선에서 1150원 선으로 폭등했다.

브렉시트에 따른 국제금융시장 파장과 향후 전망

앞으로의 세상은 한마디로 '각자도생(各自圖生, 사람이 제 각각 살아갈 길을 모색)과 불확실성(不確實性, Uncertainty)'으로 표현된다. 2016년 6월 24일(현지시간 6월 23일) 투표에서 절반 이상의 영국 유권자들이 EU 탈퇴에 표를 던졌다. 국제금융시장은 결과에 즉각 반응하며 유로 증시(EURO STOXX)는 12%, 영국 FTSE도 8% 이상, 외환시장에서 유로화 5%, 파운드화는 15% 가까이 폭락세였다. 안전자산으로 분류되는 금 값은 순식간에 1250달러에서 1350달러까지 폭등하고, 달러·엔 환율은 106엔 대에서 일순간에 99엔 대까지 폭락했다. 유로화는 장 중 1.1380에서 1.0800대로 5.1%, 투표 당사국 통화인 파운드·달러화는 1985년 수준으로 밀리며 1.5020에서 한 순간에 1.2900까지 15% 폭락하는 패닉 현상을 나타냈다. RBS Lloyds Barclays 등 영국계 은행 주식들은 장 초반 25% 가까이 폭락하면서 장을 시작했다. 국제 신용평가 기관들의 영국의 국가신용 등급도 발 빠르게 내렸다. S&P는 AAA에서 두 단계 밀린 AA, 피치사도 AA+에서 AA로 각각 한 단계씩 낮췄다. 영국계 은행들도 예외 없이 신용등급이 일제히 강등당했다.

글로벌 악재란 악재는 온몸으로 다 받아내는 우리나라 금융시장도 예외가 없었다. 원·달러 환율은 1140원 대에서 1180원 대까지, 원·엔 환율은 1070원에서 1150원까지 80원 이상 급등했다. 코스피 지수는 장 중 2000선에서 100포인트 넘게 폭락하며 1900선도 무너지면서 하루 사이에 2000선과 1800선을 동시에 기록한 날이 되었다. 종가로도 61.47포인트 빠지면서 1900선이 위태로웠다. 브렉시트로 국제금융시장은 한마디로 '블랙 프라이데이'가 되고 말았다. 브렉시트 결정 당일 포함 3일간 전 세계 증시에서 사라진 돈만 3조 달러(3500조 원 상당)가 넘어 우리나라 GDP의 세 배에 이른다. 미국 증시에서 8000억 달러, 영국 3700억 달러, 프랑스 1700억 달러, 일본 1550억 달러, 중국 1000억 달러, 우리나라도 400억 달러가 넘어 40조 원에 육박한다. 아이러니하게도 프랑스 파리에서 열리고 있는 '유로 2016'에서 축구 종가 잉글랜드는 인구 33만의 축구선수라야 100여 명 남짓한 축구 변방 아이슬란드에게 발목이 잡혀 8강 진입에도 실패했다. 이래저래 영국의 약세가 엿보이는 모습이며 대영제국의 자존심에 상처가 이만저만이 아니다.

문제는 향후로, 영국의 EU 탈퇴 결정이 유럽과 전 세계에 어떤 파장을 몰고 올지 정확하게 판단하고, 각국 정부 및 중앙은행들의 대책을 눈여겨봐야 한다. 개인적으로는 세계 경제의 큰 물줄기라고 여겼던 '신자유주의 경제 체제의 변동'이 감지되고 있다. 신자유주의 경제란 세계화 자유화 자유시장 민영화, 자유방임 등 완전 개방시장, 즉 완전 자유경쟁을 일컫는 것으로 정의할 수 있다. 이번 결정으로 영국을 비롯한 유럽은 신자유주의가 일부 종언을 고하고, 보수로 회귀하는 결과를 가져올 수도 있다.

아이러니하게도 신자유주의에 불을 당긴 사람은 다름 아닌 영국의 대처 수상과 미국의 레이건 대통령이다. 1979~1990년까지 10년 넘게 총리를 지내며 영국을 세계 정상의 반열에 되돌려놓은 '철의 여인'으로 불리던 M. 대처 수상과 1981~1989년에 걸쳐 강력한 미국을 뒷받침한 R. 레이건 미국 대통령이 주창했던 신자유주의 이론이 또 다른 논리로 대체될 것으로 전망된다. 이번 사태로 영국 총리도 캐머런에서 테레사 메이로 바뀌었다. 대처 총리 이후 26년 만의 여성 총리인 메이는 1956년 10월 서섹스 주에서 목사의 맏딸로 태어나 옥스퍼드 대를 졸업했으며, 영국중앙은행인 영란은행을 거쳐, 정계에 입문하여 보수당 하원의원과 내무장관을 역임했다. 한편, 시장은 이런 큰 물줄기 흐름의 변동이 또 다른 기회를 제공하기도 한다.

EU와 영국의 미래

역사적으로 어느 나라도 영원한 강국은 없었으며, 문명도 생성-부흥-쇠퇴-소멸의 과정을 거쳤고, 영국도 예외는 아니다. 그러나 찬란한 문화와 문명을 일궈냈고, 다양한 지식과 이론을 정립했으며, 해가 지지 않는 광활한 지역 식민지배의 경험, 세계를 향한 열린 국민성 등을 감안하면, 영국의 힘은 좀 더 유지될 전망이다. 그러나 한편으로는 잉글랜드, 스코틀랜드, 웨일스, 북아일랜드로 구성된 UK(United Kingdom)는 그 연결고리가 약화되며 분열 조짐도 보이면서, 궁극적으로는 잉글랜드 중심의 영국과 다른 나라로 쪼개지고, 더불어 영국의 국력이 약화될 수도 있다.

2017년 들어 세 차례 연이은 이슬람 관련 테러로 불안감이 커지면서 영국의 위상이 흔들리고 있다. 3월 런던 의사당 인근 웨스트민스터 다리에서 승용차의 인도 돌진과 칼부림으로 6명이 사망하고, 5월에는 맨체스터 아레나 공연 중 폭탄 테러로 22명 사망, 그리고 6월 초 런던 브릿지 테러로 6명 사망 등 사건·사고가 잇달아 발생하고 있다. 안전하기로 유명하고 전 세계 관광객들이 가장 많이 찾는 런던의 위상이 우려스럽다. 2017년 6월 치러진 총선에서 집권 보수당이 과반 득표에 실패하면서 브렉시트를 둘러싼 영국 내부의 문제들이 어떻게 진행될지 세계의 이목이 집중하고 있다.

한편, EU도 독일과 프랑스 중심의 몇몇 핵심적인 나라만 남고 나머진 분열의 길로 접어들 수도 있다. 이래저래 영국의 실질적인 EU 탈퇴 여파가 어디까지 이어질지 전 세계가 주목하고 있다. 국민 통합의 상징인 영국 여왕 탄생 91주년, 즉위 65주년 기념행사와 함께 EU 탈퇴로 전 세계에 소용돌이를 일으키고 있는 중요한 시점에 영국을 한 번 둘러봤다.

3. 아세안의 벤치마크 EU

EU 역사와 현재 그리고 미래, 인류 문화의 보고 신(神)들의 나라 그리스 및 유럽의 뿌리 이탈리아 로마

전 세계 어느 나라 할 것 없이 경제성장의 발목을 잡고 있는 것은 '빚'이다. 국가, 공기업, 기업 그리고 가계 부채까지 각종 빚들로 인해서 모든 경제 주체들이 고통받고 있다. 그리고 그 빚이 가장 문제가되는 곳이 다름 아닌 유럽이다. 거의 대부분의 EU 회원국들의 국가부채가 GDP의 100%가 넘는 현실이다. 지구상 여섯 대륙 중 가장잘사는 지역으로 알려졌고, 문화, 역사, 예술, 복지 어느 하나 뒤지지 않는 나라들로 이뤄져 있다. 하지만 이런 것들이 유럽 대륙을 빚더미로 내몰았다. 허약한 제조업 기반, 노동 강도 약화, 과도한 서비스 산업 편중, 정치 리더십 실종, 복지 포퓰리즘 등이 복합적인 요소로 작용했다. 고대 로마의 몰락을 불러 온 '노예제도에 기반한 농업, 과도한 세금, 화폐 남발, 중산층 붕괴'와 흡사한 구조가 원인으로 보인다. EU(유럽연합)의 과거 역사와 현재 그리고 미래를 살펴보고, EU가 어려움을 겪고 있는 그 중심축인 그리스와 이탈리아 상황을 알아본다.

EU 역사

유럽 역사의 백미라 할 수 있는 EU 성립 과정을 보면 다음과 같다.

19세기 말 유럽 통합의 아버지로 일컬어지는 장 모네(Jean Monnet)의 아이디어로부터 나온 유럽연합(EU. European Union)은 현재 영국을 포함하여 28개국으로 구성되어 있다. GDP 19조 달러로 미국에 육박하는 경제블록이고, 역내 교역액 6조 달러, 인구는 5.5억 명이다. EU 출범 과정은 1949년 유럽의회(EP), 1952년 유럽석탄철강공동체(ECSC), 1957년 유럽경제공동체(EEC), 1967년 유럽공동체(EC), 1979년 유럽환율제도(EMS), 1999년 '유로(Euro)'라는 단일통화 체제로 이어지고 있다.

'유로 존'이라 일컬어지는 유로화 단일통화 지역은 19개국이며, EU 회원국은 28개국, 셍겐 조약, EU 관세동맹, 유럽경제지역, 유럽회의 등으로 그 범위를 확대해볼 수 있다. 1999년 1월 4일 단일통화로 거래를 시작한 유로화는 2002년 1월 1일부터 전면적으로 사용 중이다. 미국 달러화에 이어 세계 2위 외환거래 규모를 자랑하고, 중국 위안화, 일본 엔화와 영국 파운드화가 그 뒤를 잇고 있다. 외환시장에서 EUR(유로)/USD(달러) 1.1700에 첫 장을 연 뒤 1.2000 중심으로 안정적인 흐름을 보이더니, 2000년 0.8800까지 급락하다가 2008년 4월 1.6000까지 급등하는 등 등락을 거듭하다, 현재 1.1000대 거래 중이다.

그리스, 이탈리아에 이어서 영국과 프랑스조차도 EU 탈퇴를 고민하는 등 EU 붕괴 우려가 엄습하고 있다. 2017년 5월 프랑스 대선에서 1977년 12월 태어난 약관 39세의 E. 마크롱 '앙 마르슈'(전진) 중도 신당 당수가 창당 1년 만에 60% 넘는 득표율로 대통령에 당선되면서 새 역사를 쓰고 있다. 그는 유대계 로스차일드에서 직장 경력을 쌓았다. EU 탈퇴를 외친 극우 보수 르펜 후보를 꺾어서 일단 EU 잔류를 공약으로 내건 마크롱 당선으로 한숨을 돌렸다. 국제금융시장

은 안도하는 분위기로 유로화 강세, 유럽증시 호조세다. 2017년 6월
엔 영국이 총선거를 치르며, 9월엔 독일도 예정돼 있다. 정권교체의
봇물 속에 유럽을 둘러싼 소용돌이가 일고 있다.

　최근에는 D. 트럼프 미국 대통령의 일방적인 정책으로 전통적인
미국-EU 간에 균열이 생기면서, 독일과 프랑스를 중심으로 미국과
영국에 의존하던 EU가 홀로서기에 나섰다. 중국과도 새로운 질서
구축에 착수했다. EU 내에서도 '우리 운명은 우리가 이뤄내야 한다'
는 공감대가 형성되고 있다.

〈주요 EU 국가 경제 규모 비교〉

구분	독일	영국	프랑스	이탈리아	스페인	그리스
GDP(달러)	3조 4,949억	2조 6,499억	2조 4,883억	1조 8,525억	1조 2,522억	1,959억
재정수지 (GDP 비%)	0.4	-5.6	-3.7	-3.1	-3.6	-3.9
무역수지(달러)	2,600억	-560억	-331	582억	298억	-3억
실업률(%)	6.0	4.8	9.7	11.6	19.2	22.1

그리스 사태 개요

　그리스 사태는 크게 네 가지가 주요 원인이다. 과거 영광된 문화
유산과 역사에 기인한 국민들의 자만심에 따른 서비스 산업이 80%
나 차지하면서 제조업(실질 경제)을 등한시해 산업이 편중되고, 전 국민
의 20% 가까이가 공무원이면서 은퇴 후 연금이 은퇴 전 소득의 95%

에 이르는 등 정치인들의 선심성 공약에 따른 포퓰리즘이 만연하며, 2001년 당시 340.75드라크마 환율의 부적정한 교환비율에 따른 선부른 유로화 사용으로 독자적인 경제정책 수립 불가능 등 위기대처 능력 부재, 그리고 30%가 넘는 지하경제 규모와 국가를 위한 자기희생을 감내하지 않는 모럴헤저드 등이 주요인으로 분석된다. 한마디로 '공짜 점심은 없다'는 평범한 경제 논리를 정확하게 인식하지 못한 결과라고 보인다. "국가가 빚을 통제하지 못하면 빚이 국가를 통제한다."라는 말도 있다. 현재를 사는 우리에게도 시사하는 바가 크다.

2015년 여름 그리스는 모라토리움(지불유예)에 이은 디폴트(채무 불이행), 그리고 재정적인 뱅크럽시(파산) 위기로 내몰렸다. 이른바 그렉시트(Grexit : 그리스의 유로존 탈퇴)의 시작이었다. 당시 약관 41세의 치프라스 총리가 이끄는 시리자 정부는 주말을 기해서 2015년 6월 29일부터 은행영업 중단을 통한 자본거래 통제를 실시한다고 밝혔다. 예금자들은 현금자동입출금기(ATM)를 통하여 하루 60유로씩만 찾을 수 있었다. 이러한 조치는 채권단의 긴축 요구를 국민투표에 부친 7월 5일과 28개국 EU 정상회의를 앞둔 7월 12일까지 이어졌다. 그 이후에도 뱅크런(예금인출 사태)으로 정상적인 금융거래가 쉽지 않았다.

한편, 7월 5일 그리스 국민들은 예상을 깨고 61.3:38.7로 채권단 긴축안에 대한 찬·반 투표에서 압도적으로 반대했다. 그리스 증시는 5주 만인 2015년 8월 3일 문을 다시 열었다. 이로써 그리스 사태는 채권단에게 유로존 안에 머물지, 아니면 탈퇴할지 결정권을 넘긴 꼴이 됐다. 투표결과 발표 후 국제금융시장에서 주요국 증시는 급락, 유로화는 1.1000대가 무너지는 초 약세, 미국채 급등, 국제유가 및 금 값도 하락세로 돌아섰다. 특히 우리나라 증시에서 코스피 지수는 외국인 투자자들의 1조 원 넘는 순매도 속에 일주일 사이 150포인트를 넘나들고, 7월 9일 장중 한때 1983까지 폭락하기도 했다. 원·달러 환율은 1110원 대에서 1140원 선, 원·엔은 900원에서 950원 선까지 폭등했다.

그리스 사태와 더불어 유례없는 가뭄, 메르스 사태, 중국의 성장률 둔화에 따른 우리나라 GDP 및 수출 감소까지, 그야말로 사면초가(四面楚歌)였다. 한국은행은 2015년 GDP 성장률을 3.1%에서 2.8%로 내려 잡고, IMF도 세계 경제성장률을 3.5%에서 3.3%로 낮춰 잡았다. 국가별로는 중국 6.8%, 인도 7.5%, 미국 2.5%, 일본 0.8%, 그리고 유로존은 1.5%였다. '신(神)들의 나라'로 일컬어지는 그리스 사태가 이탈리아, 영국, 프랑스 등 전 유럽으로 확산되면서 국제금융시장에 비상등이 켜졌다.

그리스 사태 배경과 예상 시나리오

그리스 경제는 GDP 증가율이 2011년 -8.9%, 2012년 -6.6%, 2013년 0.5%, 2014년 1.1%, 2015년은 마이너스 성장으로 이어지고, 실업률은 26.6%(청년 실업률 40%)에 이른다. 5년여 동안 그리스 국민의 2%인 20여만 명의 대졸자 중심 엘리트들이 그리스를 떠났다. 국가신용등급은 S&P 기준 CCC- 등급, Moody's 기준 Caa3로 디폴트인 C까지는 두 단계만 남았다.

2008년 158년 역사의 세계 4위 투자은행이었던 리먼브러더스 파산 등에 따른 글로벌 금융위기에 이어, 2010년 불거진 유럽 발 재정수지 적자 문제가 국제금융시장의 핵으로 등장한 가운데 그 중심에 그리스가 있었다. 그러나 5년여에 걸친 그리스 사태가 유럽중앙은행(ECB)의 구제금융기금(EDCF)으로 해결의 실마리를 잡아가는 듯하더니, 2012년 총선거에서는 제1당인 신민당에 이어서 급진 좌파인 시리자(당대표 치프라스 총리)가 제2당이 되면서 공약으로 '구제금융 재협상' 카드를 들고 나왔다. 그러자 유럽중앙은행(ECB)이 '강력한 긴축정책의 합의 이행을 촉구'하고 '의무 불이행 시 추가지원은 없으며, 디폴트와 동시에 EU 탈퇴 가능성'이라는 경고 메시지를 보냈다. 이런 가운데 그리스 내부적으로도 시리자가 좌파 연합정부 구성에 실패하면서 총선거 재실시를 언급하는 등 정국이 혼란에 빠졌다. 이후 2015년 초 선거에서 급진 좌파인 시리자당이 승리하면서 치프라스가 총리에 등극했으나, 미숙한 정치 지도력에 걷잡을 수 없는 사태로 오늘에 이르고 있다.

그리스 정부는 2010년 2월 이후 국제통화기금(IMF), 유럽중앙은행(ECB), 그리고 유럽연합(EU) 등으로부터 2400억 유로(300조 원 상당)를 차입했다. 이 중에서 300억 유로를 상환하고, 현재 2100억 유로가 남아 있다. 그리스 정부는 951억 유로의 부채 탕감을 요구했다. 2015년 말까지 119억 유로(2015년 6월 30일까지 IMF에 15억 유로, 2015년 7월 20일까지 ECB에 35억 유로)를 상환해야 했다. 예상 시나리오는 뱅크런-디폴트 선언-그렉시트 후 유로화 포기 및 드라크마화(예전 그리스 화폐) 재도입-국제금융시장 혼란-다른 위기 국가들의 연쇄 도산-EU 해산으로 이어지는 최악의 시나리오였다.

반면에, 2015년 7월 5일 국민투표에 부쳐진 채권단의 긴축 요구안에 그리스 국민들이 찬성하면서 국제금융기관의 구제금융 지원으로 회생 가능성이 비쳤다. 당시 채권단의 주요 요구사항은 연금지급 연령 67세(현재 남성 65, 여성 60세)로 상향, 저임금 연금 생활자에 대한 보조금 중단, 소비세율 23%로 인상, 법인세율 26%에서 28%로 인상, 부가가치세 확대 등이 골자다.

그리스 사태에 따른 국제금융시장 영향

그리스가 디폴트 위기로 몰리자 국제금융시장도 즉각적인 반응을 나타내면서 주요 유럽증시는 하루 사이 3% 넘게 폭락하고, 뉴욕증시에서 다우 지수 18,000선, 나스닥 지수 5,000선도 붕괴되었다. 국내증시에서 코스피 지수도 2,000선은 지켰으나 1.42% 급락하고, 주요 아시아 증시에서 중국 상하이 지수는 장중 8% 가까이 빠지다가 3.34%, 일본 니께이 지수는 2.88%, 홍콩 항세 지수도 2.61% 급락했다. 외환시장에서 유로화는 1.1150대 초약세를 나타내고, 달러·엔 환율도 125엔 대에서 122엔 대로 폭락했다. 우리 원·달러 환율은 일중 10원 가까이 급등, 순식간에 1125원 선을 넘어서기도 했다. 유럽발 악재에 따른 수출 감소 등 실물경기 악화 가능성에 국제유가도 60달러 선이 붕괴되고, 국제 금값도 1,200달러 대가 무너지는 등 상품시장도 요동쳤다.

한편, 그리스 등 남부 유럽 발 재정수지 적자 문제가 우리 금융시장에도 큰 영향을 미치고 있으나, 상대적으로 양호한 재정 건전성, 경상수지 흑자 기조, 외환보유고 급증, 수출 지지, 세계 최우량의 GDP 성장률, 국제유가 안정, 주요국 경기 저점 통과, 펀더멘털 개선, 여유로운 외화유동성, 전반적인 외국인 주식 순매수 기조 및 대내외 증시 호조 기대감, 실질실효환율(REER, @1058원) 수준을 크게 벗어난 인위적인 원화 약세 국면 등은 우리 경제에 우호적인 재료가 되었다. 금융위기를 맞았던 과거 한국과 지금 그리스의 차이점을 보면, 당시 한국은 정치 지도자를 중심으로 온 국민이 똘똘 뭉쳐 금융위기를 극복하고, 정책 일관성을 유지했으며, 탄탄한 수출 제조업을 바탕으로 파고를 넘어섰다는 점이다.

1997년 동아시아 외환위기, 2008년 글로벌 금융위기, 그리고 2010년 불거져 현재까지 이어져온 그리스 발 재정수지 적자 문제에 따른 글로벌 신용위기가 어떻게 전개될지 세계는 긴장하고 있다. 많은 사람들은 신들의 나라 그리스와 유럽(Europa, 그리스 신화에서 제우스가 한눈에 반했다는 요정)을 그 많은 신들이 이번에도 지켜줄 것으로 믿고 있다. 아직은 전 세계 수출 상위국 10위권(독일-중국-미국-일본-프랑스-네덜란드-이탈리아-대한민국-영국-캐나다) 중 독일을 필두로 5개국이 유럽 국가들이며, 유럽 경제가 세계시장에 미치는 영향력은 상당하고, 수출로 먹고 사는 우리나라에 있어선 더하다.

그리스 역사

BC 3000년경 시작된 에게 문명이 그 기원으로, BC 8세기 도시국가인 폴리스 건설, 페르시아 전쟁, 마케도니아 알렉산더 대왕의 그리스 정복, 헬레니즘 문화, BC 2세기~AD 1453년 로마제국의 지배, 1453~1830년 오스만제국의 지배 등 화려한 문명과 고난의 역사를 동시에 가진 나라 그리스다. 그리스는 고대 민주주의 요람이며, 올림픽 발상지이면서, 인류문명과 문화의 보고다. 인구 1100만 명의 공화국으로, 국토 면적 132,000㎢, 인구의 98%가 그리스 정교를 믿고 있다. GDP가 2464억 달러로 세계 43위 규모 경제를 갖고 있으며, 관광산업이 전체 GDP의 16%에 이르고, 공공부채가 GDP의 177%인 3180억 달러나 된다. 1981년 EU 회원국이 되었다.

그리스에 이어 이탈리아(이탈렉시티), 영국(브렉시트), 프랑스(프렉시트) 등 EU 탈퇴론 확산

PIGS로 불리는 유럽의 골칫덩이 이탈리아도 문제다. 마테오 렌치 이탈리아 총리가 2016년 12월 헌법 개정 국민투표 결과가 부결로 나오자 즉각 사임을 발표했다. 2015년 GDP 성장률이 0.8%에 불과하고, 전체 실업률은 11%를 넘으며, 특히 청년층 실업률은 40%(EU평균 18%)를 넘는 등 악재가 겹쳐, 이탈리아 판 이탈렉시티(Italexit)가 브렉시트에 이어 EU의 또 다른 위기를 부르고 있다. 유로화는 1.1000대에서 1.0400대로 급락하고, 유럽 증시도 약세를 면치 못하고 있다. 2016년 12월엔 544년 된 세계에서 가장 오래된 이탈리아은행인 방카몬테데이파스키디시에나(BMPS, 1472년 설립), 이탈리아 세 번째 큰 은행이 유럽중앙은행에 200억 유로(25조 원 상당) 구제금융을 신청했다. 한편, ECB는 기준금리를 0%대로 동결하고, 월 800억 유로 국채 매입을 통한 유동성 공급을 2017년까지 지속할 예정이라고 밝혔다. 그리스와 이탈리아에 이어 영국(브렉시트)과 프랑스(프렉시트) 등 EU 붕괴론이 확산되고 있다.

EU의 향후 전망 및 대처 방안

역사상 전무후무한 단일통화 체제를 통해 경제통합과 정치통합까지 이뤄내 궁극적으로는 '유럽 천하'를 꿈꿨던 1999년 유로화 출범이 중대 기로에 섰다. 정국 불안에도 불구하고 그리스 국민들의 60% 가까이는 그리스가 여전히 EU에 남아 있어야 한다고 생각하고 있다. 그리스 국민들은 긴축안에 반대했지만, 자기희생을 통한 구조조정 외엔 답이 없다는 사실을 잘 안다. 각종 연금 및 보조금 삭감, 세율 인상, 예금자들의 손실 분담(30% Hair Cut), 고실업률, 그리고 자본통제 등이 대상이 될 전망이다.

가장 중요한 것은 PIGS로 불리는 GDP의 130%의 부채 비율을 갖고 있는 포르투갈, 132%인 이탈리아, 177%의 그리스, 스페인 등 남부유럽 다른 국가들의 연쇄적인 디폴트 가능성과 EU 붕괴를 막기 위해서라도, 그리스와 EU 간 양보와 타협은 필수적이다. 하지만, 재정수지 적자 문제는 워낙 구조적이고 해결에는 상당한 고통과 희생이 수반이 되는 만큼 이미 복지 천국의 단물을 맛본 그리스와 이탈리아 국민들의 이해를 구하기가 쉽지 않아 보인다. 1997년 외환위기 극복을 위한 국제통화기금(IMF)과 우리나라 정부의 사례에서도 보는 바와 같이, 온 국민들이 나라를 살리려는 마음으로 자기희생도 각오하지 않으면 국민도 나라도 그리고 미래도 없다. 'No pain, No gain!'이다.

4. 동방의 등불 인도(印度, INDIA)

인구 13억, 2030년 세계 3위 경제대국 목표, GDP 성장률 7% 이상 고성장 국가, 공용어만 21개, 중국과 비견되는 나라, 수많은 종교의 탄생 등 신비의 나라

나마스테! BRICs(브라질, 러시아, 인도, 중국)의 일원으로 Chindia (China+India)로 불린다. 인구 13억 명으로 중국 다음 세계 2위 인구대국, 세계 최대 민주주의 국가다. 수도는 뉴델리, 뭄바이는 경제수도로 일컬어지며, 국토 면적 329만㎢로 세계 7위, 공식어는 영어이나 공용 언어만 무려 21개다. 명목 GDP 2.3조 달러의 세계 10위권(실질 GDP 기준 세계 4위)과 1인당 GDP 1625달러의 경제 규모를 자랑한다. 규모에 걸맞게 2030년이면 미국, 중국 다음 세계 3위 경제대국이 될 전망이다. 세계 최고의 성장률을 기록 중이며, 세계 최대 R&D 베이스 캠프, 세계 여섯 번째 제조 국가, 열두 번째 기업하기 좋은 나라 등이 인도의 평판이다. 전 세계로부터 2014~2016년 600억 달러 넘는 해외 직접투자를 받았다.

인도인의 절반은 25세 이하 젊은 층으로 근로자만 8억 여 명이며, IT 산업에만 5천만 명이 종사하고 있다. 2014년 GDP 성장률 7.2%와 2015년 7.5%, 2016년도 7.9% 이상 고성장이 전망되며, 중국을 능가한다. 1인당 국민소득 1625달러로 아직은 절대빈곤 국가의 가난한 나라에 속한다. 인도의 산업구조는 서비스업 53%, 공업 30%, 농업 17%로 나타나고 있다. 평균연령 28세, 35세 이하 인구가 8억 명, 정규직 평균임금 800달러 수준이다. 인도의 주요 도시로는 수도인 뉴

델리를 비롯하여 뭄바이, 방갈로르, 첸나이, 콜카타, 하이데라바드, 아메다바드, 힌두교 성지인 바라나시, 그리고 타지마할이 있는 아그라 등이 있다.

〈BRICS, 브라질·러시아·인도·중국·남아프리카공화국 개황(2016년 기준 / IMF 및 WB)〉

구분	브라질	러시아	인도	중국	남아공
GDP(미 달러)	2조 5,500억	2조 4,500억	2조 2,880억	10조 8,664억	4,100억
인구(만 명)	2억 2,000만	1억 5,000만	13억 1,000만	13억 5,600만	5,500만
GDP 성장률(%)	4.3	2.5	7.9	6.7	3.8

인도의 역사와 문화

힌두교 80.5%, 이슬람교 3.4%, 불교 2.5%, 기독교 2.3%, 조로아스터교, 퀘이커교 등 수많은 종교가 탄생한 나라, 인더스문명으로 이름난 장구한 역사와 포용성을 갖춘 나라로 정평이 나있다. 수천 년간 이어진 카스트 제도가 관습적으로 유지되고, 문맹률이 30%가 넘는 나라이기도 하다. 카스트(Caste)는 인도인의 생활규범으로, 법적으로는 폐지되었으나 여전히 생활관습으로 유지되고 있다. 이 제도는 아리안 족이 인도를 정복한 후 소수의 지배계급이 피지배계급에 동화되는 것을 막을 목적으로, 직업이나 피부색에 의해서 크게 네 가지로 구분한 데서 출발했다. 승려계급인 브라만(Brahman), 군인이나 통치계급인 크샤트리아(Ksatriya), 상인계급인 바이샤(Vaisya) 그리고 천민계급인 수드라(Sudra)로 나뉜다. 이외에도 불가촉천민으로 불리는 1억 명이 넘는 하리잔(Harijan, '신의 자식')이 있다. 이들에게는 취학이나 취직, 공무원 진출 시 일부 우대 제도를 두고 있다.

인도는 1857년 무굴제국 멸망과 함께 영국의 식민지가 되었다가, 우리나라보다 2년 늦게 1947년 8월 15일 해방되었다. 인도연방공화국으로 28개 주와 7개 연방 자치령이 있고, 네루와 간디 가문으로 유명한 정치인 가계, 대통령과 총리(임기 5년)가 있으나 대통령은 상징적인 존재로 삼권분리 형태를 띠고 있다. 등록 정당만 1400여 개, 상원(명예직, 6년 임기)과 하원이 있으며, 하원 의원이 545석이다. '모디 노믹스'로 유명한 구자라트 주지사를 지낸 나렌드라 모디가 현재 인도 총리다.

중국을 이을 세계 경제성장 잠재력을 가진 나라 인도

숫자 '0'을 발견한 '수학의 나라'답게 IT와 제약산업이 크게 발달했다. 인구 대국으로 'Make in India'를 모토로 제조업과 농산물 분야도 중국과 견줄 만큼 산업 경쟁력을 갖춰나가고 있다. 베다 수학 곱셈법 덕분인지 구구단을 19단까지 외운다는 인도. 인도 상인은 유대, 중국, 아랍 상인과 함께 세계 4대 상인으로도 꼽힌다. 따라서 17세기 영국이 동인도주식회사를 만들기도 했다. 미국 실리콘밸리 창업자의 1/3이 인도인이라고 한다. 2016년 10월 〈포브스〉에 따르면, 인도 부호는 무케시 암바니 릴라이언스 인더스트리 회장으로, 자산만 227억 달러, 딜립 상비 선제약 회장 169억 달러, 힌두 그룹 힌두야 형제 152억 달러, 아짐 프렘지 와이프로 회장 150억 달러, 팔롱지 미스트리 타타 회장 139억 달러, 락심 미탈 악셀로 미탈 회장이 125억 달러의 부를 소유하고 있다.

제조업 시간당 평균 임금이 0.92달러로, 중국의 3.52달러 대비 경쟁력도 충분하다. 2013년 GDP 4.4%, 2014년 7.2%, 2015년은 7.5%, 2016년도 7.5%로 전망된다. 2016년 기준 경상수지 적자 GDP의 4.8%인 878억 달러, 수출 2917억 달러, 수입 4768억 달러, 무역수지 적자 1851억 달러이며, 외채는 5377억 달러, 외환보유고는 3515억 달러, 실업률 8.5% 다. 외국인 직접투자는 2015년만 360억 달러가 넘었다.

해외투자에 열을 올리고 있는 인도 정부는 법인세 33%를 2020년까지 25%로 낮출 것으로 보인다. 인도공사채 금리는 6%대다. Moody's 평가 국가신용 등급은 Baa3, S&P는 BBB-로 투기등급 바로 위이며, 부패지수 94위다. 수출은 미국이 310억 달러로 15.7% 비중을 차지하고, 수입은 중국으로부터 562억 달러 15.7% 차지하고 있다. 주요 수출국은 UAE, 홍콩, 영국, 중국, 싱가포르 등이고, 주요 수입국은 사우디아라비아, 미국, UAE, 스위스, 인도네시아, 한국(120억 달러, 3.4%) 등이다.

자국 통화는 인도 루피(INR)이다. 인도중앙은행(RBI : Reserve Bank of India)은 지하경제 양성화 목적으로 2016년 11월 8일 화폐개혁 조치로서 500 및 1000루피(9000원 및 18000원 상당) 이상 고액 지폐를 전격적으로 유통 금지시키고, 신권으로 하루 2000루피 이하로 교환하고 있으며, 1000루피화는 아예 폐지하고 대신에 2000루피화가 생겼다. 인도 시중은행 총 예치금이 101조 루피(1736조 원 상당)로 고액권의 금융권 예치 규모만 5.1조 루피(87조 원 상당)에 달한다. '화폐 폐지'라는 세상에 없던 정책을 시험 중이며, 주요국들도 정책추이와 그 파장을 유심히 지켜보고 있다. 고액권 유통금지 조치 이후 인도 증시는 5% 넘게 하락하고, 달러 대 인도 루피화 환율도 4% 가까이 급등하고 있다.

2013년 구조적인 경상수지 적자, 글로벌 경기 침체에 따른 수출 감소, 물가(인도에서 물가(양파 및 우유)는 민심이며 곧 정치 바로미터) 불안, 원자재 상품가격 하락, 부패와 관료주의, 열악한 인프라 등에 따른 인도 및 인도네시아 발 금융시장 위기로 루피화 환율은 69.00까지 폭등하면서 어려움을 겪기도 했다. 인도는 원유 수요의 80%를 수입에 의존한다. 전체 수입에서 원유가 차지하는 비율이 32%를 차지해, 저유가가 경상수지 개선 등 인도 경제의 숨통을 터놓고 있다. 당시 인도 정부는 위기해소 조치로 약관 50세의 미국 MIT 출신의 IMF 수석 이코노미스트를 지내고, 2008년 글로벌 금융위기를 예언한 라구람 라잔을 전격적으로 인도중앙은행(RBI) 총재로 선임했다. 그래서 외국인 투자자들에 대한 연기금 투자 규제 완화, 해외 채권발행 확대, 금리인상 등으로 해외투자 유치를 통한 돌파구를 찾았다. 이러한 일련의 노력이 결실을 맺으면서 2015년 4월 Moody's는 인도의 국가신용 등급을 Baa3 안정적에서 긍정적으로 상향 조정했다.

'Rising India'로 표방되는 인도의 비즈니스 관행은, 초기 대응이 매우 느리다는 점이다. 더욱이 계약 단계에서는 시간 지연이 더욱 심각하다. 비즈니스 사후처리는 내·외국인 법인 간 차별이 없으나 소송에는 고비용, 장시간이 소요된다. 2014년 5월 26일 서민 출신의 인도국민당(BJP) 나렌드라 모디 총리가 취임하면서 새로운 국면을 맞고 있으며, 10년 만에 네루-간디 일가의 아성을 무너뜨리고 정권교체를 이뤄냈다. 앙숙인 파키스탄과의 관계 정상화도 기대되고 있다. 2015년 7.0 이상의 강진으로 어려움을 겪고 있는 네팔을 비롯하여 파키스탄, 방글라데시 등이 인도로부터 갈라져 나왔다.

중국과 랭킹 1,2위를 다투는 인구 대국 인도이지만, 중국의 평균 연령이 37세인 반면 인도는 28세로 비교적 젊다. 정치적인 실험도 인도는 이미 끝났지만, 중국은 여전히 공산당 1당 독재의 형태를 띠고 있다. 영어권에 IT 기술력도 중국 못지 않으며, 미국과 우호적인 관계를 가지고 있다. 이런 점은 중국과 다르게 인도의 장점이다. 특히 미국 실리콘밸리(스타트-업 기업 8개 중 1개가 인도인이 창업) 창업의 32%가 인도 출신이다. 영국 런던 및 싱가포르 등에 인도 IT 전문가들과 국제금융 전문가들이 대거 포진하면서 그들의 역량을 맘껏 펼치고 있다. 글로벌 금융회사(기업 포함)들의 아시아·태평양 지역 헤드들의 대부분이 인도 출신이다.

인도 출신 글로벌 기업들의 CEO 면모를 보면, MS의 사티아 나델라, 노키아의 라지브 수리, 어도비시스템즈의 산타누 나라옌, 마스터카드 아자이 방가, 펩시코의 안드라 누이, 구글의 순다르 피차이 등이 인도인들이다. 인도인들이 세계적인 기업에서 두각을 나타내는 이유는 기업가 정신을 나타내는 '주가드(Jugaad)', 즉 예기치 못한 상황에서 창의력을 발휘하는 정신이다. 더불어 다양성을 포용하는 능력과 협업 정신이 그 바탕이다. 310만 명의 미국 거주 인도인들은 70% 이상이 학사학위 이상을 가지고 있으며, 소득 중간 값이 88,000달러로 고소득 군이기도 하다. 인도를 제조업 강국으로 키울 목표로 'Make in India'를 모토로 삼고 있다.

인도의 현재와 미래

　느리지만 탄탄한 경제력과 물밀듯이 밀려들어오는 해외투자 등을 바탕으로 인도 정부는 인프라 확충에 열을 올리고 있다. 인도의 고속철도 전체 7개 구간 중 제1구간인 뭄바이-아메드바드 간 500km 구간을 일본 기업이 수주했다. 2030년이면 미국, 중국 다음 세계 3위 경제대국이 될 전망이며, 2050년에는 중국과 어깨를 나란히 할 것으로 보인다. 인구 규모도 2015년 기준 중국이 13억 7600만 명 대(對) 인도 13억 1100만 명으로 중국이 앞서나, 2022년 인도가 세계 최대 인구 대국이 될 전망이다. 2030년엔 15억 명, 2050년엔 17억 명을 넘어설 전망이다.

우리나라와의 관계

　일설에 의하면, 2000여 년 전 서기 48년 인도 아유타국 공주인 허황옥(슈리 라트나)이 바다를 건너 가락국을 건국한 김수로왕과 결혼했다고 전해진다. 따라서 인도는 한국을 사돈의 나라, 즉 혈연관계로 여기고 있다. 그리고 8세기 신라 혜초 스님의 『왕오천축국전』의 천축이 지금의 인도로, 우리나라와는 2천 여 년의 관계를 가진 나라이다. 1913년 노벨 문학상을 받은 인도의 타고르 시인은 한국을 '아시아의 등불'이라고 예찬했다. 우리나라와는 1973년 수교했으며, 2014년 대 인도 수출 128억 달러, 수입 53억 달러로 181억 달러 상당의 교역 상대국이다.

인도 시장 수출 상위 5개국은 중국(17%), 미국(5.9%), UAE(5.4%), 사우디아라비아(5.2%), 한국(3.6%)이다. 우리나라 교민이 10,000여 명 거주하고, 1,000여 기업이 현지에 진출하고 있으며, 대 인도 투자는 100억 달러, 인도는 우리나라에 30억 달러 상당 투자 중이다. 최근 삼성전자도 중국과 베트남에 이어서 인도에 대대적인 투자를 준비 중이다. 연간 승용차 생산 대수가 340만 대인 인도에서 현대자동차가 31억 달러를 투자하여, 승용차 시장 점유율 16%로 마루티스즈키 45%에 이어 두 번째다. 2017년 들어서 인도 정부는 아시아인프라투자은행(AIIB)을 통하여 8500억 원 규모 펀드를 조성하여 고속도로, 고속철도, 항만, 전력, 공항, 스마트시티 조성 등 60조 원 대 인프라 투자 프로젝트를 계획하고 있으며, 한국의 적극적인 투자를 기대하고 있다. 삼성, 현대, 두산, LG, SK, 포스코 등 대기업들이 현지 진출하고 있다. 2015년 5월 모디노믹스로 인도 경제를 세계 최대 성장 잠재국으로 이끌고 있는 나렌드라 모디 인도 총리가 중국(시안, 베이징, 상하이)과 몽골을 거쳐 한국을 공식 방한했다.

금융산업

인구 13억 명의 세계 최대 민주주의 국가답게 비교적 자유로운 해외 직접투자 제도와 금융시장 제도를 채택하고 있으며, 외환 정책도 자유변동시장 환율 제도를 시행하고, 금융 정책은 인도중앙은행(Reserve Bank of India(RBI, 총재 우르지트 파텔(라구람 라잔의 후임))이 그 중심이다. 일반은행은 상업은행, 인도산업개발은행, 인도수출입은행 등으로 구성되어 있으며, 지정 상업은행과 비지정 상업은행으로 분류되어 있다. 자본시장은 NSE(인도증권거래소)와 BSE(뭄바이증권거래소)로 나뉘어 있고, 시가총액이 5조 달러에 육박한다. 주요 인도 은행으로 State Bank of India, 2015년 중국에 최초 진출한 ICICI, 그리고 HDFC, DHFL 등이 있다. CITI HSBC SCB Deutsche JPM DBS BNP Paribas 등 43개 외국계 글로벌 은행들이 인도에 들어와 있다. 순이자 마진(NIM)이 1.6%대인 우리나라 은행 산업에 비해 3% 수준의 매력적인 인도 은행 산업에 우리나라 은행들의 진출도 러시를 이루고 있다. 11.5%에 이르는 과도한 부실채권은 문제다.

우리나라 은행으로는 1996년 신한은행(5개 지점)을 시작으로, 우리은행(2개 지점)이 현지법인으로 전환 준비 중이며, 외환은행 첸나이 및 기업은행 뉴델리 지점이 있고, 하나은행, 국민은행, 수출입은행, 부산은행 등이 대표 사무소로 현지에 진출해 있다. 특히 2016년 12월 신한은행은 뭄바이에 글로벌 트레이딩 센터(GTC)를 설립하여, 기업들의 환리스크 관리와 더불어 인도 루피화 등 외환거래에 본격적으로 나섰다. 인도 최대 은행인 SBI도 한국에 진출, 2014년 개점했다. 2015년 5월 모디 총리의 한국 공식방문으로 양국 간 교역이 확대되면서 상호간의 금융회사 진출도 가속화될 전망이다. 글로벌 은행들이 이미 많이 진출해 있는 만큼 경쟁도 치열하다.

【TIP 6】 역사상 세계 10대 부자 (자료 : 2016년 9월 <TIME>)

미국의 시사주간지 <타임>은 대학 경제학과 및 역사학과 교수들과 함께 역사상 서로 다른 시간대·경제체제라는 난제에도 누가 가장 돈 많은 인물이었는지 추정해봤다. 아래 순위는 당대의 경제적 영향력을 기준으로 매긴 것이다.

1. 만사 무사(1280~1337)

국가 : 말리

부 : 비교 대상이 없을 정도

14세기 말리왕국 전성기의 왕. 역사상 '가장 부유한 이'로 알려져 있다. 미 버지니아 주 소재 페르럼 대학 역사학과의 리처드 스미스 교수에 따르면, 금 수요가 막대했던 당시 서아프리카 말리왕국은 세계 최대 금 생산국이었다. 기록이 별로 없어 무사의 재산 규모를 정확히 산출할 수는 없다. 하지만 그가 12,000명의 노예, 800명의 부인과 함께 황금 11톤까지 낙타에 실은 채 메카를 순례하곤 했다는 말이 전해진다. 무사의 군대는 궁수 40,000명을 포함해 20만의 병력으로 이뤄져 있었다. 무사가 등장하는 그림들에서 그는 언제나 황금 왕관을 머리에 쓰고 황금 왕좌에 앉아 한 손에 황금 홀(笏)을, 다른 한 손에 황금 컵을 들고 있는 모습으로 묘사돼 있다.

2. 아우구스투스 카이사르(기원전 63~기원후 14)

국가 : 로마

부 : 4조 6000억 달러

당시 세계 경제 생산량의 25~ 30%를 장악한 고대 로마제국의 초대 황제. 스탠퍼드 대학 역사학과의 이안 모리스 교수는 "아우구스투스 황제 개인의 자산 규모가 로마제국 경제 규모의 20%와 맞먹은 적이 있다."고 주장했다. 이를 지난해 말 기준으로 환산하면 4조 6000억 달러(약 5386조 6000억 원)에 상당한다. 아우구스투스 황제는 잠시나마 이집트 전역을 개인적으로 소유한 바 있다.

3. 신종(神宗, 1048~1085)

국가 : 북송(北宋)

부 : 글로벌 국내총생산(GDP)의 25~30%를 장악한 북송 통치

경제적으로 매우 부유했던 중국 북송의 제6대 황제. 대만 타이베이(臺北) 소재 단장(淡江) 대학에서 송대의 중국 경제사를 가르치는 로널드 에드워즈 교수에 따르면, 전성기 북송은 세계 경제 생산량의 25~30%나 차지했다. 신종은 재정·군사 제도의 강력한 개혁으로 부국강병책을 시행했다. 이는 유럽보다

수백 년 앞선 것이다. 에드워즈 교수는 "신종이 강력한 중앙집권화로 경제를 장악할 수 있었다."고 지적했다.

4. 악바르 1세(1542~1605)

국가 : 무굴제국

부 : 글로벌 GDP의 25%를 지닌 무굴 제국 통치

인도 무굴제국의 제3대 황제. 당시 무굴제국은 글로벌 경제 생산량의 25% 를 장악하고 있었다. 영국의 경제사학 자 고(故) 앵거스 매디슨은 악바르 1세 치하 무굴제국의 국민 1인당 GDP가 엘리자베스 1세(1558~1603) 치하의 잉글 랜드 국민 1인당 GDP에 견줄 만했다 고 주장한 바 있다. 그러나 무굴제국 통치계층의 생활양식은 당대 유럽의 어느 사회 엘리트 계층보다 화려했다. 세르비아계 미국 경제 학자 브랑코 밀라노비치는 "무굴제국의 통치체계가 매우 효율적이어 서 백성의 부를 효율적으로 착취할 수 있었다."라고 말했다.

5. 이오시프 스탈린(1878~1953)

국가 : 옛 소련

부 : 글로벌 GDP의 9.6%를 지닌 옛 소련 통치

옛 소련 공산당 서기장으로 절대 권력을 휘두른 독재자. 옛 소련의 부는 스탈린의 부나 다름없었다. 경제협력개발기구(OECD) 에 따르면, 그가 사망하기 3년 전인 1950

년 옛 소련은 글로벌 경제 생산량의 9.5%를 차지했다. 이는 지난해 말 기준으로 7조 5000억 달러에 상당한다. 앨라배마 대학 역사학과의 조지 리버 교수는 "스탈린에게 자기가 원하는 대로 할 수 있는 권력이 있었다."며 "그는 지구 표면적의 6분의 1을 통치했다."고 말했다.

6. 앤드루 카네기(1835~1919)

국가 : 미국

부 : 3720억 달러

미 역사상 최고의 부자. 그는 스코틀랜드 출신 이민자로 1901년 US 스틸을 4억 8000만 달러에 은행가 존 피어폰 모건에게 넘겼다. 당시 4억 8000만 달러라면 미 GDP의 2.1%가 넘는 돈이었다. 지난해 말 기준으로 치면 3720억 달러다.

7. 존 D. 록펠러(1839~1937)

국가 : 미국

부 : 3410억 달러

록펠러가 석유산업에 투자하기 시작한 것은 1863년이다. 1880년 그가 이끄는 석유회사 스탠더드 오일은 미 석유생산의 90%를 장악했다. 일간 〈뉴욕타임스〉에 실린 부고(訃告)를 보면 그의 자산은 15억 달러로 추정됐다. 이는 당시 미 경제 생산량의 2%에 해당한다. 지난해 말 화폐 가치로 환산하면 3410억 달러다.

8. 앨런 루퍼스(1040~1093)

국가 : 잉글랜드

부 : 1940억 달러

'정복왕 윌리엄(윌리엄 1세)'의 조카로, 삼촌을 도와 잉글랜드 정복에 한몫했다. 『부자 중의 부자(The Richest of the Rich, 2007)』의 공저자 필립 베리스퍼드와 빌 루빈스타인에 따르면, 루퍼스의 유산은 11,000파운드다. 당시 잉글랜드 GDP의 7%에 해당하는 규모다. 지난해 말 현재 미 화폐 가치로 치면 1940억 달러다.

9. 빌 게이츠(1955~)

국가 : 미국

부 : 789억 달러

마이크로소프트(MS)의 창업자로 현존하는 세계 최고 부자. 미 경제 격주 간지 〈포브스〉는 올해 그의 순자산 규모를 789억 달러로 추산했다. 세계 제2의 부호로 의류업체 '자라'의 창업자

인 아만시오 오르테가보다 80억 달러 많은 셈이다.

10. 칭기즈칸(1162~1227)

국가 : 몽골제국

부 : 거대한 땅

칭기즈칸이 군사적으로 탁월한 재능을 지닌 지도자였음은 분명하다. 그가 통치한 몽골제국은 전성기에 중국에서부터 유럽까지 광활한 지역을 점령했다. 하지만 그는 막강한 권력에도 자기를 위해 축재하진 않았다. 그가 막강한 영향력을 행사할 수 있었던 것은 관대함 덕이다. 뉴욕 시립 대학 퀸스 칼리지에서 역사학을 가르치는 모리스 로사비 교수는 "칭기즈칸이 지도자로 성공할 수 있었던 요인 가운데 하나는 전리품을 휘하 병사, 장수들과 나눠 가졌다는 점"이라고 지적했다.

『칭기즈칸, 잠든 유럽을 깨우다』의 저자인 잭 웨더퍼드에 따르면, 칭기즈칸은 군사들에게 사적인 약탈을 금했다. 웨더퍼드에 따르면, 칭기즈칸은 전리품 가운데 일부를 차지했다. 그렇다고 부자가 될 정도는 아니었다. 그는 자신이나 가족을 위해 궁전, 사원, 능(陵), 심지어 집조차 지은 적이 없다. 그는 몽골 초원의 원형 천막에서 태어나 천막에서 숨을 거뒀다. 죽은 뒤 보통사람들처럼 짐승 털로 만든 부드러운 요에 싸여 매장됐다.

5. 중국(中國)

세계의 중심, G2 반열에 오른 중국, 중국의 과거-현재-미래

'도광양회'(韜光養晦, 나관중의 소설 『삼국지연의(三國志演義)』에서 유비가 조조의 식
객 노릇을 할 때 '살아남기 위해 일부러 몸을 낮추고 어리석은 사람으로 보이도록 하여 경
계심을 풀도록 만들었던 계책'), '유소작위'(有所作爲, 중국 고전 『맹자』에서 유래. '사람
이 뭔가 일을 해서 비교적 큰 성과를 거둔다는 의미'), '화평굴기'(和平崛起, 평화롭게
우뚝 선다'는 뜻으로 '중국은 국제사회에서 강력해진 국력과 영향력에 걸맞은 역할을 해
야 한다'는 의미), '부국강병'(富國强兵, '나라를 부유하게 하고 병력을 강하게 함', 출전
『전국책(戰國策)』, <진책(秦策)> 편), '대국굴기'(大國崛起, '큰 나라로 우뚝 선다'는 뜻).

순서대로 1980년대 덩샤오핑(登小平), 1990년대 장쩌민(姜澤民), 2000
년대 후진타오(胡수台), 2010년대 시진핑(習進平) 등 역대 중국 국가주
석들이 주창한 중국의 외교 정책을 표현한 말들이다. '재능을 밖으
로 드러내지 않고 조용히 힘을 길러 마침내 때가 되면 움직인다'는
중국인의 기질을 엿볼 수 있는 대목이기도 하다. 한편, 2015년 10월
26~29일 열린 '중국 공산당 제18기 중앙위원회 제5차 전체회의(5중전
회)'에서는 2016~2020년까지 샤오캉(小康, '먹고 사는 문제를 해결한 중산층 사
회')을 위한 연 6.5% 이상의 성장 우선정책, 빈곤해소와 사회복지, 녹
색환경, 개혁과 개방, 성숙된 지배구조, 한 자녀 정책 폐기 등을 주제
로 다뤘다.

황하문명 발상지, 영토는 우리 한반도의 44배인 960만㎢, 인구 13

억 7천만 명, 세계 최대 교역국, GDP 11조 달러(1인당 국민소득 7572달러)의 세계2위 경제대국, 군사대국(육군 160만, 해군 23만, 공군 40만여 명), 우주강국(세 번째 유인 우주선 발사 국가), 우리나라와 5000여 년간 관계를 맺고 있으며, 실크로드의 영광 재현…, 중국의 과거-현재-미래다.

중국의 역사와 문화

'夏-殷-周-秦-漢-隨-唐-宋-金-元-明-清'(하-은-주-진-한-수-당-송-금-원-명-청)으로 이어지는 5000년이 넘는 장고한 역사, 종이·화약·나침반·활판 인쇄술로 대표되는 4대 발명품, 황하문명(黃河文明)으로 일컬어지는 문명의 발상지, 유·불·선의 찬란한 종교 문화, 인구 13억 7000만 명, 55개의 다채로운 민족으로 구성된 풍부한 인적 및 물적 자원, 한반도의 44배에 이르는 960만㎢의 광활한 영토, 전 세계 1억 명의 화교(화상(華商))로 연결되는 세계적인 인적 네트워크, 그리고 강력한 리더십을 바탕으로 중국은 세계 경제를 좌우하는 거대 국가로 거듭나고 있다. 여기다 중국의 과거라는 서안(西安), 현재라는 북경(北京), 미래라는 상해(上海) 등 국제적인 경쟁력을 갖춘 도시들도 즐비하다. 범 중국 권역인 홍콩, 마카오, 타이완도 국제 경쟁력을 뒷받침하고 있다. 마케도니아의 알렉산더 대왕을 능가하는 중국 원나라(몽골) 때 징기스칸이 건설하고 경영했던 대제국에 대한 야망은 현재도 유효하다.

한편, 세계사는 BC 221년 춘추전국 시대를 평정하여 중국 최초의 통일국가 진나라(秦, China도 Chin에서 유래)를 세운 시황제(始皇帝)를 역사상 최초의 근대국가를 세운 인물로 평가한다. 중국 최초 통일국가의 시조인 진시황제는 관료제와 군현제 등을 통하여 강력한 중앙집권 국가의 원형을 구축했으며, 이 제도는 지금까지 국가 제도의 근간이 되고 있다. BC 221년~AD 2016년, 2237년간 중국 역사에서 통일된 기간은 진시황의 중국 통일(BC 221년)~후한 멸망(220년)까지, 수·당(581~907년), 북송(960~1127년), 원·명·청(1279~1911년), 중화인민공화국(1949~2016년) 등 1633년간이고, 분열기는 나머지 604년간이다. 한마디로 중국은 분열과 통일의 연속이었다. 따라서 면면히 내려오는 중국의 꿈도 다름 아닌 천하통일이다. 중화제국의 광활한 영토에, 황제가 지배하는 나라로, 언어와 종교가 다양하고, 문명의 발상지로 세계의 중심국가로 이어지고 있다.

중국 공산당

중국을 이야기할 때 공산당을 빼놓을 수 없다. 8800만 명에 이르는 공산당원은 18세부터 입당 자격이 주어지며, 당 지도부의 엄격한 심사를 거쳐, 단계별 학습과 현장 실무를 통한 검증을 받아서, 현·처장급, 청·국장급, 장관급, 그리고 부총리, 총리, 주석으로 이어진다. 총서기 시진핑을 정점으로 7명의 중앙정치국 상무위원회, 25명의 중앙정치국원, 376명의 중앙위원회, 47,000여 명의 예비간부가 있다. 2012년 11월 8일 '제18차 중국 공산당 전국대표회의'에서 선출된 시진핑 국가주석은 기회 있을 때마다 좋은 간부의 자질로 다음 다섯 가지를 주문한다. 신념견정(信念堅定, 사상투철), 위민복무(爲民服務, 봉사정신), 근정무실(勤政務實, 성실근무), 감우담당(敢于擔當, 책임의식), 청정염결

(清正廉潔, 청렴의식)이다. 2016년 10월 열린 '제18기 중앙위원회 6차 전체 회의'(18기 6중전회)에서 시진핑 주석은 '핵심 지도자'의 반열에 올랐다.

한편, 중국은 중앙기율검사위원회(정치국상무위원)라는 조직이 있는 데, 우리의 감사원과 같은 곳이다. 그 산하에 공안부, 최고인민법원, 최고인민검찰, 국가안전부, 사법부를 통할하고 있다. 이를 통하여 야당이 없는 중국정부가 공산당 등의 비리나 부패를 방지하고 있다. 서방이나 외부 세계의 우려에도 불구하고 중국 공산당 1당 체제는 위기의식과 끊임없는 학습, 현실적인 정치, 정책 유연성, 차세대 양성, 현장 중시, 업무 연속성, 미래비전 등을 통하여 지속적인 유지를 자신하고 있다. 중국의 시스템은 정부, 기업, 가계, 학계, NGO 인재를 망라하는 범국가적인 인재 관리 시스템을 갖추고, 최고의 엘리트를 교육, 양성시키고 정책과 인물들이 함께 성장하는 시스템을 만드는 것이다. 그 중심엔 공산당이 있다.

중국 공산당 역사에 있어서 빼놓을 수 없는 부분 중의 하나가 문화대혁명(문혁)이다. 1966년부터 시작하여 1976년에 끝나 중국의 '잃어버린 10년'이 된 구 사상, 구 문화, 구 풍속, 구 습관 타파 운동으로 전개되어 학생이 스승을 비판하고 자식이 부모를 비판하면서 국가 경제까지 거덜내고 말았다. 문혁 기간 중 한발과 홍수로 5천여만 명이 사망하고, 마오의 1인 독재 체제가 강화되는 듯했다. 그러나 1976년 마오쩌둥의 사망과 함께 그의 부인 장칭 등 4인방이 구속되면서 막을 내렸다. 문혁은 중국의 발전을 10년은 뒤처지게 했으며, 우리나라는 그만큼 반사이익을 얻었다고도 할 수 있다.

중국이 세계시장에서 차지하는 비중

중국 상인들의 10가지 장사불변의 법칙과 부의 비결을 살펴보면, 신용, 기회, 행동, 예상, 협력, 처세, 투자, 전략, 연마, 관리다. 경제학의 시조라 할 수 있는 아담 스미스(Adam Smith, 1723~1790)는 1700년대 "중국은 세계에서 가장 부유한 나라"라고 선언했다. 13.7억 명의 인구, 국토면적이 한반도의 44배 규모로 러시아-캐나다-미국에 이은 세계 4위, 연간 무역액 4조 달러 세계 2위 무역대국, 국내총생산(GDP) 11조 달러 세계 2위 경제대국, 중국 경제가 세계 경제에서 차지하는 비중 10.43%(한국 1.60%, 일본 8.39%), 1인당 GDP 7572달러, 3조 달러가 넘는 세계 최대 외환보유고, 1997년 이후 연평균 10% 안팎의 초고속 성장을 구가하고 있다.

중국은 미국에 이어 세계 두 번째 무역대국이기도 하다. WTO의 '무역통계 및 전망' 자료에 따르면, 2016년 미국의 상품 수출입 총액은 3조7060억 달러(수출 1조 4550억 달러, 수입 2조 2510억 달러)로 1위이며, 중국은 3조 6850억 달러(수출 2조 980억 달러, 수입 1조 5870억 달러)로 2위로 밀려났다. 세계 최대의 철강 생산국, 전기·전자 제품 수출 세계 으뜸, 상하이 항 연간 6억 톤의 화물 처리로 부동의 세계 1위, 조선은 한국을 넘어섰으며, 인터넷 사용자 수도 미국 다음으로 세계 2위 등이 중국의 현재 모습이다. 전망도 밝아 2040년이면 중국과 인도가 경제 규모 면에서 미국을 앞서, 이들 두 나라가 세계 1, 2위 경제 대국이 될 것으로 전망된다.

중국은 또한 강력한 국력과 기술력을 바탕으로 미국과 러시아에 이어 유인 우주선을 띄웠다. 군사력도 국방 예산만 1300억 달러로 한국 348억 달러와 일본 467억 달러를 능가하고, 160만 명의 군대, 1090척 함정, 2070기 항공기를 보유하고 있다. 경제력과 과학기술을 바탕으로 2020년까지 우주인 달 착륙을 계획하는 등 우주 경쟁에도 나서고 있다. 2017년 5월에는 미국(보잉), 유럽(에어버스), 러시아(투플레프)에 이어서 세계 네 번째로 중형 상업용 항공기(COMAC, C919)도 독자 개발, 자체 기술로 만들었다.

교육열도 나날이 높아져 아시아 톱 10 대학에 중국계가 5개(싱가포르국립대-베이징대-칭화대-난양공대-홍콩대-홍콩과기대-도쿄대-카이스트-서울대-포스텍 등위 순, 2017년 3월, The Asia University Rankings)나 된다. 중국의 주요 산업별 업종이 세계 생산에서 차지하는 비중도 다음과 같다. 자동차는 27%, 조선 36%, 철강 49%, 섬유 69%, 가전 44%, 통신기기 47% 등 모두 부동의 세계 1위다. 일반기계 10%, 석유화학 13%, 식품 17%로 2위, 그리고 반도체 15%로 3위, 디스플레이 14%로 4위를 마크하고 있다. 기술개발 순위가 과거 미국-일본-한국-중국의 흐름에서 완전히 바뀌었다.

세계 기축통화(Key Currency)로서의 미국 달러화의 비중과 역할이 여전하지만, 중국 위안화(CNY)도 무시 못 할 통화로 부각되고 있다. 2016년 6월 말 기준 SWIFT의 통화 별 결제거래 비중을 보면, USD(45%), EUR(27%), GBP(8.5%), CNY(2.79%), JPY(2.76%), CAD, AUD, CHF, HKD, THB, KRW(1.0%) 순이다. IMF 특별인출권(SDR) 통화 비중도 달러화 41.9%, 유로화 37.4%, 파운드화 11.3%, 위안화 14%, 엔화 9.4%다. IMF의결권 비중도 미국 16.74%, 일본 6.23%, 독일 5.81%, 영국과 프랑스 각각 4.29%, 중국 3.81%이며, 한국은 1.36%에 불과하다. 중국인민은행이 2005년 7월 21일 달러·위안화 환율을

8.28위안에서 2.1% 절상한 8.11위안으로 평가절상을 단행하고, 고정환율제도(페그 시스템)를 폐지하고 복수통화바스켓제도를 도입하면서 위안화 환율이 국제금융시장의 주요 관심사가 되고 있다.

2016년 9월 말부터는 CNY가 IMF 특별인출권(SDR)에 포함되면서 미국 달러 41.7%, 유로화 30.9%, 위안화 10.9%, 파운드 8.4%, 엔화 8.1%의 위상을 갖고 있다. 2016년 8월에는 세계은행이 중국에서 SDR 채권도 발행했다. 2012년 4월 14일에는 여느 때와 마찬가지로 중국 정부가 주말을 틈타 〈중국인민은행발표문〉을 통해서 '위안화 환율 일일 변동 폭(밴드)을 2012년 4월 16일부터 0.5%에서 1.0%로 확대한다'고 발표했다. 이후 6.30위안까지 가파르게 위안화 강세(환율 하락, 위안화 절상)를 나타냈으며, 주요 무역 결제통화로 등장하면서 위안화의 국제화도 빠르게 진행되고 있다. 참고로, 중국의 환율제도는 계획환율제도(1949~1979)-이중환율제도(1979~1984)-환율단일화제도(1984~1993)-관리변동환율제도(1993~1996)-고정환율제도(1996~2005)-복수통화바스켓제도(2005~현재)로 현재까지 이어져 오고 있다.

중국 경제 및 금융시장

'유커(遊客)'로 유명한 중국은 독일(840억 달러), 미국(790억 달러)에 이어서 540억 달러로 세계 3위 해외여행 소비를 많이 하는 나라로서 그 숫자만도 1억 명이다. 전 세계에서 가장 해외여행을 많이 하고, 전 세계 명품시장의 25%를 소비하는 나라이며, 명품 소비층 평균 나이가 서양의 59세 대비 훨씬 젊은 39세에 불과하다. 전 세계 투자자들의 관심사인 중국 증시도 2016년 기준으로 상장 종목 3000여 개에 시가총액 8.5조 달러, 개인 투자자만 1억 명과 총 계좌 2억 5천만 개에 이른다. 선강퉁(深巷通)으로 불리는, 중국 선전과 홍콩 간 교차거래가 가능한 주식시장으로 2016년 11월에 시행되었으며, 870개 종목에 17조 위안에 이르는 시가총액 규모다. 후강퉁(逅巷通)으로 불리는, 중국 상하이와 홍콩 간 교차거래가 가능한 주식시장으로 2014년 11월에 시행되었으며, 567개 종목에 26조 위안에 이르는 시가총액 규모다.

2017년 6월 20일 상하이와 선전 증시에 상장된 중국 본토기업 주식인 중국A주 222개 종목이 모건스탠리 캐피털 인터내셔널[MSCI] 신흥국 지수에 포함됐다. 우리나라의 경우 2008년 이후 내리 10년째 선진국 지수 편입에 도전해 왔지만 외환시장 개방 불가 조치로 번번히 실패했다.

2007년 10월 16일 상하이종합지수는 6092로 사상 최고치였다. 중국은 저축률 35%(미국은 3% 불과)로 세계 최대 저축국가로 자금도 풍부해서 투자 여력이 미국을 능가한다. 경제성장률(GDP)은 7% 이상 고성장(保7)세가 일단 무너지고, 2017년 6.6% 성장이 예상된다. 중국 국가통계국 자료에 따른 2010년부터 2016년까지 7년간의 GDP 성장률은 10.4%-9.3%-7.7%-7.6%-7.4%-6.9%-6.7%로 점진적인 하락세다. 같은 기간 소비자물가 상승률은 3.3%-5.4%-2.6%-2.6%-2.0%-1.4%-2.0% 그리고 2017년 2.4%가 전망된다.

한편, 중국 경제의 부채 급증, 경제성장률 둔화, 재무 건전성 악화 등으로 2017년 5월 국제신용평가사 무디스는 중국의 국가신용등급을 한 단계 떨어뜨려 Aa3에서 A1으로 강등했다. 1989년 이후 처음이며, 한국(Aa2)보다 두 단계나 아래다. GDP 대비 총부채 260%, 기업 부채는 166%로 세계 최고치다. 2017년 6월 기준 중국의 국가신용 등급은 S&P AA-, Moody's A1, Fitch A+ 등급이다.

중국 위안화(CNY) 환율변동과 환율제도

중국인민은행(PBOC)이 2015년 8월 11~13일 연 사흘 동안 각각 1.86%, 1.62%, 1.11% 총 4.59% 중국 위안화 평가절하를 전격적으로 단행했다. 이로 말미암아 중국 위안화는 6.1150에서 순식간에 홍콩 시장에서 6.5400으로 폭등하고, 우리 원·달러를 비롯하여 여타 아시아 국가들의 환율이 동반 급등하면서 주가는 급락 양상을 보였다. 국제 원자재 상품시장에서 국제유가와 구리 가격도 급락세를 나타냈다. 한마디로 중국 발 쇼크다. 특히 우리나라의 가장 큰 교역 상대국인 중국 정부의 정책결정으로 원·달러 환율은 장 중 1155원 대에서 2011년 10월 4일 1194원 이후 4년여 만의 최고치인 장중 1195원까지 순간 폭등하고, 주식시장에서 코스피 지수는 1020선에서 950선까지 순식간에 폭락했으며, 코스닥은 700선이 한 순간에 무너지기도 했다. 중국 정부의 이런 조치는 7월 수출이 전년 대비 -8.9%를 기록하고, IMF 특별인출권(SDR) 통화바스켓 편입 관련 헤게모니 선점, 저물가 디플레이션 압박, 기타 일본 엔화 등 다른 아시아 통화들의 약세를 따라잡기 위한 것으로 풀이된다.

한편, 러시아가 권토중래의 꿈을 포기하지 않은 가운데 크림 반도의 관할권을 둘러싼 우크라이나 사태로 경제 제재를 겪고 있는 와중에, 중국과 미국의 G2 파워 간 헤게모니 쟁탈전도 점입가경이다.

더불어 두 나라 사이 통화 전쟁(Currency War)도 한창인 가운데 중앙
은행인 중국인민은행(PBOC)은 2015년 8월 11일 위안화 평가절하 조
치 외에도 지난 2014년 3월 15일 주말을 틈타 "중국 위안화 환율 일
일 변동 폭(밴드)을 월요일인 17일부터 1.0%에서 2.0%로 확대한다."고
발표했다. 2012년 4월 16일 1.0%로 확대한 지 딱 2년 만이다.

중국 정부의 이번 조치는 첫째, 중국 위안화의 국제화 가속, 둘째,
일방적인 위안화 강세에서 국제통화로서 시장 재료에 따라 오르내림
을 반영, 셋째, 중국 정부의 환율 밴드 확대에 따른 자신감의 표현,
넷째, 환율 상승을 통한 가격 경쟁력 제고와 수출 증가를 통한 경제
성장 지속이라고 할 수 있다. 끊임없이 중국 위안화 절상(USD/CNY 환
율 하락) 조치를 요구하고 있는 미국은 이번 조치에도 불구하고 위안
화가 좀 더 유연(절상)화되어야 한다고 더욱 압박할 것으로 보인다.
1994년 8.6200 최고 수준의 위안화 환율은 2000년 8.2800 수준의
질서정연한 강세를 나타내더니, 2006년 7위안 대 진입, 2008년 6위안
대, 그리고 2014년 2월 6.0000위안 대가 무너질 위기에 처했다. 그러
자 중국 정부가 강력하게 환율 지키기에 나서면서, 최근에는 방향을
위(위안화 약세)로 틀고 다시 7.0000위안 대를 위협하고 있다. 트럼프 행
정부는 출범과 동시에 중국을 환율 조작국(매년 4월과 10월 의회에 제출하
는 환율정책 보고서로 대미무역흑자 200억 달러 초과, GDP 대비 경상흑자 3% 초과, 일
방향 시장개입 등)으로 지정하고 45% 벌칙성 관세 부과를 벼르고 있다.

오늘날 중국 발전의 토대를 제공한 개혁·개방 정책과 향후 더욱
거세질 시장의 결정적 역할과 국가의 지배적 역할 간의 싸움이 금
융에서 시작됐다. 미국 따라잡기에 나선 중국, 그 출발점이 통화로
정책 수단은 바로 환율이다. 한편, 중국 위안화 환율은 주요 아시

아 통화, 즉 일본 엔화 및 우리 원화에도 적잖은 영향을 미쳐 그 파장이 만만치 않다. 위안화 환율 변동 폭 확대 의미, 중국의 환율제도, 우리나라 경제에 미칠 영향 그리고 향후 위안화 움직임에 대해서 살펴보자.

중국의 환율제도

중국의 환율제도는 계획환율제도(1949년~1979년)-이중환율제도(1979~1984)-환율단일화제도(1984~1993)-관리변동환율제도(1993~1996)-고정환율제도(1996~2005)-복수통화바스켓제도(2005~현재)로 현재까지 이어져오고 있다. 복수통화바스켓은 총 13개 통화로, 비율은 USD(0.2240), EUR(0.1634), JPY(0.1153), KRW(0.1080), GBP(0.0316), HKD(0.0428), AUD(0.0627), NZD(0.0065), SGD(0.0382), CHF(0.0151), CAD(0.0253), MYR(0.0467), RUB(0.0436), THB(0.0333)로 한국 원화(KRW)는 원·위안 직거래가 상하이시장에 개설되어 네 번째로 비중 있는 통화다.

중국 위안화 평가 일지

1949년 중화인민공화국 건국 이후 줄곧 고정환율제도(페그 제도)를 유지해오던 중국인민은행은 2005년 7월 21일 목요일 밤 20시(중국 현지 시간 19시) 위안화 환율을 8.2800 위안에서 2.1% 절상한 8.1100 위안으로 전격 평가절상(환율하락, 위안화 강세)했다. 동시에 복수통화바스켓 제도를 도입함으로써 고정환율제도를 폐지했다. 통화바스켓은 달러, 유로, 엔, 파운드, 한국 원화 등이다. 일중 변동 폭은 0.5%로 결정했다. 2005년 평가절상으로 원·달러 환율은 1035원에서 1000원 대 초반으로 30원 이상 급락하고, 달러·엔 환율은 112엔 대에서 109엔 대로 동반 폭락했다. 이날 중국 위안화는 싱가포르 외환시장에서 거래되던 역외선물환(NDF)시장에서 일방적인 달러 매도 포지션(위안화 강세에 베팅)으로 밴드를 완전히 벗어나 No Bid(호가 공백) 국면을 맞기도 했다.

또한 중국 정부는 2010년 6월 19일 일요일 'G20 캐나다 토론토 회의'를 앞두고 중국인민은행의 발표문을 통해서 전격적인 관리변동환율제도를 재도입, 위안화 절상 가능성을 언급했다. 월요일 열린 서울 외환시장에서 원·달러 환율은 1202원에서 1169원까지 30원 이상 급락하고, 주식시장에서 코스피 지수는 2% 가까이 급등했다. 달러·위안화도 6.8330에서 6.6200까지 2.5% 이상 급락하는 등 금융시장이 한때 휘청거렸다.

2012년 4월 14일 중국 정부는 주말을 틈타 중국인민은행발표문을 통해서 "위안화 환율 일일 변동 폭을 2012년 4월 16일부터 0.5%에서 1.0%로 확대한다."고 발표했다. 그러나 국제금융시장에 미친 영향은 지극히 제한적으로, 위안화는 6.3000선에서 6.3150선 오히려 약세를 나타내고, 원·달러 환율도 소폭 오르면서 장을 마쳤다.

2014년 3월 14일 여느 때와 마찬가지로 중국 정부는 주말을 틈타 중국인민은행발표문을 통해서 "위안화 환율 일일 변동 폭(밴드)을 2014년 3월 17일부터 1.0%에서 2.0%로 확대한다."고 발표했다. 이번에도 국제금융시장에 미친 영향은 지극히 제한적으로, 위안화는

6.1400선에서 6.1500선 소폭 약세를 나타내고, 원·달러 환율도 1070원대 큰 변동 없이 움직였다. 달러(USD)/위안화(CNY) 환율은 6.1500선으로 1994년 8.6200 대비 29% 가까이 위안화 강세를 나타냈다. 2014년 2월에는 6.0000선도 무너뜨릴 태세였다.

그리고 가장 최근에는 중국인민은행이 여느 때와 마찬가지로 사전예고 없이 2015년 8월 11~13일 연 사흘 동안 각각 1.86%, 1.62%, 1.11% 총 4.59% 중국위안화 평가절하를 전격적으로 단행했다.

중국 위안화 절상 또는 절하가 우리 통화 및 경제에 미치는 영향

중국 위안화의 급격한 절상만 아니라면 우리 통화에 미칠 영향은 제한적일 수 있으나, 현재 원화 약세 구조의 펀더멘털과 맞물려 원화의 동반 약세는 불가피할 전망이다. 그러나 연말까지 1000억 달러에 육박할 것으로 예상되는 과도한 경상수지 흑자, 세계 6위의 외환보유고 등으로 그 여파는 오래갈 것 같지는 않다. 한 연구에 따르면, 중국이 위안화를 1% 절상하면 원화는 0.25% 절상 효과가 있으며, 미국이나 유럽 등의 요구대로 10% 이상 대폭적인 절상을 결정한다면 원·달러 환율은 50원 이상 폭락하며 순식간에 1000원대 진입, 금융시장 상황에 따라서는 중장기적으로 환율 세 자리 숫자 재진입도 예상할 수 있다. 그러나 중국 정부는 여러 사정을 감안하여 연간 5% 내외의 점진적인 평가절상을 결정할 것으로 예상된다. 그러나 미국 EU 일본 브라질 스위스 등 국제사회의 압박과 중국 정부의 외환정책 및 외환시장의 특성상 2005년과 같은 전격적인 추가 평가절상도 배제할 수 없는 상황이다. 평가절하 및 밴드 확대 조치가 예년과 같이 위안화 절상으로 이어진다면, 중국 현지에 진출한 우리나라 수출기업들은 가격 경쟁력 면에서 제품 가격이 점점 낮아지는 불리한 영향을 받을 수 있으나, 중국은 더욱 커진 구매력을 바탕으로 수입을 늘릴 수도 있다. 올해 들어 중국 정부의 경제 관점이 수출에서 국내 소비로 바뀐 것도 큰 변화다. 국내 수출기업들에게는 위안화 절하가 악재인 것은 분명하다. 그리고 위안화 절하는 중국의 입장에서 자국의 돈 가치가 내리면서 해외자산과 투자를 줄일 여지가 커지기 때문에 휘청거리는 세계 경제성장에도 악재다.

한편, 정책 변경 관련 중요한 이슈 가운데 하나는 그동안 일방적인 위안화 절상에 맞춰져 있는 시장 컨센서스와 관련 파생상품(선물, 옵션, 스왑 등)에 어떤 영향을 미칠지도 주의 깊게 지켜봐야 한다. 시장 상황에 따라서는 중국 현지뿐만 아니라 국제금융시장의 교란 요인이 될 수도 있으며, 그 직격탄은 우리나라와 일본일 가능성이 매우 크다. 은행 자산의 90% 이상을 국가가 소유하고, 2016년 금리 자유화를 앞두고 있는 중국은 1997년 동아시아 외환위기 및 2008년 글로벌 금융위기를 제대로 겪어보지 못한 유일한 아시아 국가들 중의 하나다.

중국 위안화의 미래

미국-중국 G2로 확실히 자리매김한 세상의 중심 중국의 위세가 무서울 정도다. 세계 경제는 미국보다는 중국의 향방에 더 큰 관심을 갖고 있다. 정치(외교)는 미국에, 경제는 중국에 기대고 있는 대한민국의 현실에서 마땅히 우리가 할 일은 지극히 제한적이나 양국 간의 모멘텀 변화를 적절히 활용하는 지혜가 절실히 요구되는 시점이다. 궁극적으로는 우리의 힘을 기르는 방법밖에 도리가 없다. 최근 정치적인 문제로 미-일과 한-중 관계 구도가 점점 굳어져가는 모습이다. 세계 경제 구도도 미국-유로 지역-일본-중국-러시아의 복잡한 구도 속에 미국-중국의 헤게모니 쟁탈과 파워게임에서 살아남을 전략이 절실한 우리나라다.

현실적으로 중국은 우리나라의 최대 수출국으로 수출 비중이 무려 25%로 미국, EU, 일본 등을 압도하고 있다. 국제무역에서 위안화 결제 비중은 달러 81.1%, 위안화가 8.7%로 2위, 유로화 6.6% 일본 엔화 1.4% 순이다. 최근에는 중국의 외환보유고가 3조 달러대로 떨어지고, 위안화 가치도 6.9000 언저리로 약세 지속이며, 중국 무역결제에서 위안화 비중도 27%에서 15%대로 줄어드는 등, 전반적인 위안화 강세 기조가 흔들리고 있다. 향후 중국 위안화의 위상이 어떻게 변할지, 절상이나 절하 수준이 언제 어느 만큼으로 결정될지는 정확히 알 수 없다. 2005년과 2010년 전격적인 평가절상과 2012년과 2014년 외환시장 밴드 확대 조치, 그리고 2015년 8월 평가절하 조치가 국제금융시장에 어떤 영향을 미쳤는지 살펴보는 것은 우리에게도 상당한 의미가 있다. "시장은 아는 만큼 보인다."

중국과 비즈니스

중국은 과거나 현재 그리고 미래에도 가장 큰 비즈니스 시장으로 남을 것이다. 중국에서의 비즈니스 성공요소와 실패요인은 다음과 같다. 먼저, 성공요소는 중국어를 알고 이를 통하여 그들의 역사와 문화를 아는 것이 가장 중요하고, 네트워크도 필수다. 실패요인은 중국시장에 대한 이해부족과 문제의 본질을 정확하게 파악하지 못하고 엉터리 전문가의 꾐에 빠지는 것을 주의해야 한다. 중국인의 자존심, 중국문화, 중화사상을 철저히 알고 비즈니스에 임해야 한다. 중국은 자타가 인정하는 세상의 중심, 대국이다. 따라서 '중국과의 비즈니스 목표가 무엇인지? 얻어야 할 것은 무엇인지? 막아야 할 최악은 무엇인지?'를 명확하게 인식하는 게 관건이다. 임어당(林語堂)은 중국인이 지배하는 세 명의 여신으로 체면(面), 운명(命), 보은(恩) 세 가지를 꼽는데, 비즈니스에서도 마찬가지다. 未雨綢繆(미우주무), 비오기 전에 미리 창문을 단속하라. 양재불양로(讓財不讓路), 차재불차로(借財不借路), 돈은 양보해도 길(친구, 네트워크)은 양보하지 마라. 중국 비즈니스에서 지킬 일들이다.

한국과 중국의 관계 발전사

1950년 6.25 전쟁 당시 30만 명의 중공군 참전, 1992년 8월 24일 '한-중 수교', 2003년 7월 '한-중 전면적 협력동반자 관계' 선언, 2003년 12월 중국이 한국의 최대 수출국 부상, 2007년 12월 중국이 한국의 최대 수입국 부상, 2008년 5월 '한-중 전략적 협력동반자 관계' 선언, 그리고 2012년 8월 24일로 '한-중 수교 20주년'을 맞았다. 한반도에서 일어난 6·25 전쟁에서 서로 총구를 겨눴던 두 나라의 수교는 앞서 이뤄진 한-소(韓蘇, 현재 한국-러시아) 수교와 더불어 동북아 냉전구도의 한 모서리를 허물었고, 남북 간의 외교 경쟁에서 균형추가 남으로 크게 이동하는 계기가 됐다. 한-중 양국 간의 발자취를 되짚어보자.

먼저 교역과 해외 직접투자 부문이다. 1992년 64억 달러였던 두 나라 간 교역 규모는 2015년 2274억 달러로 36배나 늘어났다. 2016년 기준으로도 수출 1238억 달러, 수입 853억 달러, 교역규모 2091억 달러로, 수출 25% 및 수입 26% 비중을 차지하고 있다. 중국은 확고부동한 우리나라의 제1 수출 대상국으로 385억 달러 무역흑자를 보고 있고, 미국(698억 달러), 홍콩(304억 달러), 베트남(278억 달러), 일본(256억 달러)을 압도한다. 특히 중국과의 교역에서 무역수지흑자 규모는 20.4%로 일본 10.0%, 미국 9.3%를 합친 것보다 많다. 우리나라 5대 수출국 중에서 중국은 25.5%로 최대 수출 대상국으로, 미국 13.3%, 홍콩 5.5%, 베트남 5.3%, 일본 4.9%로 중국이 압도적으로 1위다.

한국의 중국 경제 의존도 22.50%, 중국의 한국 경제 의존도 6.82%, 중국의 입장에서도 한국은 미국, 일본, 홍콩에 이어 제4대 교역대국으로 성장했다. 한국의 대 중국 수출액은 2011년 1342억 달러를 넘어서며 2002년부터 10년간 연평균 21.2% 성장해 같은 기간 전체 국가 수출 증가율 14.6%를 크게 웃돌았다. 한국의 수출입 교역 1조 달러 세계 8위(수출 7위, 수입 10위) 무역대국 달성에 크게 기여했다.

한편, 1992년 한중 수교 이후 20년간 한국의 대 중국 무역수지 누적 흑자 규모는 2726억 달러로, 같은 기간 전체 흑자 규모 2397억 달러를 넘어서는 것으로 나타났다. 지난 20년간 대 중국 흑자를 제외하면 매년 약 16억 달러씩 무역수지적자가 발생한 셈이다. 특히

2008년 글로벌 금융위기 이후 대 중국 무역흑자는 전체 흑자보다 408억 달러가 많아, 수출 호조로 국내경기 회복에도 상당한 기여를 한 것으로 분석됐다. 그리고 우리나라 대 중국 무역흑자 규모와 대 일본 무역적자 규모가 거의 비슷한 수준이다. 중국의 비중을 실감할 수 있는 통계다.

양국 간 인적 교류도 연간 1000만 명(방중 400만 명, 방한 600만 명)에 육박하고, 한국 거주 중국인 유학생 6만여 명과 중국 거주 한국인 유학생 6만여 명, 양국 간 항공편도 주간 100개 노선 1000편에 이른다. 한국의 대 중국 해외 직접투자(FDI)와 관련해서, 1992년 1억 4000만 달러에 불과하던 것이 2016년에는 50억 달러로 20배가 늘어났고, 투자 건수는 같은 기간 10배 증가했다. 중국 진출 한국 기업 수는 코트라 등록자료 기준 3600여 개에 이른다. 중국 역시 1992년 6건, 110만 달러에 그쳤던 대 한국 직접투자가 2016년 500여 건, 20억 달러로 증가했다. 한-중 간 결혼도 꾸준히 늘어 한국인과 결혼한 중국인(조선족 포함)은 20만여 명이다. 이는 전체 외국인과의 혼인 사례 중 절반 가까이 차지한다. 한국에 있는 중국인 근로자도 50만여 명으로 급증, 전체 외국인 근로자의 60%를 차지하고 있다.

중국인들의 한국 부동산 사랑

중국인들의 한국 부동산 투자도 봇물을 이루고 있다. 제주도에 5억 원(50만 달러 상당) 이상 투자하면 영주권을 받는다. 그러면서 시작된 한국에 대한 부동산 투자가 이제는 부산과 인천을 거쳐 수도 서울로 이어지고 있다. 서울에서도 중국인들이 주로 거주하는 영등포를 넘어서, 대한민국 최고의 부촌인 서울 강남과 최근 매력을 더해가는 마포로 이어지고 있다. 한편, 서울에만 중국인 소유 토지가 5만여 평에 2조 원 상당 투자된 것으로 나타났다. 2016년 8월 국토교통부 통계에 따르면, 중국인 토지 소유 금액은 1.9조 원, 필지 수 20,700필지, 면적 142만㎡로 해마다 20% 이상씩 급증하고 있다.

중국인들의 입장에서 한국 부동산은 지리적으로 가깝고, 깨끗한 환경에, 유사한 기후, 그리고 음식 문화 등 좋아하는 요소들이 산재해 있어 미국이나 유럽 못지않게 좋아한다. 가격 면에서도 중국 베이징과 상하이 고가 아파트인 경우 평당 1억~2억 원인 점을 감안하면, 서울의 3천만 원 이하는 여전히 매력적인 수준이다. 중국과 달리 토지의 소유권(사유권) 및 상속권이 인정되는 것도 중국인 입장에서는 엄청난 투자 동인이다.

제주와 부산을 벗어나 중국인들의 본격적인 서울 부동산 진출을 눈여겨봐야 한다. 이런 추세가 이어진다면 나중에는 우리 국민이 돈 많은 중국인 주인의 임차인으로 살아야 할 경우도 생겨날 것이며, 가뜩이나 비싸서 지방으로 쫓겨나는 서울시민들의 서울살이가 더더욱 어려워질 수도 있다. 중국인들은 웬만하면 자기들끼리 사고파는 매매 관행도 여전해, 영구히 중국인들의 손에 놀아나는 한국의 부동산시장도 우려되는 부분이다. 중국인들의 우리나라에 대한 투자는 긍정적이지만, 수가 틀어져 한꺼번에 부동산 매물로 내놓을 경우 가격 폭락에 대한 부분도 염려된다. 정치·경제·역사·문화 등 많은 부분에 얽혀 있는 한중 관계는 우리로서는 생각할 점이 참으로 많다.

한-중 관계 발전의 걸림돌

1992년 수교 이후 한-중은 많은 분야에서 관계 발전을 가져왔다. 그러나 북한을 둘러싸고 여러 측면에서 불협화음이 나오고 있다. 2010년 3월과 11월 연이어 터진 천안함 폭침 사건과 연평도 포격 사태 때 중국이 일방적으로 북한 편을 들면서 냉기가 흐르고 있다. 한편으로, 혈맹인 중국은 북한의 잇단 대남 군사도발과 함께 3대에 걸친 세습체제에 따른 북한 인민들의 어려움도 외면하고 있다. 고대사 관련 역사왜곡과 영토분쟁에 관련해서도 한-일(독도), 한-중(이어도), 중-일(센카쿠제도), 중-베-필(난사 군도, 시사 군도, 황엔다오), 러-일(쿠릴 열도) 등 대립과 갈등이 반복되고 있다.

그러나 한-중 간의 가장 큰 이슈는 중국이 세계 2위 경제대국이 되면서 파워게임 양상을 벌이고 있는 미-중 간에 우리나라가 있다는 사실이다. 대북 억지력이라 할 수 있는 한-미 간 우호정책에도 날선 비판을 가하는 등 한반도 전략에 불편한 심기를 감추지 않고 있다. 최근 미국이 중국 견제 카드로 한국, 일본, 대만, 필리핀, 베트남, 미얀마, 인도, 파키스탄까지 끌어들여 중국 봉쇄정책을 쓰는 게 아닌가 하는 의심을 사고 있기도 하다. 2017년에는 사드(THAAD, 고고도 미사일 방어체계) 배치와 관련해서 우리나라와 냉랭한 분위기를 이어가고 있다. 한한령(限韓令, 한류 제한령)을 내려 중국인 관광객들의 한국 입국 제한, 한국인들의 중국 비자 절차 강화, 한국 기업들에 대한 세무조사와 각종 규제 강화 등을 통하여 직간접적으로 제재를 가하고 있다. 이 사태로 한-중 간의 교류가 얼어붙으면서 한국은 9조 원, 중국은 2조 원이 넘는 경제적인 피해를 보고 있는 것으로 나타났다.

중국은 외국인의 중국에 대한 기여도에 따라 외교적인 수사를 사용한다. 바로 중국 인민의 오랜 친구 '노붕우(老朋友)'다. 한 통계에 따르면, 지난 60년간 〈인민일보〉는 '라오펑유'라는 호칭을 123개국 601명에게 사용했다. 국가별로 보면, 일본이 111명, 미국 55명, 영국 24명이며, 한국은 한참 뒤진 단 2명(김대중 대통령과 이만섭 국회의장)에 그쳤다. 제대로 된 중국 전문가를 양성하는 게 급선무다. 중국 속담에 '국자는 10년 국을 떠도 국 맛을 모른다'는 말이 있다.

중국의 약점

중국은 영토대국이면서 자원부국이며, 자타가 공인하는 세계 2위 경제대국, 인더스 강, 나일 강, 티그리스·유프라테스 강 유역의 메소포타미아 문명과 함께 황하 유역의 인류 4대 문명 발상지이면서 반만 년 역사의 문화 강국이기도 하다. 그러나 중국은 시스템적으로 일당 독재의 공산주의 국가, 국유기업의 비효율성과 저 생산성, 도·농 간의 과도한 빈부 격차, 경기 과열에 따른 거품 논란, 경쟁국들의 추격, 1.2조 위안(201조 원 상당)에 이르는 금융기관들의 부실채권, 과도한 미국 달러 위주의 외환보유고, 위안화의 가파른 절하, 소비심리 위축, 금융 접근성 부족, 정책 불안정, 정부 관료주의가 중국 경제의 발목을 잡을 수 있다. 1조 2천억 달러의 총 외채와 9000억 달러의 단기 외화부채도 뇌관이다.

또한 분리 독립을 추구하는 소수민족 문제도 중국 정부 입장에서는 걱정거리다. 홍콩과 마카오를 비롯하여 인구 1800만의 장족,

1000만의 만주족, 990만의 후이족, 830만의 위구르족, 580만의 몽골족, 540만의 티베트족, 220만의 조선족 등이 바로 그들이다. 그리고 중국은 동아시아 대부분의 국가들이 1997년 외환위기, 2008년 글로벌 금융위기, 2012년 글로벌 신용위기를 겪으면서 경제 체질을 강화해온 반면에 중국은 그런 과정을 거치지 않았다. 중국의 언론도 문제다. 소위 사실(事實, Facts)보다는 진실(眞實, Truths)을 요구하는 공산당 강령이다. 여기서 진실이란, 일반적인 문자 그대로의 진실이 아닌, 공산당 이념과 정치 제도하의 진실이다. 따라서 왜곡되고 사실과 달리 공산당에 의해 검열된 것들로 말미암아 다른 나라들과의 마찰이 생기기도 한다.

한편, 글로벌 신용위기에 따른 전 세계 소비감소로 수출 전선에 먹구름이 이는 가운데 중국 정부는 국내 소비에 중점에 두고 있다. 중국 가계는 전통적으로 소비는 적은 반면, 여러 가지 이유로 저축(저축률 34%)을 많이 하는 대표적인 나라다. 최근 중국 정부가 빠른 임금 상승을 허용하는 등 자국 경제를 소비 기반 모델로 방향 전환하면서, 세계는 중국의 소비력이 차세대 세계 성장 동력이 되기를 기대하고 있다. 2001년부터 2011년 10년 사이 중국의 연간 실질 소비지출은 매년 10%씩 증가했으며, 달러로 환산하면 거의 16%씩 증가했다. 이는 세계에서 가장 빠른 증가 속도다. 중국의 소비지출이 GDP에서 차지하는 비중은 2011년 46%다. 총 소비 규모는 2001년 8000억 달러에서 2011년에는 3.5조 달러로 증가했다.

자동차 판매 증가로 승용차 판매고는 2001년 220만 대에서 2015년에는 2000만 대로 급증했다. 세계 최대 명품시장 지위와 함께 중국인들의 해외여행 증가도 가공할 만하다. 해외여행의 경우 지난 10년간 연간 성장률이 20% 정도였으며, 2015년에는 규모가 1000억 달러에 달했다. 하지만 전반적으로 소비가 둔화되자 중국 정부는 2011년 9월 개인소득세 인하, 2012년 초 소규모 사업자 대상 세금 감면, 2012년 5월 연금 인상 및 저소득층 지원금 확대, 에너지 절약 가전제품에 대한 보조금 지급, 연금 규모 확대와 농촌 지역의 의료보험 보급, 2012년 7월 기준금리 인하 등 많은 노력을 해왔다. 그러나 강력한 중국 정부의 인플레이션 대책 등 긴축정책으로 인한 부동산시장 및 주식시장 약세와 전반적인 경제 둔화로 소비자 심리는 더욱 악화되고 있다.

전 세계적인 부채 문제에 있어서 중국도 예외가 아니다. 2016년 9월 국제결제은행(BIS) 기준 중국의 GDP 대비 신용 비율이 30.1%로 위험 수준이다. 10% 이상이면 잠재적 위험 수준인데 이를 훌쩍 뛰어넘었다. 기업들이 빚을 내서 하는 과잉투자가 과잉설비-과잉생산-과잉공급으로 이어지며 궁극적으로는 디플레이션의 원인이 된다. 기업뿐만 아니라 가계 부채도 크게 늘어나면서 가계자금 대출만 4조 달러가 넘는다.

중국의 미래

1912년 쑨원의 신해혁명(辛亥革命) 결과 청(淸) 왕조가 멸망하면서 중화민국(中華民國)이라는 근대국가 건설, 1949년 마오쩌둥의 중화인민공화국(中華人民共和國) 건국, 1966~1976년 문화대혁명(文化大革命), 1978년 덩샤오핑의 개혁개방 정책(改革.開放政策), 1993년 장쩌민 체제, 2003년 후진타오 시대를 거쳐 2012년 10월 제18차 당 대회를 통해 시진핑 국가부주석 중심의 5세대 국가 지도부가 들어섰다. 경제대국 중국을 지금의 반열에 올려놓은 이는 덩샤오핑으로, 150㎝ 남짓 작은 키에 1997년 2월 19일 93세를 일기로 타계했다. 흑묘백묘(黑猫白猫)론으로 '검은 고양이든 흰 고양이든 쥐만 잘 잡으면 된다'는 실사구시 체계를 잘 표현했다.

세계는 중국도 이제는 국제사회의 보편적 가치나 추세에 맞춰 책임 있는 국가로서의 역할을 할 것을 기대하고 있다. 1당 독재 체제가 아닌 민주주의를 바탕으로 한 자유 시장경제 체제로 전환할 필요가 있는 시점이라는 것이다. 현재의 중국 경제는 고부가가치 경제가 아니고, 양의 경제다. 자원의 다변화와 효율적 배분, 투자 효율성 제고 등이 절실하다. 국제적으로는 경제 2위 대국의 지위에 걸맞고, 아시아 경제를 대표하는 대국의 위상에 어울리는 적절한 역할도 기대해 본다. 1997년 동아시아 외환위기, 2008년 글로벌 금융위기, 2012년 유럽 발 재정수지 적자 문제로 불거진 신용위기 돌파에 막강한 외환보유고를 가진 중국이 큰 역할을 해왔다. 또 한 번 세계는 중국의 역할을 기대하고 있다.

또한 한국-중국-일본-베트남-필리핀-대만-러시아 등 남중국해 스프래틀리 제도(베트남 명 쯩사 군도, 중국 명 난사 군도), 파라셀 제도(베트남 명 황사 군도, 중국 명 시사 군도), 스카보러 섬(필리핀 명, 중국 명 황옌다오), 센카쿠 제도(중국 명 댜오위다오), 쿠릴 열도 등 복잡한 영토분쟁에 있어서도 적절한 매듭이 필요하다. 특히 남중국해(南中國海) 관련 중국이 그은 구단선(九段線, 중국이 남중국해 9개 섬을 따라 그은 U자 형태의 영토선으로, 전체 남중국해의 80%인 350만㎢ 면적)은 2016년 7월 11일 UN산하 상설재판중재소(PCA)가 불법으로 판결하면서 미-중뿐만 아니라 중국과 아세안

각국과 충돌이 불가피하게 됐다. 남중국해의 전략적 가치는 인도양
과 대서양을 잇는 지리적 요충지, 원유 및 각종 천연자원 보고, 바다
식량 확보 등 안보 차원에서 당사국 모두가 놓칠 수 없는 부분이다.

〈'영유권 분쟁 중인 남중국 해' Contested claims in the South China Sea〉

과거나 현재 그리고 미래에도 한-중 관계는 매우 중요한 의미를 갖
고 있다. 과거의 숱한 전쟁, 현재의 상당한 비중을 갖고 있는 양국
간의 교역 규모, 미래의 남북통일이라는 큰 과제를 안고 있는 한반도

에서 중국은 우리의 국가적 운명을 결정짓는 절대적 변수로 작용하게 될 것이다. 독일의 통일이 미국이나 러시아 등 외세의 힘을 빌리지 않고 서독의 일방적인 경제 우위를 바탕으로 이뤄졌듯이 우리도 그렇게 될 수만 있다면 더없이 좋겠지만, 한반도는 6자 회담(대한민국, 미국, 일본, 북한, 중국, 러시아)에서 봐왔듯이 그런 상황이 못 된다. 현실적으로 중국과의 우호적인 관계 형성을 통해서 나라 발전을 꾀하고, 북한을 달래서 평화적으로 통일을 이뤄내는 수밖에 없다.

최근 중국 관련 소식 중에서 전 세계인의 관심을 끄는 분야는 국제금융시장에서의 위상강화로 나타나고 있다. 먼저, 중국의 금융굴기(金融屈起)로 일컬어지는 아시아인프라투자은행(AIIB)과 일대일로(一帶一路) 정책이다. AIIB는 미-중 간에 파워게임으로 우여곡절 끝에 80여 개국이 참여하면서 700억 달러에 이르는 자금으로 미국 주도의 국제통화기금(IMF) 및 아시아개발은행(ADB) 등에 대한 강력한 경쟁자로 부상했다. 일대일로는 2013년 시진핑 국가주석이 실크로드 경제벨트와 해상 실크로드를 통하여 중앙아시아, 유럽, 아프리카에 이르는 40여 개국과 육로와 해상을 연결하는 정치·경제·문화 공동체를 일컫는다.

일대일로의 주요 루트는 중국-중앙아시아-러시아-유럽으로 이어지는 길과, 중국-중앙아시아-서아시아-페르시아 만-지중해 노선, 그리고 중국-동남아-남아시아-인도양으로 향하는 길이다. 한국과 일본은 철저히 제외되어 있다. 미국과 달리 중국은 용틀임하는 아시아 대륙 중심부에 위치하면서 유럽과 러시아 그리고 중앙아시아 연결 거점이며, 과거 실크로드를 재현하고 있다. 2017년 5월엔 29개국 정상을 포함한 130여 개국 대표들을 베이징으로 초청해 '일대일로 국제협력 정상포럼'을 열어 그 세력을 과시했다. 중국 정부는 이번 1000억 위안(16조 원 상당)을 포함한 700억 달러를 일대일로 사업에 쏟아붓고 있다. 세계 1위 인구대국, 세계 2위 경제대국, 4조 달러에 이르는 막강한 외환보유고, 중국 위안화의 국제통화화, 강력한 군사력, 그리고 UN 상임이사국의 지위를 바탕으로 미국에 대항하는 유일한 국가로 자리매김하고 있다.

자고로 역사는 팍스 로마나-팍스 브리태니카-팍스 아메리카나-팍스 시니카로 이어지고 있다. 세계의 중심이라는 중국(中國), 중국의 발전은 세계 경제성장 동력으로 받아들여지고 있다. 당나라 때는 전 세계 GDP의 절반, 청나라 시대에도 32%에 육박하는 경제 규모를 자랑하던 중국이다. 2100년 금세기 이전에 중국이 세계 제1위 경제대국이 될 전망이다. 같은 유교 및 한자 문화권에 속해 있는 우리에겐 중국의 발전이 득일까 실일까?

6. 아세안의 최대 투자국 일본(日本)

세계 2위 경제대국 지위 중국에 빼앗기면서 절치부심 탈환에 안간힘

2012년 8월 이명박 대통령이 대통령으로서는 역사상 처음으로 독도를 방문함으로써 한국과 일본의 관계가 급랭했다. 여기다 지난 8.15 광복절을 앞두고 이 대통령의 '일왕의 사과' 요구 발언으로 한-일간의 영토 분쟁이 국가 간의 감정싸움을 넘어 경제 전쟁으로 비화될 조짐이었다. 우리와 이웃하면서 역사적으로 가장 많은 부분에서 경쟁하고 다투어온 일본은 2011년 중국에 세계2위 경제대국의 지위를 내주긴 했지만, 인구 1억 3천만 명, GDP 5조 달러로 명실 공히 세계 3위 경제대국이다. 더불어 세계 3위 군사대국(육군 15만, 해군 5만, 공군 5만여 명)이면서, 노벨상 수상자만 19명(과학 분야 16, 문학 2, 평화상 1명 등)을 배출했다. 연간 2천만 명이 찾는 관광대국이면서, 국토 면적은 우리나라의 거의 4배 규모다. 대한민국-일본, 긴 역사의 굴곡보다 더 많은 애환을 가진 나라가 또 있을까? 한-일 간의 역사, 정치, 경제, 사회, 문화의 과거 현재 그리고 미래다.

일본의 지리와 역사

일본은 아시아 대륙 동쪽 홋카이도(北海道), 혼슈(本州), 시코쿠(四國),

규슈(九州) 등 4개의 큰 섬을 중심으로 북동에서 남서 방향으로 이어지는 일본 열도로 이뤄진 섬나라다. 지리적으로는 북쪽으로 홋카이도 북쪽의 소야(宗谷) 해협 및 북동쪽의 네무로(根室) 해협을 끼고 러시아의 사할린 및 쿠릴 열도 남단의 구나시리섬과 마주하며, 남쪽으로는 난세이(南西) 제도가 타이완(臺灣) 근해까지 이어진다. 해안선은 3만km에 달하고 4,000여 개의 섬이 있다.

서쪽으로는 동해와 대한해협을 사이에 두고 러시아의 연해주 및 한국과 마주하는데, 대한해협 중간에 있는 쓰시마 섬(對馬島)은 부산에서 50km 거리에 있다. 동쪽으로는 오가사와라 제도(小笠原諸島) 등이 산재하면서 태평양에 면한다. 행정구역은 43개 현(縣), 1개 특별도(都), 1개 도(道), 2개 부(府)로 구성되어 있다. 야마토-아스카-하쿠오-나라-헤이안-에도-메이지 시대로 이어지는 일본은 4세기 초 통일국가가 세워졌고, 1615년 도쿠가와 이에야스가 전국을 통일했다. 근대 들어와서는 1894년 청·일 전쟁, 1904년 러·일 전쟁, 1910년 대한제국 국권 강탈, 1937년 중·일 전쟁, 1941년 태평양 전쟁을 일으켰으며, 1945년 히로시마와 나가사키에 원자폭탄이 떨어지면서 항복을 선언했다. 1950년 6·25 전쟁, 1964년 도쿄 올림픽, 1970년대 월남전 특수를 누렸다.

일본 경제

전기전자, 자동차, 우주항공, 로봇공학, 생명공학, 조선, 화학, 기계, 금속, 에너지 등 거의 모든 분야에 걸쳐 세계적인 기술력을 갖고 있는 일본은 우리나라와 세계 시장에서 활발하게 경쟁하고 있다. 특히 소재·부품 산업은 우리를 압도해 아직도 우리나라가 연간 300억 달러 가까운 무역수지 적자를 면치 못하고 있다. 일본은 1970년대 중반 카메라와 오토바이 분야 해외시장 개척을 시작으로 자동차와 TV, 비디오, 반도체로 영역을 넓혀왔으며, 이제는 우주항공, 로봇공학, 생명공학 분야에 두각을 나타내고 있다.

일본은 제조업뿐만 아니라 국제금융시장에서의 비중도 상당해 일본 엔화는 미국 달러, 유로화, 중국 위안화 다음으로 거래가 활발한 국제통화이면서 스위스 프랑과 함께 안전자산으로 분류되고, 도쿄는 런던과 뉴욕에 이은 세계 3위 국제금융시장이다. 2015년 관광객도 급증하면서 일본 입국자 1900만 명 출국자 1600만 명으로 한국(입국 1250만, 출국 1750만 명)을 압도하고 있다. 일본 경기도 최근에는 아베노믹스의 영향으로 되살아나고 있다. GDP 성장률이 2015년 4분기 -1.0%를 바닥으로, 2016년 2.6%-1.7%-1.0%-1.4% 성장, 그리고 2017년 1분기 2.2%로 지속적인 성장세다. 민간소비 증가율도 2015년 4분기 -2.4%를 바닥으로, 2016년 1.3%-0.7%-1.4%-0.2% 성장 그리고 2017년 1분기 1.4%로 연속 성장세다.

저 출산·고령화 문제로 경제 활력이 떨어지고 있는 일본 경제는 우리나라와 마찬가지로 수출에 크게 의존(총 교역액 비중 : 한국은 GDP의 100%, 일본은 10% 차지)하면서 미국 경제, 특히 달러화 환율에 상당한 영향을 받고 있다. 사실상 제로 금리인 저금리 구조, 과도한 국채 발행에 따른 재정수지 악화, 중국 경제의 경착륙 위험, 만성적인 디플레이션, 지난 번 중국의 희토류 수출 금지에서도 보여줬듯이 자원부족에 따른 원자재 시장에 민감한 반응, 외국인 투자자들에게 휘둘리는 금융시장, 그리고 영토분쟁과 같은 지정학적 리스크 등이 큰 약점으로 꼽힌다.

한편, 일본이 겪고 있는 경제적인 어려움은 많은 요소가 있지만, 우리나라와 비교했을 때 우리 원화가 1100원을 중심으로 안정적인 흐름을 이어가고 있는 반면, 일본 엔화 환율은 등락 폭이 상당하다. 전후 1940년대 1달러에 360엔이던 환율은 플라자 합의(Plaza Accord, 1985년 9월 뉴욕의 플라자 호텔에서 G5(미국, 영국, 프랑스, 독일, 일본) 재무장관들이 '외환시장 개입에 의한 달러화 강세 시정'을 결의한 조치로 '미국의 무역수지 개선을 위해 일본 엔화와 독일 마르크화의 평가절상을 유도하며, 이것이 순조롭지 못할 때에는 정부의 협조 개입을 통해 목적을 달성한다'는 내용의 합의) 이후 달러·엔 환율은 250엔 수준에서 일순간에 120엔 대 절반으로 꺾이더니 75엔 대까지 폭락했다. 1980년대 후반 플라자 합의로 엔화가 강세로 치달으면서 일본 제품의 경쟁력이 저하되는 가운데 기업들이 어려움에 처하자, 일본 정부는 5%대인 금리를 2%대로 낮추면서 경제 살리기에 적극 나섰다. 그러나 저금리로 자금이 주식과 부동산시장으로 밀려들면서 일본 토지 가격은 매년 두 배로 뛰고, 강해진 엔화를 바탕으로 빈센트 반 고흐 같은 유명 화가의 미술품과 록펠러센터 등 미국의 부동산을 사들이기 시작했으며, 자산시장에 버블의 먹구름이 끼기 시작했다. 그러나 1990년 일본의 부동산 버블 붕괴가 시작되면서 일본은 '잃어버린 20년'의 저성장의 고통을 겪게 되고, 아직도 일본 경기는 확실한 침체의 터널을 벗어나지 못한 가운데 중국에 세계 2위 경제대국의 지위를 넘겨주게 된다.

일본 경제와 한국 경제 관계

플라자 합의를 통해서 미국의 경상수지 적자를 줄이고, 일본 자본 유입을 원활히 하기 위해 도출된 플라자 합의 이후 엔고로 인한 일본 제품의 경쟁력 상실은 그대로 우리 상품의 대미 수출증대로 이어졌다. 잘 알다시피 한국이 1997년 외환위기를 벗어날 수 있었던 중요한 계기 중 하나가 원화가치의 급격한 절하를 꼽을 수 있다. 점령국 같았던 국제통화기금(IMF)은 금리 정책과 환율 정책에 대해 당시로서는 상상도 할 수 없는 조치를 취했다. 외환보유액 고갈로 외환 당국의 달러 매도 개입이 중단된 원·달러 환율에 대해 IMF는 일중 변동 폭 제한을 없애고 완전자유변동환율제를 채택하게 함으로써 원·달러 환율을 순식간에 800원 대에서 2000원 가까이 두 배 넘게 치솟게 만들었다. 금리는 10%선에서 25%까지 단숨에 올려놓았다.

원화와 외화 자금시장이 동시에 얼어붙으면서 유동성이 부족해지자 숱한 기업들이 부도를 맞아야 했으며, 실직으로 많은 가장들이 벼랑 끝으로 내몰렸다. 당시 아시아 맹주를 자처하던 일본도 전방위 투자자금 회수에 나서면서 우리나라를 철저히 외면했다. 외국인 투자자들은 주인이 사라진 알짜 기업들을 인수하기 시작했고, 폭락한 주가와 폭등한 환율 메리트를 맘껏 향유하면서 우량 주식, 채권, 부동산 등을 쓸어담았다. 그러나 외부세계의 지원, 국민들의 피땀 어린 노력과 자기희생으로 막혔던 외화유동성이 풀리고 환율과 금리도 떨어지면서 한국은 1997년 망할 때와 진배없는 속도로 2000년 뚜렷한 회생의 길을 밟았다. 당시 동아시아 위기에서 벗어나 있던 이웃 일본도 막강한 자금력을 바탕으로 우리나라 외환위기 극복에 상당한 기여를 했음은 물론이다. 한편, 2012년 8월 국제통화기금(IMF) '대외부문(External Sector)' 보고서에 따르면, 한국은 일본보다 경상수지 및 실질실효환율(REER) 부문에 있어서 우위에 있으며, 원화는 10% 저평가되어 있는 반면에 엔화는 10% 고평가 국면이라고 밝혔다.

잃어버린 20년을 극복하고 G2 재기도 노리는 일본, 미국과 공조로 아시아 대표선수 역할 강화

국제사회에서 일본에 대한 평가는 여전히 엇갈린다. 하지만 눈을 일본 국내로 돌려보면 얘기가 달라진다. 탄탄한 기초산업, 헌신적인 국민성, 경기회복에 대한 자신감, 실질적이면서 양호한 경제성적표, 그리고 국제사회에서의 일본의 역할강화 요구에 따른 탄탄한 입지 등이 그 배경이다. 성공적인 내치를 바탕으로 국제사회에서의 일본 아베 총리의 발길도 상당히 분주하다. 역사적인 미국 상·하원 의회 연설 등을 위한 아베 총리의 1주일 간의 미국 국빈방문으로 일본에 대한 국제사회의 관심이 고조되고 있다. 한-일 간의 독도영유권, 교과서, 위안부 등 굴곡진 역사인식 문제로 양국 간의 반목이 극에 달한 우리로서는 여러 면에서 진일보 중인 일본이 부럽기만 하다. 얼마 전 인도네시아 반둥에서 열린 아시아-아프리카회의(AA회의)에서 중-일 간에도 화해의 제스처가 엿보이는 등, 일본과의 외교관계에서 한국만 뒷전으로 밀려나는 양상이라 더욱 답답한 심정이다.

일본이 잃어버린 20년을 극복하고 있다. G2(세계 2위 경제대국) 경쟁에서 중국에 밀려 3위로 주저앉은 일본이 미국을 등에 업고 아시아 맹주와 세계2위 경제대국의 지위를 되찾기 위한 몸부림이 한창이다. GDP 규모 19조 달러 세계 최강대국의 지위를 견지하고 있는 미국에 이어, 경제 규모 11조 달러의 떠오르는 '신(新) 실크로드'로 일컬어지는 '일대일로(一帶一路)'의 경제대국 중국, 그리고 넘버 2 자리를 중국에 내어주고 절치부심 재기를 노리는 2014년 이후 가장 뜨거운 감자로 떠오른 GDP 5조 달러의 일본이다.

미국을 제외한 유럽과 대부분의 동아시아 국가들로부터는 외면받는 일본이 다른 나라들의 거센 비난에도 불구하고 내부적으로는 착실한 경제발전을 이뤄가면서 아베 정부의 인기가 그동안 어느 정권도 누려보지 못했던 국민들의 지지와 성원을 받고 있다. 일본 정부, 기업 그리고 개인이 보유하고 있는 해외 순자산이 367조 엔(3314조 원 상당)으로 24년 연속 세계 1위를 차지하는 순 채권국이다. 중국의 214.3조 엔, 독일의 154.7조 엔을 압도하고 있다. 참고로 일본의 대외 부채는 578.4조 엔이다. GDP 대비 국가 부채가 234.8%(그리스 164.2%, 이탈리아 136.0%, 미국 123.7%, 한국 34.7%)로 압도적인 세계 1위를 차지하고 있다. 그러나 일본 국민들이 대부분 연금 형태로 자국 국채에 투자하고 있어 일본주식회사(국민이 국가와 운명을 같이한다)로 불릴 만큼 크게 괘념치 않는 표정이다. 국가신용 등급도 S&P는 AA-(한국 A+)로 한국보다 앞서나 Moody's는 A1으로 한국의 Aa3보다 낮고, 최근 한 등급 강등한 피치(Fitch) 사로부터는 A등급으로 AA-인 한국보다 두 단계나 아래지만, 일본 정부는 상관하지 않는 의연한 모습이다. 미 연준(Fed)의 양적완화(QE) 중단에 따른 금리인상 가능성과 그에 따른 국제금융시장 움직임에 전 세계가 촉각을 곤두세우고 있지만, 일본 정부는 유동성 공급 지속 의지를 밝히면서 엔화가 7년여 만의 최고치인 110엔 대를 넘나드는 초약세를 나타내고, 그 효과로 자국 기업들의 실적 호조에 니께이 지수는 20,000선을 넘나들고 있다.

2012년 말 취임한 아베 신조(安倍晋三) 일본 총리의 경제정책인 아베노믹스(Abenomics), 즉 '2~3%의 인플레이션 목표, 무제한 금융완화 조치, 마이너스 금리정책'을 통한 일본 경제 회복을 위한 3개의 화살(양적 완화, 재정 지출, 성장 전략)은 계속될 것으로 보인다. 제2차 아베노믹스도 관심을 끄는데, '2020년 명목GDP 600조 엔 달성, 간병(친인척 병간호) 퇴직제로, 보육원 대기아동 제로 및 합계 출산율 1.4명에서 1.8명으로 증가 등이다. 덩달아 괄목할 만한 일본 경제성장률도 당분간 이어질 전망이다.

미-일 사이 관계가 급속히 좁혀지는 것과는 대조적으로, 우리나라의 제1 교역국가인 중국 의존도가 급격히 커지면서 미국과의 동맹의 지도 약화되는 듯하고, 더불어 미국의 대(對) 한반도 정책 변화 조짐까지 나타나고 있다. 트럼프 미국 대통령의 당선이 결정되자 발 빠른 아베 총리의 행보가 미국으로 향했다. 일본을 아시아의 맹주로 삼아 중국 견제 카드로 적극 활용하고자 하는 미국 정부의 의지도 그대로 반영되고 있다. 주권인 영토 문제와 역사인식 문제에 발목이 잡힌 한-일 두 나라의 관계악화 속에 미-일 관계강화는 시사하는 바가 크다. 일본 정부의 엔화약세 정책(달러/엔 상승)을 통한 자국 경기 활성화에는 눈감아주면서 우리 정부의 환율 정책(원화약세. 환율상승)에 대해선 날선 비판과 함께 무역보복조치 등 미 의회의 경제제재 가능성까지 언급하는 상황이다. 전 세계 수출시장에서 비슷한 상품구조

(전자, 자동차, 조선, 화학, 기계기구 등)로 치열한 가격·품질 경쟁관계인 우리나라에 직격탄이 되고 있다.

이외에도 여러 면에서 미국이 바라보는 한-중-일 세 나라에 대한 시각 차이를 느낄 수 있다. 일본이 잃어버린 20년을 극복하고 과거 G2의 영광을 되찾고 미국과의 공조로 아시아 맹주로 자리할지 알 수는 없으나, 위기극복에는 확실히 성공하는 모습이며, UN 상임이 사국까지 넘보는 일본 외교의 저력과 자신감 그리고 헤게모니 강화에 구체성이 나타나고 있다. 이는 국민들의 정부에 대한 신뢰, 그리고 일본 국민들의 자긍심으로 구체화되는 듯하다.

일본 경기가 뜨거워지면서 사사건건 대립각을 세우고 있고, 자존심 경쟁까지 벌이고 있는 우리나라가 시험대에 올랐다. 2008년 글로벌 금융위기 이후 제대로 된 구조조정도 없었고, 여러 가지 국내 사건·사고로 얼룩지고 있으며, 후진국 형 각종 부패와 정치 스캔들에 짓눌린 우리나라의 정치·경제·외교 현실을 보면서 일본의 현 상황이 부러울 따름이다. 일본 알기를 우습게 아는 유일한 민족이 한국이라는 말도 있듯이, 아직은 우리가 일본의 상대가 되지 못한다는 냉정한 국제사회와 객관적인 자기 평가하에서 출발하여 제대로 일본을 따라잡을 유성룡의 『징비록(懲毖錄)』 같은 전략과 이순신의 『난중일기(亂中日記)』 같은 전술이 필요한 시점이다. 역사는 잊지 말고 기억하면 되는 것이고, 미래는 발전시켜나가야 한다. 진보(미래)가 없으면 과거도 없다.

동일본 대지진 참사

2011년 3월 11일 금요일 14:46 경 일본 동북부 지역 진도 9.0 대지진에 따른 쓰나미로 엄청난 사상자가 발생한 가운데, 방사능이 누출되면서 원전이 가동을 멈추고, 일본 경제뿐만 아니라 세계 경제가 큰 타격을 받았다. 직접적인 1차 피해액만 25조 엔(350조 원, 3200억 달러 상당)에 달하고, 인명 피해도 사망·실종이 30,000명에 육박하는 사상 최대 피해 규모였다. 주말을 앞둔 금요일 주요 아시아 금융시장이 끝날 즈음 발생한 대지진으로 인해, 다음 주 월요일 열린 도쿄 증시에서 니께이 지수는 633 포인트(6.18%), 화요일은 장 중 1300 포인트(15%) 이상 급락했다. 3일 사이 주가지수가 무려 20% 넘게 폭락하고, 해외진출 일본 기업들의 역 송금 수요로 엔화도 83엔 대에서 76엔 대 초강세를 나타냈다.

일본 금융시장 특징 중 하나가 다른 나라와는 달리 위기 때마다 자국 통화인 엔화가 급격한 강세를 보인다는 점이다. 이는 해외에 투자된 일본 자본들이 국내로 대거 역류(엔 캐리 트레이딩 청산)되면서 생기는 달러 매도-엔화 매수의 결과다. 한편, 일본 대지진에 따른 수요 감소로 국제유가는 급락하고, 안전자산 선호심리로 금 값은 급등했다.

일본 대지진은 우리나라 금융시장도 뒤흔들었다. 국내 증시에서 코스피 지수는 하루 60 포인트 이상 폭락하고, 서울외환시장에서 원·달러 환율도 1110원 대에서 1150원까지, 원/ 환율은 1350원에서 이틀 사이 1460원까지 무려 100원 넘게 오르며 연중 최고치를 경신했다. 엔화 대출 기업들은 대출 원금이 크게 늘어나는 결과를 가져왔다. 그러나 한편으로는 일본과 세계시장을 놓고 경쟁 관계인 전자, 자동차, 조선, 철강, 기계, 정유, 화학 등 일부 업종은 오히려 시장 점유율을 늘릴 수 있는 기회가 되었다. 엔화가 급등하면서 수입단가가 올라 소비재와 함께 소재·부품 수입이 줄어들면서, 연간 300억 달러가 넘던 대일 무역수지 적자도 2011년도에는 264억 달러로 급감하며 국제수지 개선효과를 가져왔다.

한편, 일본 대지진으로 미국을 비롯한 주요 선진국들과 국제기구들의 공조도 신속하게 이뤄졌다. 주요 선진 7개국(G7) 재무장관 및 중앙은행 총재들은 일본 및 국제금융시장 안정을 위한 2011년 3월 18일 07:00 긴급 화상회의를 갖고 G7 국가들의 외환시장 공조개입 사실을 확인했다. 그 결과 달러·엔 환율은 사상 최저치인 76엔 대에서 각국 중앙은행 공조 개입 후 83엔 대로 급반등했다. 시장 불안을 틈탄 투기심리 및 투기세력 차단 목적에 주요 선진국들이 금융시장 안정을 위한 공조에 나선 모습이었다.

지진, 해일, 태풍 등 만성적인 자연재해에 인구감소, 고령화 문제까지 정부의 걱정거리가 산적한 가운데 정치지도자들의 리더십 부재까지 겹쳐, 20세기 동아시아를 제패하던 일본의 기상이 급격히 기울었다. 그러나 부동의 세계 2위 경제대국에서 2010년 기준 미국, 중국에 이어 세계 3위로 주저앉긴 했지만, 일본은 전 세계 GDP의 9%인 약 5.5조 달러 가량을 차지하는 경제대국이며, 대외 순 채권 270조 엔, 개인보유 자산 1500조 엔의 금융 부국이다. 2011년 일본 동북부 대지진으로 단기적으로는 국제금융시장 변동성은 커졌으나, 그동안의 학습효과, 각국의 경기회복 노력, 풍부한 유동성 그리고 양호한 펀더멘털 등을 바탕으로 세계 경제는 위기를 극복했다. 그러나 일본의 경쟁력 약화, 원전 가동 중단에 따른 석유수입 증가 및 국제유가 인상에 따른 무역수지적자, GDP의 250%가 넘는 과도한 재정수지적자 등은 아직도 일본 경제를 위협하는 요소다. 중국과 러시아가 급격히 힘을 키우는 가운데 일본의 세력 약화는 지정학적인 관점에서 우리에게도 별로 이로울 게 없어 보인다.

독도 문제, 영토분쟁에서 경제전쟁으로 비화 조짐

2012년 '독도 및 일왕 사과 발언 사태'로 일본 외무성과 재무성은 한국과의 외교 관계, 경제 협정 등 양국 간의 관계 프로그램을 일부 중단하거나 연기하는 등 경제적인 대응 수단을 강구했다. 대표적인 경제적인 대응조치는 '2011년 11월 19일 한-일간에 맺어진 통화스왑 700억 달러 재계약을 제고하겠다'는 내용이었다. 일본이 민감한 한국의 외화유동성 문제를 무기로 삼은 셈이다. 이는 노다 일본 총리와 이명박 대통령이 세계 경제의 불확실성이 심화되고 있는 가운데 금융시장 안정을 위해 양국 간 금융·통화 협력을 강화하는 것이 중요하다는 데 인식을 같이하고 당시 130억 달러 규모인 통화스왑을 700억 달러로 확대했던 것으로, 양국의 통화인 원-엔 및 달러화로 가능하도록 하여 외화유동성 공급효과를 극대화했다. 따라서 정부는 3,100억 달러의 외환보유액과 중국과의 통화스왑 300억 달러, 일본과 700억 달러 규모의 외화유동성 공급라인을 구축함으로써 선제적 금융시장 안정 효과를 거두고 국가신용 등급의 안정적 유지를 위한 토대를 강화하게 됐다. 이 계약 체결로 외화유동성 우려를 완화시켜 차입금리 하락 등을 통해 국내은행과 기업들의 경쟁여건이 개선될 것으로 기대되었다.

참고로, 통화스왑이란 통화를 서로 바꾸는 거래를 말하며, 기본적으로 양국 통화의 금리차를 반영한다. 거래사례는, 한 나라의 외화가 부족해지는 경우 자국 통화를 주고 외화를 빌려오는 경우, 은행이 달러 자금이 필요할 때 '달러 바이 앤드 셀 스왑(USD BUY & SELL SWAP)'을 통하여 달러 자금을 조달하고, 수출업체가 선물환 매도를 하면 은행은 현물환 매도와 외환 스왑을 통하여 헤지하는 경우가 해당한다. 한편, 한-일 양국 재무장관은 2012년 10월 9일 일본 도쿄에서 열린 IMF 및 WB 연차총회에서 10월 만기가 되는 통화스왑 570억 달러 만기 연장은 없음을 확인했다. 통계에 따르면 2012년 7월말 기준 일본계 자금은 국내증시 7조 원, 채권시장 4조 원 등 총 11조 원 규모로 우리나라에 투자된 외국계 전체 자금 483조 원의 1.5% 규모이며, 국내 은행권의 일본 금융기관 차입금은 226억 달러 상당이었다.

향후 전망

우리나라 대통령의 '독도 방문과 일왕 사과 발언'과 함께, 러시아 정부는 분쟁지역인 쿠릴 열도에 전함 두 척을 파견하고, 중국과는 센카쿠 제도(중국 명 : 댜오위다오)를 놓고 영토분쟁을 벌이고 있다. 최근 홍콩 및 일본 시위대가 각각 이곳에 상륙하는 등 일본은 한국, 중국, 러시아 등과의 영토분쟁에 휩싸이고 있다. 한때는 일본이 모두 식민지로 삼았거나 전쟁에서 이겼던 나라들이나, 이젠 결코 쉬운 상대가 아닐 뿐더러 일본 내부적인 문제도 만만치 않은 상황이어서 강경책으로 밀어붙이기에도 상당한 무리가 있다. 그러나 통화스왑 재계약 중단, 국제사법재판소(IJC) 제소, 한국물 국채 및 주식 매입 중단 등 조치가 우려됐다.

일본과 우리나라는 역사적으로 떼려야 뗄 수 없는 관계를 맺고 있으며, 이와 입술 같은 존재다. 우리가 이만큼 발전한 것은 앞에 두고 쫓아야 할 상대라는 일본이 있었기 때문이다. 일본을 넘어서기 위한 부단한 노력이 오늘의 대한민국을 선진국 반열에 올려놓은 원동력이다. 지정학적으로도 중국, 러시아, 북한 등 우리만이 상대하기에는 벅찬 강대국들이 우글거리는 한반도에 막강한 경제력을 가진 일본의 존재는 꼭 필요하다. 오랜 역사만큼이나 수많은 앙금을 갖고 있는 우리 민족으로는 결코 용서할 수 없는 사안들이 있다. 일본의 과감하고도 용기 있고 진실한 사과와 함께 가까운 이웃으로서 동북아시아에서 선의의 경쟁을 통한 양국의 발전과 미래를 열어갔으면 하는 바람이다. 양국 정부의 이성적인 판단과 접근 그리고 돈독한 관계 정립이 요구된다. 지금과 같은 감정대립, 소모성 논쟁은 양국 어느 쪽에도 도움이 되질 않는다. 어느 한 편을 들기도 곤란한 영토분쟁 문제를 국제금융시장도 관심을 갖고 지켜보고 있다.

〈한반도 주변 6개국 군사력 비교 / 국제전략문제연구소(CSIS) 2016년 자료〉

국가명	구분	내용	국가명	구분	내용
미국	국방비(억 달러)	5975	중국	국방비(억 달러)	1458
	병력(만 명)	138		병력(만 명)	233
	전투(폭)기(대)	2047		전투(폭)기(대)	1588
	항공모함/잠수함(척)	10/71		항공모함/잠수함(척)	1/65
일본	국방비(억 달러)	410	러시아	국방비(억 달러)	516
	병력(만 명)	24		병력(만 명)	80
	전투(폭)기(대)	348		전투(폭)기(대)	1011
	이지스함/잠수함(척)	6/18		항공모함/잠수함(척)	1/62
한국	국방비(억 달러)	364	북한	국방비(억 달러)	40
	병력(만 명)	62		병력(만 명)	128
	전투(폭)기(대)	410		전투(폭)기(대)	810
	이지스함/잠수함(척)	3/10		이지스함/잠수함(척)	0/78

7. 떠오르는 세계 경제의 희망, 이머징 마켓

　서방세계라 불리며 선진국을 자처하던 유럽과 미국의 힘이 약화되면서, 그 대안으로 이머징 마켓이 주목받고 있다. 유럽 발 재정수지 적자 문제로 자본주의 경제 체제에 대한 한계가 드러나고, 새로운 경제 체제가 나타날 지도 관심사가 되고 있다. 대공황-케인즈주의-수정자본주의의 결과 대규모 투자-대량생산-대량소비 패턴에 문제가 생겼다. 세계는 균형 있는 지속발전 가능한 새로운 패러다임을 모색하고 있다. 브라질, 러시아, 인도, 중국으로 대표되는 BRICs, ASEAN, 오일 머니의 힘을 유감없이 발휘하고 있는 중동, 새로운 기회를 제공하고 있는 동유럽과 오스트레일리아, 긴 잠에서 깨어나고 있는 아프리카, 그리고 세계 권력추가 이동하고 있는 아시아가 그들이다. 유럽 발 재정수지 적자 문제가 국제금융시장을 위기로 몰아가고 있는 현재, 그 대안으로 주목 받고 있는 이들 이머징 국가들에 대해서 살펴보자.

블록화 된 세계 경제

　세계 경제는 미국을 중심으로 한 북미자유무역협정(NAFTA), 유럽연합(EU), 아시아태평양경제협력체(APEC), 동남아시아국가연합

(ASEAN), 걸프협력회의(GCC), 남미공동시장(MERCOSUR) 등 6개 경제블록으로 나뉜다. 국가별로는 GDP 19조 달러의 세계 최강대국 미국, 28개국으로 구성된 미합중국과 맞먹는 GDP 19조 달러 규모의 유럽연합 EU, 그리고 G2로 확실히 자리매김한 인구 13.7억에 GDP 11조 달러인 중국, 그리고 2011년 경제대국 2위 자리를 중국에 넘겨준 GDP 6조 달러의 일본이 세계 경제의 중심이다.

점점 약화되어가는 미국과 유럽 경제

산업혁명으로 가장 먼저 근대화를 이루고 이를 바탕으로 수많은 식민지를 거느리며 한때 해가 지지 않는 대제국을 건설했던 영국을 중심으로 한 유럽과, 제2차 세계대전을 승리로 이끌며 수퍼 파워로 등장한 미국의 힘이 2008년 미국 발 글로벌 금융위기와 2010년 유럽 발 재정수지 적자 문제 등으로 급속히 약화되고 있다. 여기다 선진국이라 할 서방의 대척점에 있는 중국과 러시아의 입김이 강화되고, 브라질, 인도 등이 풍부한 자원과 거대한 인구를 무기로 국제무대에 등장하면서, 미국과 유럽의 세력은 더욱 줄어드는 양상이다. 중동과 아프리카 등 미국과 적대적인 관계에 있던 많은 나라들도 과거 눈치를 보던 것에서 지금은 노골적으로 미국의 일방적인 세계화 정책(신자유주의 정책)에 반기를 들고 나서는 모습이다.

브릭스

브라질, 러시아, 인도, 중국을 의미하는 'BRICs'라는 용어는 2001년 11월 골드만삭스의 〈Building Better Global Economic BRICs〉라는 보고서에서 유래했다. 안 만드는 게 없다는 세계의 공장이라 불리는 중국, IT·제약·패션·자동차·항공·식품 분야에서 두각을 나타내고 있는 인도, 세계 7위 경제대국의 위치에 오른 자원 부국 브라질, GDP 2.5조 달러 규모의 세계 최대 명품 소비시장으로 각광받고 있는 러시아 등, 브릭스의 발전은 진행형이다. 인구 13.7억과 13억 중국과 인도 간 경쟁이 치열한 가운데 경제 격차도 줄어들면서, 이들 국가 간의 파워게임도 관심사다. 최근에는 인도네시아를 추가하면서 BRIICs로 명명하기도 한다.

미국에 대항하는 중남미 경제권

2억이 넘는 거대한 인구, 러시아, 캐나다, 미국, 중국 다음의 세계 5위 영토 대국, 커피생산 세계 1위, 지구의 허파로 불리는 아마존 강을 끼고 있으며, 좌파인 룰라 정부가 들어서면서 21세기 들어 가장 성공적인 정책으로 절대적인 빈곤 탈출에 성공하며 세계 경제의 중심으로 떠오르는 브라질을 중심으로 한 중남미 시장이 떠오르고 있다. 극심한 인플레이션과 자국 통화에 대한 신뢰 부족으로 인한 만성적인 통화 약세, 그리고 극단적인 빈부격차 등에 따른 사회 문제 등이 과거의 중남미 현실이었다. 그에 비해 최근에는 광활한 영토와 자원

그리고 거대한 소비인구를 바탕으로 세계시장의 중심으로 우뚝 서고
있다. 브라질은 2014년 월드컵과 2016년 올림픽을 유치했다. 참고로,
남미가 북미보다(원래는 남미가 문화적으로 월등히 강대국) 발전이 낮은 이유
는, 남미가 스페인의 지배, 북미가 영국의 영향권 아래 있어서이며,
스페인은 절대왕정 하에서 자국 산업 발전보다는 중상주의에 근거해
식민지로부터 금과 은 수집에 열중함으로써 국내 산업발전이 더뎌졌
고, 영국은 일찍이 재산권을 확립하고 산업화에 성공했기 때문이다.

광활한 러시아 및 자원보고 중앙아시아

　1991년 12월 25일 소련 체제가 붕괴되면서 15개 공화국으로 분리
되고, 1997년 동아시아 외환위기 사태가 1998년 러시아의 모라토리
움(지불 유예)으로 이어지며 극심한 경제적인 어려움에 처했으나, 세계
최대의 영토와 함께 원유 천연가스 등 광범위한 자원, 2001~2010년
평균 5%가 넘는 경제성장률, 10억 달러 이상 부호들이 101명으로
413명의 미국 115명의 중국에 이은 3번째 부자들이 많은 나라, 그리
고 푸틴 대통령의 강력한 리더십을 바탕으로 위기를 극복하며 민주
주의의 미국과 함께 공산주의 종주국으로서 양대 진영을 호령했던
러시아가 예전의 화려한 모습으로 재등장하고 있다. 미국 다음으로
부호들이 많아지면서 최고급 소비시장이 급팽창하고 있으며, 세계
명품시장의 핵심으로 떠오르고 있다.

미지의 신세계 오세아니아 주

대륙으로서는 가장 작은 규모이지만 단일 국가로는 세계 6위 영토 대국이며, 18세기 영국의 식민지로 세상에 알려진 호주도 아름답고 광활한 영토와 자원을 바탕으로 세계 시장에 무시 못 할 나라로 입지를 군혀가고 있다. 철광석, 농산물 등 수출자원을 갖고 있으며, 태생은 영국이지만 거대한 아시아 시장을 등에 업고 나날이 그 세력을 키워가고 있다.

기타 동유럽 국가들

남부 유럽 사태로 빛이 가려져 있지만 폴란드, 헝가리, 체코 등 동유럽 국가들도 오랜 전통과 문화, 정치적인 안정 그리고 EU에 가입하면서 얻는 혜택을 발판으로 국제시장에서는 주목받고 있다.

산업혁명의 발상지이자 자본주의와 경제학의 이론적인 근간을 만든 영국을 중심으로 한 유럽과 경제적으로나 군사적으로 유일무이한 수퍼 파워를 지닌 미국을 대적할 만한, 또 대체할 만한 국가는 아직 없으나, 이들의 힘이나 영향력이 예전만 못한 것은 사실이다. 기원전 1세기 로마제국(팍스 로마나), 7세기 이슬람제국, 13세기 몽골제국, 15세기 오스만투르크제국, 19세기 대영제국(팍스 브리태니카), 20세기 미국(팍스 아메리카나), 그리고 다가올 21세기 중국(팍스 시니카) 등의 사례에서도 보듯이, 역사적으로도 세력(힘)은 언제나 움직였다. 이는 성장을 위한 ,또는 전 지구가 함께 살아가기 위한 자연적인 순리이기도 하다. 앞서 살펴본 이머징 국가들 중에서 또 다른 제국이 나올지, 또 대한민국의 위상은 어떻게 전개될지 자못 궁금해진다.

맺음말

'명유아작 복자기구(命由我作 福自己求)', 세상 살면서 삶의 모토로 삼고 있는 말이다. 직장에서 일하면서 보통사람들보다 반 발짝만 앞서 나가자고 다짐했다. 운이 좋아서 직장생활의 절반을 국제금융(외환딜러)을 하면서 세계시장의 흐름도 익혔다. 1997년 IMF 외환위기와 2007년 글로벌 금융위기를 국제금융시장에서 제대로 겪으면서 실전경험으로 무장했다. 특히, 2007년 글로벌 금융위기의 도화선이 됐던 파생상품시장, 좀 더 정확히 말하면 리먼브러더스 파산을 단계적으로, 정상적인 외환거래-디폴트 선언-사후관리-청산 과정까지 몸소 겪었다. 148년 역사의 세계 4위 투자은행이 하루아침에 파산하면서 국제금융시장과 우리나라에 미친 영향들을 낱낱이 볼 수 있었다. 역사상 유래가 없었던 글로벌 투자은행의 파산으로, 당시 용어조차 생소했던 '미국 파산법(Chapter11)'과 '독일 파산법(InsO)'을 제대로 배울 수 있는 기회도 되었다.

중국과 베트남을 비롯한 아세안 10개국, 인도, 러시아 등 해외진출도 진작부터 눈을 뜨고 개척한 것도 큰 보람이었다. 아세안 중심 국가 베트남에서의 해외 주재원 생활은 동남아시아를 포함한 아시아를 더욱 소상히 볼 수 있는 기회였다. 한국으로 돌아와서는 은행의 해외진출 업무를 담당하면서 좀 더 넓은 시각으로 해외시장을 접근

하는 계기가 되었다. 그리고 이 모든 결실을 한 권의 책으로 엮을 수 있었던 것은 30여 년간 연구하고, 경험하고, 네트워킹하면서 블로그, 칼럼, 방송, 강의 등을 해온 결과물이다.

한반도를 둘러싼 미국과 중국 간의 G2 파워게임이 치열해지는 가운데 러시아와 일본도 결코 우리 편이 아닌 상황에서 북한 핵과 마주한 백척간두의 대한민국 현실이다. 수출로 먹고 사는 우리에게 해외시장은 곧 생존의 문제이기도 하다. 바로 그 중심에 아세안 10개국이 있다. 때마침 설립 50주년을 맞은 아세안의 과거 현재 그리고 미래를 엿볼 수 있는 책으로 엮었다. 30여 년간의 아세안에 대한 직·간접 경험과 공부, 국제금융시장에 참여한 직업인으로서의 실무 그리고 다양한 네트워크를 통하여 쌓은 책이기도 하다.

'Having knowledge is good, being informed is excellent.' '지식을 얻는 것은 중요한 일이지만 제대로 정보를 아는 것은 훌륭한 일이다.'는 말이 있다. 많은 이들에게 좋은 정보가 되었으면 한다. 지속적인 자료 축적을 통하여 '아세안 플랫폼'으로 만들어 나갈 것도 약속드린다. 무역협회 대학 기업체 등에서의 강의, 각종 언론사에 대한 칼럼 및 방송 출연, 그리고 블로그 등에 올렸던 글들이 바탕이 되었음을 밝힌다.

많은 내용을 담고자 하였으나 지면이 제한되어 있어서 추후 보완하고자 한다. 긴급히 업데이트가 필요한 부분은 저자의 블로그를 통해서도 알리고자 하니, 많은 이용 바란다. 여러 사람들의 도움이 있었음을 밝히며 고마움을 전한다. 해외진출을 위한 '투자지침서'나 '여행가이드'로도 손색 없다고 자부하며, 일상에 많은 도움이 되었으면 한다.

"운명은 내가 만들고, 복은 스스로 찾는 것이다" 여러분들의 운명을 만드는 데 조그마한 도움이라도 되었으면 하는 마음으로 이 책을 바친다. 네이버 블로그, 〈최근환의 최근환율〉을 통해서 더 많은 글과 자료들을 참고하시길 바란다.

— 2017년 6월 여의도가 바라보이는 마포에서 최근환

1억 명 가까운 거대 소비시장에, 탄탄한 제조업을 바탕으로, 경제 대국 중국과 국경을 맞댄 지리적인 이점, 그리고 근면, 성실한 국민성까지……. 베트남에서 다양한 네트워크와 경험을 쌓은 저자를 오랫동안 지켜봐 왔다. 아세안을 제대로 알기에 가장 적절한 책이다. 점점 늘어가는 아세안 지역 투자에 관심 있는 많은 이들에게 성공적인 사업의 투자지침서가 되길 바란다.

_ 김재우 삼일비나 회장 겸 전 호치민한인상공인연합회(KOCHAM) 회장

헤게모니의 이동이 로마-영국-미국을 거쳐서 이제는 아시아 시대를 예고하고 있다. 세계 경제성장의 견인차로 아시아, 그 중에서도 아세안이 부각되면서 전세계 투자자금의 절반이 이들 지역으로 모여들고 있다. 다양한 자원, 저렴한 인건비, 풍부한 유동성, 거대한 소비시장 등이 외화를 끌어들이는 블랙홀이다. 아세안의 중요성은 진작부터 알려졌으나 제대로 된 정보가 없어 애태우던 이들에게 이 책은 사막의 오아시스 같은 것이다. 저자가 30여 년 준비하고, 몸으로 두루 경험한 내용이라 현실성이 있다. 아세안을 비롯한 글로벌 투자를 준비하는 이들에게 많은 도움이 되리라 확신한다.

_ 오재학 전 주EU참사관·주싱가포르공사·주호치민총영사

경제적인 논리를 떠나 영화인의 시선으로 봐도 아세안은 무진장한 스토리를 담고 있는 나라들이 적잖다. 아세안이 출범한 지 꼭 50년, 이젠 경제를 넘어 문화로 접근해도 손색없는 곳이 동남아시아다. 아세안 10개 나라들을 오롯이 들여다볼 수 있는 책이다.

_ 심재명 명필름 대표 겸 영화제작자

'아시아로의 회귀'(Pivot to Asia)로 불리우며, 세계 경제의 중심이 아시아로 향하고 있다. 그리고 그 중심엔 아세안 10개국이 있다. 베트남 제1투자국으로 확실히 자리매김하고 있는 대한민국이다. ASEAN 설립 50주년인 2017년 8월 8일을 앞두고 의미 있는 책 한 권이 나왔다. 오랫동안 베트남에 살면서, 저자의 호치민한인상공인연합회(KOCHAM) 활동, 호치민경제대학교(HEU) 국제금융 강의, 그리고 지금껏 7년 동안의 〈베한타임즈〉 칼럼 기고 등 그만큼 열정적인 삶을 사는 경우를 본 적이 없다. 30여 년 아세안에 대한 경험과 지식 그리고 통찰력이 이 한권에 들어 있다. 해외진출을 했거나, 해외투자를 준비하는 모든 이들에게 매우 가치 있는 내용들로 엮어진 책이다.

_ 김종각 변호사 겸 <베한타임즈> 대표

수출 중심으로 대부분의 경제가 돌아가는 우리에게 아세안 10개국은 마지막 보루라고 할 만큼 중요하게 다가와 있다. 오랫동안 베트남에서 사업을 하고 있는 나에게도 저자는 많은 모티브를 제공해줬다. 다양한 활동과 실전 경험을 바탕으로 엮어진 이 책을 통하여 동남아시아를 포함한 아시아 진출에 많은 도움이 되었으면 한다.

_ 한동희 펄덴트 대표 겸 호치민한인상공인연합회(KOCHAM) 회장

수출 강국인 우리나라에 있어서 아세안은 중국시장과 함께 기회의 땅으로 통한다. 저자가 베트남 등 아세안 국가에서 몸소 체험한 경험과 20년 넘게 금융시장에서 쌓은 전문지식이 이 책에 정수처럼 녹아 있다.

_ 김대기 매일경제 기자

전 세계 어느 곳 하나 아름답지 아니한 곳이 있겠는가 마는 아세안만큼 우리에게 친숙한 나라들도 많지 않다. 드디어 아세안 10개국을 동시에 볼 수 있는 책이 나왔다. 몸과 마음으로 겪은 경험이 고스란히 담겨 있고, 해외투자지침서로도 안성맞춤이다.

_ 김홍희 사진작가

아세안의 가치가 나날이 높아지는 가운데 때마침 아세안 출범 50주년을 맞는 이때, 시의적절하고 꼭 필요한 책이다. 저자는 호치민에서 주재원 생활 경험이 있고, 투자 관련 많은 활동을 하였으며, 7년여 동안 베트남 캄보디아 미얀마 등에서 발행되는 〈라이프플라자〉 칼럼 기고로 글 솜씨나 내용은 이미 검증됐다. 베트남을 비롯한 동남아시아 등 해외투자에 매우 유용한 책이다.

_ 안치복 〈라이프플라자〉 대표

48개국, 48억 명의 인구, 30조 달러의 GDP……. 아시아 대륙의 실체이다. 21세기는 아시아 시대로 그 중심은 출범 50주년을 맞은 아세안 10개국이다. 시대에 걸맞게, 시기에 적절하게 아세안 관련 전문서적이 나왔다. 아세안 국가들의 역사와 문화, 투자환경, 금융산업,

그리고 미래 전망까지 알차게 엮었다. 실질적인 경험, 풍부한 지식, 다양한 네트워크를 통하여 제대로 만든 투자지침서다. 오랜 시간 국제금융시장 경험을 바탕으로 해외투자에 따른 리스크 관리도 알기 쉽게 설명하였다. 실용적인 면에 중점을 뒀으며, 여행 삼아 떠날 때 휴대하기에도 좋다. 많은 이들에게 성공적인 '해외투자지침서'가 되었으면 한다.

_ 문규현 경기대 경영학과 교수

우리 경제의 약 70%를 차지하는 수출, 절반이 중국을 비롯한 아시아 역내에서 나온다. 그 아시아의 중심축이 바로 아세안 10개국이다. 아세안 지역에 살고 있는 우리 국민만 100만 명에 이르며, 이들 지역으로부터 우리나라에 들어와서 일하거나 결혼하여 살고 있는 외국인만도 100만여 명이다. 이런 아세안 10개 나라를 일목요연하게 정리한 책이다. 동남아시아국가연합 10개국을 이해하는 데 많은 도움이 되었다.

_ 류현우 뉴스토마토 토마토TV PD

See the Global, Come to the Asia, Live in ASEAN, and Invest to Vietnam. The answer is Vietnam. And this Mr. Choi's book will support you and your company.

_ Chu Thang Trung Commercial Counselor in Embassy of The

S.R. of Vietnam in Korea(추탕충 주한베트남대사관 참사관)